C·H·Beck
PAPERBACK

Karsten Schubert

Lob der Identitätspolitik

C.H.Beck

Ein Register zu diesem Buch finden Sie im Internet unter
www.chbeck.de/schubert-lob-identitaetspolitik

Originalausgabe

www.chbeck.de
Umschlaggestaltung: geviert.com, Andrea Wirl
Satz: C.H.Beck.Media.Solutions, Nördlingen
Druck und Bindung: Pustet, Regensburg
Printed in Germany
ISBN 978 3 406 82340 4

myclimate shape our future

MIX Papier | Fördert gute Waldnutzung FSC® C014889
FSC www.fsc.org

verantwortungsbewusst produziert
www.chbeck.de/nachhaltig

Inhalt

Einleitung

Identitätspolitik polarisiert. Die Diskussionen darüber spalten die öffentliche Debatte genauso wie politische Parteien und die Wissenschaft. Der politische Streit um ‹Identität› ist in der gesamten westlichen Welt zum Kernthema von neuen Kulturkämpfen geworden, die sich um die Frage drehen, in welche Richtung sich die demokratische Gesellschaft weiterentwickeln sollte. Diese Kämpfe sind daher längst kein reines Feuilleton-Thema mehr, sondern nehmen entscheidenden Einfluss auf Wahlen und Regierungsmacht. Während die konservativen Parteien mit einer klaren Kante gegen Identitätspolitik auf Stimmenfang gehen, ist die Partei *Die Linke* maßgeblich am Streit über Identitätspolitik zerbrochen.

Wem die Demokratie am Herzen liegt, sollte sich deshalb mit den gegen Identitätspolitik vorgebrachten Argumenten ernsthaft auseinandersetzen. Denn in den oft polemisch und aggressiv geführten Debatten um und gegen Identitätspolitik stecken bei genauerem Hinsehen eine Reihe komplizierter und fundamentaler demokratietheoretischer Fragen, die auch aus einer identitätspolitik-freundlichen Perspektive nicht einfach abgetan werden können. Ein Hauptargument, das immer wieder vorgebracht wird, lautet, dass Identitätspolitik die Demokratie gefährde. Und zwar, weil sie den Kern des Demokratischen zersetze.

Dieser Kern wird von verschiedenen Kritiker_innen allerdings unterschiedlich verstanden. Grob kann man drei verschiedene Strömungen unterscheiden: *Liberale* befürchten, dass Identitätspolitik den freien Diskurs und die individuelle Freiheit gefährde; sie plädieren deshalb für universelle Rechte auf Meinungs- und Kunstfreiheit sowie für eine Ethik des herrschaftsfreien Diskurses, die sich an Vernunftprinzipien orientiert. Eine andere Befürchtung lautet, dass Identitätspolitik die demokratische Gemeinschaft spalte und die Solidarität im Volk unterlaufe – ich nenne diese Position *kommunitaristisch*, auch wenn sich heute kaum jemand explizit mit der demokratietheoretischen Schule des Kommunitarismus identifiziert. Und eine genuin linke Kritik an Identitätspolitik argumentiert *materialistisch*, denn ihr geht es darum, dass Identitätspolitik Emanzipationsbewegungen spalte, indem sie die gesellschaftskritische Aufmerksamkeit von kapitalistischer Ausbeutung und ökonomischer Ungleichheit ablenke. Im öffentlichen Diskurs und teilweise auch in der Wissenschaft findet man oft Kombinationen dieser Argumente, so bedienen sich beispielsweise Feddersen und Gessler (2021) aller drei Topoi.

Kritisiert wird Identitätspolitik also meist mit Bezug auf die Demokratie und deren potentielle Gefährdung. Dass Identitätspolitik eine Frage der Demokratie ist, darüber sind sich die meisten Kritiker_innen der Identitätspolitik also einig – und haben damit auch Recht: Die Debatte um Identitätspolitik ist angewandte öffentliche Demokratietheorie. Deshalb antwortet dieses Buch auch genau auf dieser Ebene und schlägt eine neue Demokratietheorie der Identitätspolitik vor. Dabei geht es um fundamentale Fragen: Was ist eigentlich Demokratie, und welche Rolle spielt soziale Exklusion dabei? Wer ist das demokratische Wir – das ‹Volk› – und wie entwickelt es sich weiter? Wie sollten wir demokratischen Fortschritt verstehen? Und gibt es so etwas wie einen universellen und vernünftigen Standpunkt, von dem aus es möglich wäre, allgemeine Urteile zu fällen, also beispielsweise Fortschritt auf allgemeine Weise und damit für alle zu definieren?

Die Hauptthese dieses Buches lautet, dass Identitätspolitik für die Demokratisierung der Demokratie unverzichtbar ist. Es geht also darum, eine grundsätzlich andere Auffassung von Demokratie und Identitätspolitik zu entwickeln als diejenige, die in den Kritiken artikuliert wird. Diese Auffassung beruht auf einer ganzen Reihe sozialphilosophischer und politiktheoretischer Argumente, die vor allem aus der radikalen Demokratietheorie und der politischen Epistemologie stammen. In diesem Rahmen wird Demokratie nicht (nur) als das institutionelle und rechtliche Gefüge verstanden, das wir normalerweise mit ihr verbinden, sondern der Akzent liegt in erster Linie darin, Demokratie als einen Prozess der weiteren Demokratisierung durch Herrschaftskritik zu denken. Es geht demnach bei Demokratie immer darum, das demokratische Versprechen – tatsächliche gleiche Freiheit für alle Menschen – weiter zu realisieren. Das heißt, das primäre Anliegen dreht sich um die laufende Demokratisierung der Demokratie.

Das vorliegende Buch bemüht sich darum, das Lob der Identitätspolitik so klar und differenziert wie möglich zu begründen. Dabei wird es nicht alle Leser_innen überzeugen können, denn man kann auf Grundlage anderer Theorien und anderer empirischer Einschätzungen bei allen Punkten zu anderen Bewertungen kommen. Aber um Überzeugung geht es mir auch nicht in erster Linie. Mein Anliegen ist vor allem, dass wir in eine differenzierte Debatte zur Identitätspolitik und ihrer Bedeutung für die Demokratie kommen. Und trotz des generellen Lobes von Identitätspolitik ist auch klar: Innerhalb von Identitätspolitiken werden viele Fehler gemacht, und dieses Buch ist keine *carte blanche* für alle möglichen Formen des identitätspolitischen Engagements. Ich werde deshalb auch Vorschläge zur Unterscheidung von ‹guter› und ‹schlechter› Identitätspolitik machen – die komplizierter ist als meist angenommen.

Angewandte Demokratietheorie

Die Demokratisierung der Demokratie ist nötig, weil die real existierenden demokratischen Institutionen ihren eigenen Maßstäben nicht gerecht werden: Viele Gruppen sind diskriminiert und von ökonomischer, sozialer und politischer Teilhabe ausgeschlossen. Das Volk selbst, das Fundament der Demokratie, ist also unvollständig und ausschließend. Bei demokratischem Fortschritt geht es folglich um seine Ausweitung, das heißt, um gerechtere Teilhabe.

Dies ist der Ausgangspunkt der Überlegungen des Bandes – und eine Position, die selbst Gegenstand der Kulturkämpfe ist. Ich plausibilisiere diese Position deshalb im ersten Kapitel. Ich zeige dort, dass Identitätspolitik auf real existierende Diskriminierungsstrukturen reagiert, die sich empirisch nachweisen lassen, und erläutere mein Verständnis von Demokratie als eine Art des politischen Engagements, das sich gegen solche Diskriminierungen richtet. Denn genau um diese Diskriminierungen geht es bei den aktuellen Kulturkämpfen. Hier steht der Einsatz für mehr soziale Gerechtigkeit, Teilhabe und Inklusion einer immer aggressiver auftretenden Kritik dieser Ansprüche gegenüber. Identitätspolitik beschreibt eine Seite dieser Kämpfe: Sie kann im Sinne der Geschichte des Konzepts und der aktuellen Debatten als eine politische Praxis marginalisierter Gruppen verstanden werden, die sich in Bezug auf eine kollektive Identität gegen ihre Benachteiligung durch Strukturen, Kulturen und Normen der Mehrheitsgesellschaft wehren. Dabei bauen sie auf geteilten Praktiken, Erfahrungen und Interessen auf, indem sie diese zu etwas Gemeinsamen verknüpfen und damit einen Standpunkt entwickeln, von dem aus sie Exklusion und Diskriminierung kritisieren. Thematisch geht es bei heutiger Identitätspolitik insbesondere um Rassismus, Antisemitismus, Sexismus, Queerfeindlichkeit und Klassismus.[1] Und es geht immer auch darum, wie diese mit ungerechter Einkommens- und Vermögensverteilung verstrickt sind, denn Diskriminierung korreliert mit größerem Armutsrisiko – und die Armutsrisiken sind in Deutschland sehr groß, insofern die reichsten 1 % der Deutschen etwas über ein Drittel des Gesamtvermögens besitzen und damit mehr als 90 % der Bevölkerung zusammen (Schröder et al. 2020: 515), wobei insbesondere die Tatsache, dass Erbschaften nur sehr gering und Vermögen z. Z. gar nicht besteuert werden, zu dieser Ungleichheit beiträgt. Die Kritik an Identitätspolitik basiert wiederum auf der gegenteiligen Prämisse: Dass Diskriminierung *kein* fundamentales Problem unserer Gesellschaft mehr sei. Ich werde im zweiten Kapitel argumentieren, dass sie darauf hinausläuft, die eigene Vormachtstellung, genauer, die eigenen Privilegien, zu erhalten. Während Privilegienverteidigung zwar meist nicht das explizite Anliegen der Kritiker_innen darstellt, so ist sie doch der Effekt des Zurückdrängens von Identitätspolitik.

Identitätspolitik ist notwendig für die Demokratisierung der Demokratie, weil universelle Ansprüche von Gleichheit und Freiheit nur durch identitätspolitische Standpunkte *konkret* formuliert werden können. Dies liegt daran, dass die Ausschlüsse auch ein Problem der politischen Epistemologie sind, das heißt, sie hängen mit den Möglichkeiten und Blockaden von *politisch relevantem Wissen* zusammen. Für die Perspektive der Mehrheitsgesellschaft ist es schwer, strukturelle Diskriminierungen zu erkennen und angemessen zu thematisieren – insbesondere, weil sich diese Mehrheitsperspektive oft so versteht, als würde sie eine universelle Auffassung formulieren, bei der die soziale Position gar keine Rolle spiele. Leichter fällt diese Thematisierung vom partikularen Standpunkt von Personen, die von Diskriminierungen direkt betroffen sind. Das heißt nicht, dass es keine universellen Normen gibt – ich beziehe mich ja selbst auf die universellen demokratischen Normen der Gleichheit und Freiheit –, aber wie genau diese abstrakten Begriffe verstanden und politisch konkretisiert werden, hat *auch* (nicht nur) mit der sozialen Position zu tun, von der ausgehend sie formuliert werden.

Diese These der demokratisierenden Funktion von Identitätspolitik wirft sofort berechtigte Fragen auf, die gleichzeitig Hauptthemen der Identitätspolitik-Kritik sind: Führt identitätspolitische Gesellschaftskritik nicht zu Moralisierung und damit zum Aufbau von neuer Herrschaft und Unfreiheit, die im Widerspruch zur Demokratisierung steht? Ist der Identitätsbezug der Identitätspolitik vielleicht sogar im Kern anti-emanzipatorisch, weil dadurch Menschen auf starre Identitäten festgeschrieben werden und andere ausgeschlossen werden? Oder anders gesagt: Verfährt Identitätspolitik nicht essentialisierend? Und folgt aus der Bevorzugung des identitätspolitischen Wissens nicht tatsächlich eine Gefahr für die öffentliche Vernunft und damit für die Demokratie, weil es so mehr darauf anzukommen scheint, *wer* etwas sagt, als *was* gesagt wird? Es sind diese drei Fragen, die in den aktuellen Debatten und Veröffentlichungen zur Identitätspolitik immer wieder diskutiert werden, allerdings mit vielen Missverständnissen, Verzerrungen und Verkürzungen. Ich werde sie deshalb politiktheoretisch diskutieren und damit als wirkliche Probleme der Demokratie ernstnehmen. In meiner Erwiderung auf diese Probleme konturiere und plausibilisiere ich die radikaldemokratische Theorie der Identitätspolitik.

Im zweiten Kapitel geht es um das Problem der Freiheit – genauer: um eine kritische Analyse der Kritik an Identitätspolitik, die dieser vorwirft, Freiheit durch neue ‹Political Correctness› generell einzuschränken. Ich versuche zu zeigen, dass hier ein Missverständnis vorliegt, weil man Freiheit nicht so verstehen sollte, wie es in dieser Debatte geschieht. Mit einem überzeugenderen Freiheitsbegriff, der Freiheit als ein Problem von sozialer Normierung interpretiert, zerfällt diese Kritik. Auf dieser Grundlage lässt sich auch zwischen unterschiedlichen Ebenen unterscheiden, auf denen Meinungs- und Kunstfreiheit Einschränkungen erfahren. Ich argumentiere, dass von solchen Einschränkungen nur auf der Ebene der staatlichen Regulierung von Hassrede, nicht aber bezüglich angeblicher ‹Cancel Culture› in der öffentlichen Debatte und des allgemeinen Kunstbetriebs gesprochen werden kann, und dass auf einer halb-staatlichen Ebene (öffentlich-rechtlicher Rundfunk und Kulturförderung) ein neuer Begriff von Neutralität notwendig ist, der gesellschaftliche Diskriminierungen ernst nimmt.

Nach der Kritik des Anti-Identitätspolitik-Diskurses geht es im dritten Kapitel um den Aufbau einer eigenständigen Konzeption der Funktionsweise und Wirkung von Identitätspolitik. Dabei diskutiere ich das Problem des Essentialismus. Immer wieder wird behauptet, dass Identitätspolitik nicht umhinkomme, die Essenz, also das Wesentliche, von Identitäten festzulegen, und dass dies die Wurzel vieler Probleme sei, die mit Identitätspolitik einhergingen. Ich zeige demgegenüber, dass Identitätspolitik ein komplexer *Konstruktionsprozess von Identität* ist. Identitätspolitik erzeugt Identität – und genau deshalb ist sie unverzichtbar. Identitätspolitik ist nötig, um überhaupt die Standpunkte zu erarbeiten, von denen aus Diskriminierung kritisiert werden kann.

Im vierten Kapitel geht es dann um das Verhältnis von Allgemeinem und Besonderem, oder philosophisch ausgedrückt: um Universalismus und Partikularismus. Wenn Diskriminierungen nur von identitätspolitischen Standpunkten aus kritisiert werden können, hört sich das so an wie ein «positionaler Fundamentalismus» (Villa Braslavsky 2020: 74), bei dem nur noch die soziale Position zählt, nicht aber die gemeinsame Vernunft. Ich erläutere dagegen, dass der Einbezug von partikularen Standpunkten notwendig ist, um die Vorstellung dessen, was als vernünftig und universell gilt, zu verbessern und zu konkretisieren. Und auch, dass dafür manchmal das ruhige Gespräch nicht ausreicht, sondern Machtmittel wie Protest, ‹Canceln› oder ziviler Ungehorsam notwendig sind, um der Vernunft auf die Sprünge zu helfen. Wichtig ist dabei, dass sich solche Machtmittel selbst an der universellen Vernunft messen lassen müssen. Empirisch lässt sich entsprechend beobachten, dass sie immer dann zurückgewiesen werden, wenn sie sich nicht diskursiv verteidigen lassen. Damit argumentiere ich für zwei auf den ersten Blick widersprüchliche Thesen: dass die Einbeziehung der sozialen Position unverzichtbar ist und dass es dabei darum geht, starke Objektivität und bessere intersubjektive Verständigung zu erreichen. Diese Thesen entwickle ich auch unter Rückgriff auf neue philosophische Theorien zur sozialen und politischen Dimension von Wissen und Nichtwissen.

Die zentrale These dieses Buches lautet, dass Identitätspolitik *insgesamt* notwendig für die Demokratisierung der Demokratie ist. Das bedeutet natürlich nicht, dass alle einzelnen Praktiken oder Forderungen, die in der öffentlichen Debatte unter das Label der Identitätspolitik subsumiert werden, auch tatsächlich demokratisierend sind. Im Gegenteil, es gibt regressive Tendenzen in der Identitätspolitik, die ich im dritten Kapitel (im Abschnitt «Konstruktivistische und regressive Identitätspolitik») und vierten Kapitel («Universalismus und Partikularismus») einzuordnen versuche. Im letzten Kapitel führe ich diese Überlegungen zusammen, indem ich Maßstäbe vorschlage, an denen sich Identitätspolitiken messen lassen sollten. Und am Schluss diskutiere ich dann noch mögliche Einwände gegen meine Argumente.

Der Ansatz des Buches besteht also darin, die Perspektive auf Identitätspolitik durch die Methoden der politischen Theorie und Sozialphilosophie zu erweitern. Während Identitätspolitik tatsächlich oft missbraucht wird, sollte dies kein Grund für eine Fundamentalkritik (die das Kind mit dem Bade ausschüttet) und eine Rückkehr zu einem platten Universalismus sein, wie sie in den meisten in letzter Zeit erschienenen Büchern zum Thema vertreten wird. Im Gegenteil: Erst wenn anerkannt wird, wie nötig Identitätspolitik für die Demokratisierung der Demokratie ist, kann konkreter und präziser gefragt werden, in welchen Fällen spezifische Identitätspolitiken die demokratischen Normen auch verletzen können.

Jenseits der Entmystifizierung

Mein politiktheoretischer Ansatz geht auch über die typischen Argumente von progressiven Verteidiger_innen der Identitätspolitik hinaus. Die verbreitetste Argumentationsstrategie bemüht sich darum, die mit Identitätspolitik verbundene Panikmache bezüglich ‹Political Correctness› und ‹Cancel Culture› als einen Mythos zu entlarven (siehe z. B. Wilson 1995; Auer 2002; Erdl 2004; Sparrow 2018). Es geht hier also darum, darauf hinzuweisen, dass es sich bei diesen Phänomenen nicht um reale Probleme, sondern nur um eine konservative «moral panic» handele (Daub 2022: 31). ‹Political Correctness› und ‹Cancel Culture› sind demnach nur strategisch eingesetzte Mythen einer konservativen bzw. neurechten Agenda, der es durch geschickte und ständig wiederholte Platzierung gelungen sei, bis weit in den Mainstream und linksliberale Debatten vorzudringen. Es gebe sie aber gar nicht, sondern sie seien nur Konstrukte des konservativen Diskurses.

Die jüngste und detailreichste Version dieser Diskursstrategie findet sich in Adrian Daubs Monographie *Cancel Culture Transfer*, in der er überzeugend darlegt, dass ‹Cancel Culture› Gegenstand einer *moral panic* ist, die durch Anekdoten funktioniert. Analysiere man die immer wieder kolportierten Cancel-Geschichten genauer, so würden sie erstens entdramatisiert, weil sich das Geschehen mit zusätzlichen Informationen als banal oder gut nachvollziehbar darstelle und so den Anschein des problematischen Cancelns verliere. Zweitens würde immer wieder eine recht beschauliche Zahl von Cancel-Anekdoten wiederholt, weshalb die Rede von ‹Kultur› irreführend sei. Es gebe schlicht und einfach nicht die Masse an problematischen Phänomenen, die nötig wäre, damit von einer Gefährdung der Demokratie durch Identitätspolitik und einer ganzen ‹Culture› die Rede sein könnte. Drittens gebe es auch keine Zunahme der Phänomene; die gleichen aufgeregten Warnungen vor einer neuen demokratiezersetzenden Identitätspolitik habe es unter dem Schlagwort ‹Political Correctness› schon in den 90ern gegeben. ‹Cancel Culture› bzw. die Angst davor sei also gar nichts Neues, sondern alter Wein in neuen Schläuchen. Dass es diese konservative Agendarhetorik trotzdem schaffe, eine *moral panic* in der Mehrheitsgesellschaft herbeizuführen, liege also nicht an den tatsächlichen Phänomenen, sondern vielmehr an spezifischen Sorgen und Orientierungslosigkeiten innerhalb der Mehrheitsgesellschaft, die in der *moral panic* einen verzerrten Ausdruck fänden. Dabei geht es nach Daub vor allem um zweierlei: einerseits um eine Ausweitung der legitimen Stimmen im öffentlichen Diskurs, in dem jetzt beispielsweise auch queere und rassifizierte Menschen das Wort ergriffen, was für viele Menschen in der Mehrheitsgesellschaft ein Unbehagen und eine Angst vor einem Machtverlust auslöse. Andererseits verunsicherten die Umbrüche in der Medienlandschaft das Feuilleton, das durch Social Media seine traditionelle politikkulturelle Deutungshoheit verliere, weshalb Identitätspolitik und ‹Cancel Culture› auch immer dort, aber kaum im Politikteil von Zeitungen verhandelt würden.

Eine sehr gute soziologische Einordnung dieses Unbehagens bietet das Buch *Gekränkte Freiheit.* Carolin Amlinger und Oliver Nachtwey (2022) zeigen dort, dass das vorherrschende individualistische Freiheitsverständnis zusammen mit der neoliberalen Aushöhlung der sozialen Sicherheits- und Solidaritätssysteme eine Ausgangslage bildet, in der sich insbesondere ehemalige Mitglieder linksalternativer Milieus zu Querdenker_innen, AfD-Sympatisant_innen und Identitätspolitik-Kritiker_innen entwickeln können.

Diese Argumente sind grundsätzlich richtig: In der Kritik an Identitätspolitik und der damit zusammenhängenden ‹Cancel-Culture›-Panik wird überwiegend mit übertriebener Rhetorik in immer wiederkehrenden Anekdoten dramatisiert. Es spricht empirisch also alles dafür, dass Identitätspolitik kein Problem für die Demokratie darstellt. Doch wer von dieser These nicht schon überzeugt ist, den wird wohl auch Daubs materialreiche Entmystifizierung des Mythos ‹Cancel Culture› nicht überzeugen. Denn natürlich gibt es Verschiebungen in Machtrelationen, insbesondere im öffentlichen Diskurs – das ist das Ziel von Identitätspolitik, und daran zeigt sich ihr Erfolg. Die geänderten Machtverhältnisse führen dazu, dass mehr Stimmen Gehör finden und nun Aussagen und Verhaltensweisen mit sozialen Sanktionen belegt werden, die früher belohnt wurden. Dies ist für viele Menschen eine tatsächliche Einschränkung von Freiheit, weshalb nicht genügt, das damit verbundene Unbehagen nur als Resultat einer *moral panic* abzutun – vielmehr ist es nötig, darüber zu debattieren, welche spezifischen Freiheitseinschränkungen berechtigt sind, weil sie Freiheit für alle verbessern.

Zu sagen, dass diese Einschränkungen durch ‹Political Correctness› und damit angeblich verbundene Probleme für die demokratische Kultur nur ein Mythos sind, setzt schon eine Unterscheidung von legitimen und illegitimen Regulierungen des öffentlichen Diskurses und der demokratischen Verfahren voraus. Die bleibt bei der Entmystifizierungsstrategie allerdings implizit. Wenn man beispielsweise im Gegensatz zur quasi gesamten deutschen Medienlandschaft argumentiert, dass es sich beim Ersetzen des Gedichtes von Eugen Gomringer an der Fassade der Alice Salomon Hochschule in Berlin (Der Spiegel 2018) nicht um ‹Cancel Culture› handele, weil das Gedicht zu Recht als sexistisch kritisiert worden sei und diese Kritik in einem legitimen Verfahren (öffentliche Kritik, öffentlicher Diskurs und eine Entscheidung durch die dazu berechtigten Entscheidungsgremien der Universität) wirksam geworden sei, basiert das auf substantiellen Annahmen über legitime Kritik, die meist gar nicht expliziert werden. Die Gretchenfrage besteht jedoch darin, wo die Grenze zwischen legitimer und illegitimer Kritik zu ziehen ist – wann wäre es denn problematische ‹Cancel Culture›? – und die lässt sich nicht durch eine Entmystifizierung der Einzelfälle leisten. Dieses Problem findet sich auch in der Monographie Daubs. An keiner Stelle werden die normativen Grundlagen, auf denen die Argumente im Buch implizit basieren, ausgewiesen und gerechtfertigt.

Gleichzeitig ist die Strategie der Entmystifizierung zu zahm, weil sie nur den Status quo verteidigen kann. Wenn das Hauptziel in dem Nachweis liegt, dass es gar keine ‹Cancel Culture› gibt, dann schließt man sich damit implizit der normativen Position an, dass es sie auch nicht geben sollte. Die Frage, welche Art von Neuregelung des Politischen zur Demokratisierung der Demokratie wünschenswert ist, kann so nicht gestellt werden. Dafür ist eine Explikation der zugrundeliegenden ‹Normativität› nötig, also der in Anschlag gebrachten Bewertungsmaßstäbe und ihrer Begründungen. Es bedarf einer Erklärung, warum die politische Neuregelung von Machtverhältnissen grundsätzlich notwendig erscheint und welche spezifischen Arten von Regelung legitim und welche illegitim sind. Und dabei helfen die Ressourcen der politischen Theorie, mit denen Exklusion und Diskriminierung durch die real existierende Demokratie analysiert und die Möglichkeiten ihrer Verbesserung und Weiterentwicklung bewertet werden können. Die politische Theorie kann systematisch und normativ einen Vorschlag dazu machen, welche Art von Identitätspolitik für die Demokratisierung der Demokratie notwendig ist.

Ein neues Lob der Identitätspolitik

Der Streit um Identitätspolitik wird so heftig geführt, weil er sich auch darum dreht, wie wir unsere Gesellschaft und Demokratie grundsätzlich weiterentwickeln wollen. Indem ich diese Dimension der Diskussionen herausarbeite, die die Demokratie im Allgemeinen betrifft, möchte ich einen Schritt von der Debatte zurücktreten und mithilfe der politischen Theorie ihre begrifflichen Hintergründe genauer beleuchten. Meine Interpretation der Identitätspolitik als notwendig für die Demokratisierung der Demokratie wird wahrscheinlich nicht alle Leser_innen überzeugen können, aber ich denke, dass ihre politiktheoretische Herleitung zu einem klareren Verständnis des Streits um Identitätspolitik beiträgt.

Das bedeutet: Ich werde die Frage nach dem demokratischen Wert der Identitätspolitik mit einer theoretischen Verallgemeinerung beantworten. Das ist kein Nachteil, sondern genau die Stärke des vorliegenden Buches. Theoretische Verallgemeinerung erlaubt erst die Entwicklung von Begriffen, mit denen eine angemessenere Interpretation der politischen Gegenwart möglich wird. Und dieser Rahmen kann genutzt werden, um konkrete Situationen neu zu bewerten und politische Strategien zur Demokratisierung zu entwickeln. Ich werde dabei immer wieder Beispiele anführen – vor allem solche, die viel diskutiert wurden, um meine Position zu illustrieren.

Doch eine zentrale Erkenntnis der radikaldemokratischen Perspektive geht über die Bewertung von Einzelfällen hinaus. Sie lautet, dass Identitätspolitik ein nicht bloß vorübergehendes, sondern ein *notwendiges* Element der Demokratie ist – und zwar einerseits, weil demokratische Institutionen immer wieder neue Ausschlüsse und Diskriminierungen produzieren, und andererseits, weil solche Ausschlüsse auch von Identitätspolitiken selbst hervorgebracht werden können. Auch wenn einzelne identitätspolitische Projekte darin erfolgreich sind, Diskriminierungen zu beenden, entstehen üblicherweise neue Diskriminierungsdynamiken – auf die wiederum identitätspolitisch reagiert wird. Ein Beispiel ist die rassistische Diskriminierung von Iren in den USA des 19. Jh., die damals nicht als Weiß galten. Durch Identitätspolitik (auch wenn es damals nicht so genannt wurde) überwanden sie diese Diskriminierung und waren in der Lage, sich selbst als Weiße zu positionieren. Diese Akzeptanz als Weiße erlangten sie allerdings auch durch die Unterdrückung anderer: Sie distanzierten sich selbst rassistisch von Schwarzen (Ignatiev 1995). Auch innerhalb von Identitätspolitiken kann es also Diskriminierungen geben – beispielsweise gibt es im Feminismus eine lange Diskussion darüber, dass dieser zu stark von der Position Weißer bürgerlicher Frauen ausgehe und deshalb die Interessen von rassistisch diskriminierten Frauen vernachlässige (hooks 1982; Mohanty 1988). Ich werde argumentieren, dass sich *demokratische* Identitätspolitik dadurch auszeichnet, solche selbstproduzierten Diskriminierungen zu reflektieren und darauf zu reagieren. Ich verstehe identitätspolitische Demokratisierung deshalb als einen im Prinzip nicht endenden Prozess, bei dem immer neue komplizierte Fragen der Diskriminierung eröffnet werden, die von der jeweils aktuellen mehrheitsgesellschaftlichen Position nicht gut verstanden werden können. Streit über Einzelfälle ist also vorprogrammiert – sowohl in der öffentlichen Diskussion über Identitätspolitik als auch in den Diskussionen innerhalb identitätspolitischer Gruppen. Solcher Streit ist sogar notwendig. Und das ist auch gut so.

Die Theorie reflektiert so auch ihre eigene Grenze: Sie kann nach diesen Prämissen gar kein festes Schema für die allgemeine Bewertung von konkreten Fällen entwickeln, weil insbesondere kommende Fälle immer umstritten sind. Entsprechend zurückhaltend sind meine Überlegungen zu den Maßstäben für gute Identitätspolitik. Diese Maßstäbe haben deshalb eher einen heuristischen Charakter: Sie sollen dabei helfen, demokratisierende Identitätspolitik von repressiven Spielarten zu unterscheiden. Zentral für die Interpretation der Gegenwart ist aber weniger, wie eindeutig sich bestimmte Identitätspolitiken bewerten lassen, als das Verständnis, das durch das Vokabular der politischen Theorie über das grundsätzliche Verhältnis von Identitätspolitik und Demokratie gewonnen wird. Die Welt komplizierter und zugleich verständlicher zu machen – das ist die große Stärke der Theorie.

1

Eine kleine Einführung in Identitätspolitik, Diskriminierung und Demokratie

Was ist Identitätspolitik?

Mit Blick auf die Entstehungsgeschichte des Begriffs wie auch auf die aktuelle Debatte verstehe ich unter ‹Identitätspolitik› die politische Praxis marginalisierter Gruppen, die sich in Bezug auf eine kollektive Identität gegen ihre Benachteiligung durch Strukturen, Kulturen und Normen der Mehrheitsgesellschaft wehren (vgl. Combahee River Collective 1979; Susemichel/Kastner 2018: 7). Bei Identitätspolitik agieren Menschen also beispielsweise als Frauen, als Schwule, als Schwarze oder als Jüd_innen zusammen (das ist die kollektive Identität), und zwar gegen eine Diskriminierung, die auf diese Identität bezogen ist. Ein wichtiger Aspekt von Identitätspolitik liegt dabei in der gemeinsamen Aushandlung, wie die entsprechende Identität und Diskriminierung überhaupt zu verstehen sind. Identitätspolitik zielt also auf die Emanzipation solcher Gruppen und damit auf politischen Fortschritt hin zu einer gerechteren und diskriminierungsfreieren Gesellschaft.

Akteure der Identitätspolitik sind vor allem Menschen, die sich entsprechend identifizieren – was aber nicht ausschließt, dass sich auch Menschen, die eine Identität nicht teilen, identitätspolitisch engagieren. In Kapitel 3 werde ich erläutern, wieso diese Identitätspolitik als ein aktiver Konstruktionsprozess von Identitäten verstanden werden sollte, der diese Identitäten nicht essentialistisch festschreibt, sondern vielmehr zu transformieren versucht. Dabei ist nicht jede Politik, die sich gegen Marginalisierung und Diskriminierung wendet, emanzipatorisch. Tatsächlich besteht ein nicht unwesentlicher Streitpunkt in den Debatten um Identitätspolitik darin, dass sehr unterschiedliche Auffassungen dessen, was emanzipatorisch ist, aufeinanderprallen. Ich werde im Verlauf des Buches keine allgemeine Formel dafür liefern können. Aber ich werde erklären, wie Emanzipation demokratietheoretisch verstanden werden kann, und Maßstäbe inhaltlicher und prozeduraler Art plausibilisieren. Diese können als Orientierungspunkte dienen, um zu beurteilen, ob konkrete identitätspolitische Projekte tatsächlich emanzipatorisch sind oder an diesem Ziel und Anspruch scheitern.

Diese Maßstäbe lassen sich allgemein so formulieren: Inhaltlich handelt es sich um einen normativen Bezug auf die Gleichheit und Freiheit *aller* Menschen und prozeduralistisch um den kontinuierlichen Vollzug einer kritischen Selbstreflexion. Das hört sich recht klar und universalistisch an, wirklich kompliziert wird es aber, sobald klar wird, dass die konkreten Interpretationen dieser abstrakten Maßstäbe von sozialen Positionen abhängig sind. Die Auswirkungen dieser Abhängigkeit des politisch relevanten Wissens von sozialen Positionen, und was das für das Verständnis von ‹Universalismus› bedeutet, werde ich in Kapitel 4 erläutern.

Identitätspolitik ist nicht gleichzusetzen mit Interessenpolitik, denn eine Benachteiligung durch soziale Strukturen bildet keine Voraussetzung für Interessenpolitik. So ist die Forderung von Erzieher_innenverbänden nach besserer Bezahlung noch keine Identitätspolitik, die Kritik an geschlechtsspezifisch segregierten Arbeitsmärkten und damit einhergehender schlechter Bezahlung – die Frauenquote bei Kita-Mitarbeiter_innen liegt bei 92,1% (Völkerling 2024) und das ganze Feld unterliegt einem Gender-Pay-Gap (Bethke 2022) – aber schon. Gleichzeitig werden durch Identitätspolitik selbstredend Interessen formuliert und vertreten. Ich schlage vor, Identitätspolitik einerseits von *einfacher* Interessenpolitik (bei der Gruppen für ihre Interessen eintreten, ohne dass dabei eine diskriminierungsbezogene Identität im Fokus steht) und andererseits von *exkludierender* Interessenpolitik zu unterscheiden. Letztere beschreibt eine Form der Interessenpolitik, die wie einfache Interessenpolitik nicht auf reale Diskriminierungsverhältnisse reagiert (oder solche Diskriminierungsverhältnisse verzerrt darstellt) und darüber hinaus einen exkludierenden Charakter besitzt, weil sie aufgrund eines essentialisierenden Identitätsbezugs mit Ausschlüssen einhergeht. Exkludierende Interessenpolitik ist ein anderer Ausdruck für regressive Identitätspolitik, bei der keine demokratisierende Wirkung erkennbar ist (siehe dazu Kapitel 5). Ein besonders eindeutiger Fall von exkludierender Interessenpolitik stellt rechtsnationale Politik dar, wie beispielsweise die der identitären Bewegung.

Auch von politischem Aktivismus ohne Identitätsbezug sollte Identitätspolitik unterschieden werden. So ist beispielsweise der Protest der Letzten Generation keine Identitätspolitik – weil er nicht auf eigene Diskriminierungen reagiert, sondern sich unabhängig davon für die Verbesserung (bzw. das Überleben) unserer Gesellschaft insgesamt einsetzt. Der disruptive Protest der Letzten Generation kann nach der radikalen Demokratietheorie als demokratisierend verstanden werden. Doch dass sie mit ihren Forderungen in der Politik nicht (genügend) durchdringt, liegt in erster Linie an systemischen Zwängen des Kapitalismus und politischer Institutionen – und nicht an Verständigungsproblemen oder sogar -blockaden, wie es bei Identitätspolitik der Fall ist.[1]

‹Identitätspolitik› hat sich teilweise zu einem Kampfbegriff gegen linke Politik überhaupt entwickelt. Angesichts der aufgeheizten und recht vertrackten Debatte um ‹linke› Identitätspolitik – verstanden als Einsatz von Betroffenen gegen ihre Unterdrückung und strukturelle Benachteiligung –, hat es den Anschein, als wäre der Begriff für eine rationale Debatte schon verloren. Deshalb erscheint die Überlegung nachvollziehbar, den Begriff grundsätzlich anders zu deuten und für die demokratisierende Politik, die ich hier beschreibe, einen anderen Namen zu finden. Man könnte dem Kampfbegriff ‹Identitätspolitik› dann einerseits mit dem Hinweis entgegentreten, dass jegliche Politik mit sozialen Positionen und daraus resultierenden Identitäten verknüpft ist, auch wenn diese häufig nicht benannt werden, und Identitätspolitik deshalb gar nichts spezifisch Linkes ist. Und um insbesondere der rechten Hetze gegen Identitätspolitik etwas entgegenzusetzen, könnte man den Spieß auch umdrehen und argumentieren, dass die Rechten selbst ‹Identitätspolitik› betreiben, weil Identitäten insbesondere in Kämpfen von rechten Bewegungen wie Maskulinisten, der identitären Bewegung oder Pegida im Vordergrund stehen, die auf die Aufrechterhaltung ihrer dominanten oder privilegierten Position als Männer bzw. Weiße Deutsche zielen und gegen eine emanzipative Politik der Gleichheit gerichtet sind (Decker 2018; Müller 2019). Doch eine solche Begriffsverwendung kann wiederum dafür mobilisiert werden, rechte und nationalistische ‹Identitätspolitik› mit linker Identitätspolitik zu vergleichen – auch um damit die angeblichen Auswüchse letzterer zu kritisieren, wie es in der Debatte oft geschieht (Stegemann 2023; Thierse 2021).

Zwar ist es richtig, dass ein Identitätsbezug in nahezu jeglicher Politik – und in besonders essentialistischer Weise in rechtsnationalistischer Politik – zu finden ist. Das Problem an den beiden skizzierten Verständnissen ist aber erstens, dass sie zu weit vom politischen und theoretischen Diskurs entfernt sind. Identitätspolitik wird überwiegend als linke bzw. emanzipatorische Politik von marginalisierten Gruppen verstanden, die sich gegen Diskriminierungsverhältnisse wie Rassismus, Sexismus und Queerfeindlichkeit engagieren. Mir erscheint es wenig sinnvoll, eine ganz andere Bedeutung etablieren zu wollen. Deshalb halte ich an dem Begriff und dieser Grundbedeutung fest, zeige aber, dass Identitätspolitik, so verstanden, anders funktioniert, als die Kritiker_innen behaupten. Ich stelle mich damit gegen die Umdeutung des Wortes ‹Identitätspolitik› in einen konservativen Kampfbegriff und versuche, ihn als zentralen Grundbegriff für demokratische Politik zu stärken. Zweitens geht mit der These, jegliche Politik sei eigentlich Identitätspolitik, das spezifische Merkmal von Identitätspolitik als einer besonderen Praxis der Demokratisierung verloren. Die zentrale These des vorliegenden Buches besagt nicht nur, dass Identitätspolitik keineswegs so problematisch ist, wie oft behauptet wird; sondern ich will vor allem dafür argumentieren, dass sie notwendig für die laufende Demokratisierung der Demokratie ist. In diesem Sinne sollte Identitätspolitik als eine herausgehobene, fundamentale und insofern demokratietheoretisch ausgezeichnete Art von Politik verstanden werden.

Es ist wichtig, sich klarzumachen, dass Identitätspolitik ein sowohl altes als auch neues Phänomen darstellt. Einerseits ist sie alt: Die erste Form der modernen Identitätspolitik ist Klassenpolitik, die vor allem Karl Marx und Friedrich Engels beschrieben haben. Klassenpolitik beruht darauf, dass Arbeiter_innen (damals allerdings eine noch fast ausschließlich männliche Gruppe) sich aufgrund ihrer geteilten Unterdrückungserfahrungen zusammentun und eine gemeinsame Identität mit einem gemeinsamen (Klassen-) Standpunkt als Proletarier entwickeln (Marx/Engels 2012). Klassenpolitik ist notwendig, weil der Kapitalismus ohne das spezifische Wissen dieses Klassenstandpunktes nicht hinreichend als problematisch erkannt werden kann (siehe auch Lukács 1968). Aber Arbeiter_innen haben den Klassenstandpunkt nicht automatisch inne, sondern müssen ihn aktiv entwickeln, indem sie sich gemeinsam ihrer Klassenlage bewusstwerden (Thompson 1966). Das Grundproblem des unzureichenden bzw. notwendigerweise falschen Wissens, für dessen Lösung Identitätspolitik notwendig ist, ist also schon bei Marx entwickelt – Stichwort ‹Ideologie›: Bei Identitätspolitik geht es um die Bewusstwerdungsprozesse auf der Seite der Marginalisierten, die erforderlich sind, um partikulare Standpunkte zu entwickeln – die wiederum eine Voraussetzung dafür sind, das Denken einer ganzen Gesellschaft zu ändern.

Identitätspolitik ist aber andererseits neueren Datums und wird oft mit den gesellschaftlichen Umwälzungen der 68er in Verbindung gebracht. Davor hatten soziale Bewegungen überwiegend gleiche Rechte gefordert. Frauen beispielsweise kämpften für das Wahlrecht und Schwarze für Freiheits- und Beteiligungsrechte. Dafür betonten diese Bewegungen die Gleichheit mit Weißen Männern. Sie stritten ab, dass es eine fundamentale und natürliche Ungleichheit zwischen Männern und Frauen bzw. Weißen und

Schwarzen gäbe. Dies war entscheidend, denn mit der Behauptung solcher Ungleichheit wurde Sexismus und Rassismus auch durch die damalige Wissenschaft begründet (Nicholson 2008). Die Botschaft der älteren sozialen Bewegungen war: Wir sind gleich, deshalb fordern wir gleiche Rechte.

Mit den Bürgerrechtsbewegungen und neueren sozialen Bewegungen, die in den 60er und 70er Jahren in Europa und den USA entstanden, setzte hingegen ein Wandel ein, der zur Betonung des jeweils Besonderen führte und der für Identitätspolitik seitdem prägend geworden ist. Die Identität als Frau, als Schwarz, als schwul oder lesbisch wurde zu einem wichtigen Ausgangspunkt. In der Aufbruchstimmung und Radikalisierung wurde deutlich formuliert, dass die Gesellschaft tief von diskriminierenden Denkweisen und Institutionen durchzogen ist. Zwar gelang es den vorangegangenen Bewegungen, durch die Behauptung der Gleichheit und die Forderung nach gleichen Rechten einigen Fortschritt zu erzielen; aber sie hatten auch den Effekt, die Grundlinien und Werte der bürgerlichen Gesellschaft zu stabilisieren (Nicholson 2008: 2). Viele Aktivist_innen beurteilten deshalb die Forderung, mit gleichen Rechten in der Mehrheitsgesellschaft und ihren Institutionen mitzumachen, als unzureichend. Wirkliche Befreiung könne nicht durch gleichberechtigte Teilhabe an etwas Falschem erreicht werden. Mit dem Bezug auf besondere Identität erschien es dagegen möglich, die Werte der Mehrheitsgesellschaft in Frage zu stellen. Emblematisch ist dafür der feministische Slogan «Das Private ist politisch», durch den ausgehend von den Erfahrungen von Frauen die Geschlechternormen der bürgerlichen Gesellschaft kritisiert wurden.

Diese geschichtliche Entwicklung hin zur Betonung des Besonderen bedeutet jedoch nicht, dass die Forderung nach gleichen Rechten bei heutiger Identitätspolitik keine Rolle mehr spielen würde. Im Gegenteil, die Auseinandersetzung zwischen den zwei Strategien ist fester Bestandteil von identitätspolitischen Praktiken, insbesondere nach '68. Bis heute wird in identitätspolitischen Gruppierungen diskutiert: Sollen wir Gleichberechtigung fordern und damit Gefahr laufen, uns zu stark an geltende Normen anzupassen? Oder sollen wir eigene Gegenräume aufbauen, von denen aus wir gesellschaftlich geltende Normen in Frage stellen können? Wenn wir aber die Anerkennung unserer Besonderheit einfordern, riskieren wir es dann, auf starke gesellschaftliche Ablehnung zu stoßen? Insgesamt lässt sich die Strategie der gleichen Rechte eher konservativen Untergruppen innerhalb von Identitätspolitiken zuordnen, während die Strategie der Besonderheit und Gesellschaftskritik eher von progressiven Untergruppen vertreten wird – wobei diese schon in sich wertenden Zuschreibungen auch durch anders akzentuierte ersetzt werden könnten, wie etwa realistisch und utopisch.

Bemerkenswert ist, dass diese Diskussionen, die sich letztlich um die Interpretation des abstrakten Begriffs der Gleichheit drehen, ebenfalls in der Breite der Bevölkerung geführt werden. Man kann daher annehmen, dass diese seit längerem geführten identitätspolitischen Debatten schon in die Gesamtgesellschaft diffundiert sind. So gibt es nach Mau et al. (2023: 158–204) zwar einen generellen Konsens gegen Diskriminierung. Soziale Klassen unterscheiden sich aber darin, wie sie Gleichheit verstehen. Bei Produktionsarbeitenden ist ein Verständnis von Gleichheit als Nicht-Diskriminierung, Angleichung ans Bestehende und damit Nicht-Thematisierung verbreitet («jeder nach seiner Fasson» – im Privaten), während sogenannte «kulturelle Expert_innen» Gleichheit eher als Anerkennung und Thematisierung von Besonderheiten mit dem Ziel der Umwertung der gesellschaftlichen Anerkennungsverhältnisse insgesamt verstehen (Mau et al. 2023: 198 ff.).

Problem gelöst? Zum heutigen Stand der Liberalisierung

Die 68er und die neuen sozialen Bewegungen haben viel erreicht. Sie haben das enge Wertekorsett der westlichen Gesellschaften der 50er und 60er Jahre in wichtigen Aspekten transformiert. Heute guckt man mit Amüsement alte Werbespots, die verkünden: «Wir wissen ja, eine Frau hat zwei Lebensfragen: Was soll ich anziehen? Und: Was soll ich kochen?»[2] Solches Denken wirkt wie aus einem anderen Universum. Und auch bezüglich der Akzeptanz von Lesben und Schwulen hat es fundamentale Fortschritte gegeben. Noch in den 80ern wurden Schwule massiv stigmatisiert und in Bayern sogar Zwangs-HIV-Tests unterzogen. «Dieser [schwule] Rand muss dünner gemacht werden, er muss ausgedünnt werden», so der damalige bayerische Kulturminister Hans Zehetmair. Und Horst Seehofer plante zur gleichen Zeit, HIV-Infizierte in Lagern zu konzentrieren (Meyer 2021). Heute gibt es die Ehe für alle und die Bundesregierung hat einen Queer-Beauftragten. Langsam, aber stetig hat sich auch die Wahrnehmung von Rassismus gewandelt. Dass Deutschland eine Einwanderungsgesellschaft und Rassismus ein Problem ist, dürfte weitgehend anerkannt sein; entsprechend gibt es auch eine Antirassismus-Beauftragte der Bundesregierung. Und man kann sagen, dass insbesondere in der deutschen Politik und der medialen Öffentlichkeit eine fundamentale Wandlung bezüglich des Antisemitismus stattgefunden hat, dessen Bekämpfung als zentral für die DNA der Bundesrepublik angesehen wird (Neiman 2020). Insgesamt lässt sich in den letzten Jahren eine stetige Liberalisierung der Gesellschaft in identitätspolitischen Fragen konstatieren, die sich sowohl in den Einstellungen der Bevölkerungen niederschlägt, wie Mau et al. (2023) kürzlich gezeigt haben, als auch in der zunehmenden Adressierung von identitätspolitischen Themen durch staatliche Institutionen.

Wenn sich die Gesellschaft so weitreichend transformiert hat, wieso soll es dann immer noch weiter gehen? Und wohin? Wann hat Identitätspolitik genug erreicht? Die Antwort ist einerseits simpel: Wenn die jeweils adressierten Diskriminierungen tatsächlich überwunden sind. Doch davon sind wir bezüglich der in der öffentlichen Debatte immer wieder diskutierten Themen Rassismus, Antisemitismus, Sexismus und Queerfeindlichkeit noch weit entfernt. Darüber hinaus ist Fortschritt nicht linear, sondern rechte Kräfte, die erreichte Gleichberechtigung wieder abbauen wollen, schaffen es auch in Deutschland immer besser, Menschen gegen demokratische Grundwerte zu mobilisieren. Sie können daran anknüpfen, dass trotz der enormen Fortschritte, die es in den letzten 60 Jahren gegeben hat, auch unsere Gegenwart – in westlich-liberalen Demokratien allgemein und Deutschland im Besonderen – immer noch von Ausschlüssen und Diskriminierungsverhältnissen strukturiert ist. Im nächsten Abschnitt werde ich durch empirische Daten belegen, dass es strukturelle Diskriminierung gibt. Das ist als empirischer Ausgangspunkt der Argumentation wichtig, weil viele kritische Stimmen gegen Identitätspolitik im öffentlichen Diskurs von der Auffassung ausgehen, dass es eigentlich keine gravierende Diskriminierung (mehr) gäbe. Wie oben erläutert ist es für die Definition von Identitätspolitik zentral, dass sie auf reale, objektiv feststellbare Ausschlüsse und Diskriminierungsverhältnisse reagiert. Andernfalls wäre sie nicht von bloßer Interessenpolitik unterscheidbar.

Diskriminierung in Zahlen

Weil Diskriminierungen unsere Gesellschaft strukturieren, ist Identitätspolitik notwendig. Dass es strukturelle Diskriminierung gibt, ist also eine zentrale Prämisse des Lobs für Identitätspolitik. Auch wenn es viel Fortschritt gegeben hat und die deutsche Bevölkerung insgesamt wesentlich progressiver ausgerichtet ist als in der Vergangenheit, sind Diskriminierungen tief in historisch gewachsenen Gesellschaftsstrukturen verankert. Wenn Politik nach Max Weber (2010: 65) «ein starkes langsames Bohren von harten Brettern mit Leidenschaft und Augenmaß zugleich» darstellt, dann lässt sich Identitätspolitik als Panzerknacken charakterisieren.

Um soziale Strukturen der Diskriminierung zu belegen, lassen sich verschiedene Ansätze unterscheiden. Einerseits bemühen sich Theorien darum, verschiedene Diskriminierungsformen auf einer historischen und empirischen Grundlage zu interpretieren. Andererseits gibt es aktuelle empirische Studien, die sowohl die Einstellungen der Mehrheitsgesellschaft als auch das Erleben von Diskriminierung untersuchen. Ich konzentriere mich hier auf die empirischen Daten zu den am meisten diskutierten Diskriminierungsformen Rassismus, Antisemitismus, Sexismus, Queerfeindlichkeit und Klassismus – und gebe nur schlaglichtartige Leseempfehlungen zum Einstieg in die Theoriedebatten. Eine Erläuterung der kontroversen theoretischen Diskussionen zur Interpretation der genannten Diskriminierungsformen würde den Rahmen dieses Buches sprengen. Alle theoretische Debatten gehen aber von der Auffassung aus, dass es bei den Diskriminierungsphänomenen um Strukturen geht, die unsere Gesellschaften tief prägen. Sie können deshalb nicht auf spezifische Einstellungen oder Erfahrungen einzelner reduziert werden, sondern stecken als Normen und Denkweisen in uns allen – und insbesondere in unseren Institutionen. Trotzdem werde ich solche Einstellungen und Erfahrungen referieren, denn sie bieten bei aller Begrenztheit einen prägnanten Blick auf die Tatsache, dass die Probleme wirklich existieren. Diese Daten sollten im Lichte der Theorien aber nur als Spitze des Eisbergs verstanden werden.

Zum Begriff und Phänomen des Rassismus ist der aktuelle deutschsprachige Sammelband *Critical Philosophy of Race* (Lepold/Martinez Mateo 2021) empfehlenswert. Offener Rassismus ist in Teilen der deutschen Bevölkerung auch heute noch verbreitet – und er nimmt zu. Der aktuellen Mitte-Studie zufolge, die seit 2006 Erhebungen zu rechtsextremen Einstellungen in der deutschen Gesellschaft durchführt und von der Friedrich-Ebert-Stiftung herausgegeben wird, meinen 34% der Befragten, «Geflüchtete kämen nur nach Deutschland, um das Sozialsystem auszunutzen». Noch 18% geben an, dass Muslimen «die Zuwanderung nach Deutschland untersagt werden» sollte (Friedrich-Ebert-Stiftung 2023). Dies entspricht der Erfahrung von rassifizierten Menschen, wie der Bericht des Nationalen Diskriminierungs- und Rassismusmonitors zeigt (DeZIM 2023: 8-9): «Zum Beispiel gibt fast jede fünfte Schwarze Frau an, immer wieder (mehrmals im Jahr oder häufiger) Bedrohungen oder Belästigungen zu erfahren (19%), bei Schwarzen Männern sind es 18%. Unter asiatischen Männern sind es 12% und bei den asiatischen Frauen 13%. Bei muslimischen Männern und

Frauen liegen die Anteile jeweils bei 13% bzw. 14%». Bei sogenannter subtiler Diskriminierung, also beispielsweise wenn Menschen spüren, dass ihnen mit Angst begegnet wird, sind die Zahlen noch höher: Dies geben 37% der Schwarzen Männer und 28% der muslimischen Männer an.

Der Begriff des Antisemitismus, seine verschiedenen Formen und die darum geführten Kontroversen werden sehr gut im Sammelband bzw. Handbuch *Was ist Antisemitismus?* (Ullrich et al. 2024) dargestellt. In der Mitte-Studie wurden moderne Formen des Antisemitismus abgefragt: 16,5% stimmen der Aussage zu, dass Juden heute versuchen, aus der Vergangenheit des Dritten Reichs ihren Vorteil zu ziehen, 7,2% halten Juden durch ihr Verhalten als mitschuldig an ihren Verfolgungen, und 15,4% können im Lichte der Politik Israels gut verstehen, dass man etwas gegen Juden hat. Das Erleben von Antisemitismus durch Juden in Deutschland ist nach einer Studie des Unabhängigen Expertenkreises Antisemitismus (2018: 102–111) deutlich höher: 76% bewerten Antisemitismus als großes bzw. sehr großes Problem (allerdings bewerten sie Rassismus genauso). 78% sind der Auffassung, Antisemitismus habe in den letzten 5 Jahren zugenommen, und 83% prognostizieren eine weitere Zunahme in den nächsten 5 Jahren. Viele berichten von persönlich erlebten antisemitischen Vorfällen: 61% berichten von versteckten Andeutungen, 29% von verbaler Beleidigung bzw. Belästigung, und 3% von körperlichen Angriffen. Seit dem Hamas-Massaker am 7. Oktober 2024 wird darüber hinaus ein erheblicher Anstieg von Antisemitismus, insbesondere in seiner israelbezogenen Form, verzeichnet.

Sexismus ist diejenige Diskriminierungsform, zu der es die meiste Forschung gibt, weil feministische Ansätze früher als andere Arten der wissenschaftlichen Beschäftigung mit Diskriminierung akademisch institutionalisiert wurden. Die feministische Theoriebildung ist allerdings ein unüberblickbares Feld. Wohl auch deshalb gibt es keinen Sammelband mit den wichtigsten Texten. Für eine erste Einführung ist Becker-Schmidt/Knapp (2023) aber gut geeignet. Patriarchale Rollenvorstellungen sind laut Mitte-Studie weniger verbreitet als die anderen Formen gruppenbezogener Menschenfeindlichkeit, die ich bisher aufgeführt habe. Doch immerhin denken 10,6%, «Frauen sollten sich wieder mehr auf die Rolle der Ehefrau und Mutter besinnen», und 12,2% sind der Auffassung, dass es bei der Gleichberechtigung eigentlich darum ginge, dass Frauen mehr Macht als Männer bekämen. Laut einer Studie der Antidiskriminierungsstelle des Bundes berichten Frauen «rund fünfmal häufiger als Männer davon, anhand ihres Geschlechts Diskriminierung erfahren zu haben» (Beigang et al. 2017: 289). Bestimmte Aspekte von sexistischer Diskriminierung lassen sich besonders gut statistisch nachweisen. Dazu gehört der Einkommensunterschied von Frauen und Männern, der sogenannte Gender-Pay-Gap: Frauen verdienen im Schnitt 18% weniger als Männer pro Stunde. Wenn man den Gender-Care-Gap berücksichtigt, also dass Frauen 44,3% mehr unbezahlte Sorgearbeit leisten als Männer und deshalb insgesamt weniger Zeit haben, um Erwerbsarbeit nachzugehen, verdienen Frauen sogar 39% weniger als Männer (Statistisches Bundesamt 2024a, 2024b).

Im Bereich der Queerfeindlichkeit, also der Diskriminierung von Lesben, Schwulen und Bisexuellen aufgrund ihrer sexuellen Orientierung sowie trans- und intergeschlechtlichen und nonbinären Personen aufgrund ihrer Geschlechtsidentität gibt es gegenläufige Bewegungen: Einerseits lässt sich eine Liberalisierung der Einstellungen zu bürgerlichen Lesben und Schwulen beobachten, aber andererseits auch zunehmende populistische Hetze insbesondere gegen Trans*-Personen. Einen guten Einblick in die Klassiker der queeren Theorie, die geltende sexuelle und geschlechtliche Normen (sogenannte Heteronormativität) kritisieren, vermittelt der jüngst erschienene Sammelband von Laufenberg und Trott (2023). Auch Trans- und Homofeindlichkeit wurde in der Mitte-Studie abgefragt. So gaben 16,5% der Befragten an, sie fänden es «albern, wenn ein Mann lieber eine Frau sein will, oder umgekehrt, eine Frau lieber ein Mann». 16,2% stimmten der Aussage zu, dass es ekelhaft sei, wenn sich Homosexuelle in der Öffentlichkeit küssten. Die Prävalenz moderner Homofeindlichkeit ist deutlich höher. So vertraten

44% die Auffassung, dass Homosexuelle aufhören sollten, «so einen Wirbel um ihre Sexualität zu machen» (Küpper et al. 2017). In der Studie der Antidiskriminierungsstelle berichten 27,7% der nicht-heterosexuellen Personen von Diskriminierung (Beigang et al. 2017: 102). In einer Studie der Agentur der Europäischen Union für Grundrechte sind die Zahlen sogar noch höher: 45% der Lesben, 40% der Schwulen und jeweils 66% der befragten Trans*- und Inter-Personen sagten aus, in den letzten 12 Monaten Diskriminierung erlebt zu haben (LSVD 2020).

Klassismus, also die Abwertung von armen Menschen, ist nicht nur an sich diskriminierend. Er trägt auch zur Demobilisierung bezüglich sozialer Ungerechtigkeit bei, die eine wichtige Ursache dafür ist, dass es keinen effektiven politischen Kampf für mehr Verteilungsgerechtigkeit gibt (siehe dazu und zum Verhältnis von Klassenpolitik und Identitätspolitik den abschließenden «Rück- und Ausblick»). Zur theoretischen Einführung bietet sich Kemper/Weinbach (2022) an. Laut Mitte-Studie finden 34,8% der Befragten, dass sich Langzeitarbeitslose «auf Kosten der Gesellschaft ein bequemes Leben» machten, und 22,9% gehen davon aus, dass Sozialhilfe- und Bürgergeldempfänger zu Faulheit neigen. 19,8% sind der Auffassung, dass bettelnde Obdachlose aus Fußgängerzonen «entfernt werden» sollten. Zur Erfahrung von Klassismus gibt es weniger Daten als zu den anderen Diskriminierungsformen, weil die deutsche Diskussion darüber eher jüngeren Datums ist und weil der soziale Status kein vom Allgemeinen Gleichbehandlungsgesetz (oder «Antidiskriminierungsgesetz») geschütztes Diskriminierungsmerkmal darstellt. Klassistische Benachteiligung wird deshalb von staatlichen Stellen weniger erforscht. In der schon zitierten Studie der Antidiskriminierungsstelle wird sie dennoch erfasst. Dort geben 10,2% der Befragten an, wegen ihrer sozialökonomischen Lage in den letzten 24 Monaten diskriminiert worden zu sein (Beigang et al. 2017: 96).

Die Entwicklung der Demokratie

Wenn es nun im Folgenden darum gehen soll, Identitätspolitik demokratietheoretisch zu deuten, erscheint es hilfreich, sich erst einmal zu vergegenwärtigen, was Demokratie überhaupt ausmacht. Deshalb werde ich hier knapp die historische Entwicklung der Idee der Demokratie und die wichtigsten Debatten zu ihrer heutigen Form erläutern. Im nächsten Abschnitt stelle ich dann den spezifischen demokratietheoretischen Ansatz dieses Buches vor, die sogenannte ‹radikale Demokratietheorie›.

In ihrer allgemeinsten Definition bedeutet ‹Demokratie› die Herrschaft des Volkes – das Wort stammt aus dem Altgriechischen und verbindet die Worte *demos* (Volk) und *kratos* (Herrschaft). In der Demokratie herrscht also das ganze Volk. Ihr historischer Beginn wird allgemein auf die antike athenische Demokratie datiert, die man aus heutiger Sicht als direkte Demokratie klassifizieren würde (Nolte 2012: 26). Zentral war in ihr der Gedanke der Gleichheit (griechisch *isonomia*) der Bürger. Dabei handelte es sich aber um ein sehr spezifisches Gleichheitsverständnis, bei dem es in erster Linie um die gleichberechtigte Teilhabe am politischen Gemeinwesen ging. Viele Dimensionen, die wir heute mit Gleichheit verbinden, gehörten nicht dazu, wie sozialstaatliche Umverteilung oder rechtstaatliche Gleichheitsprinzipien. Darüber hinaus war selbst diese gleiche Teilhabe von vornherein begrenzt, denn Sklaven, Frauen, Nicht-Athener und Kinder waren ausgeschlossen.

Bei der Entstehung und Entwicklung der athenischen Demokratie spielte die griechische Philosophie keine konstruktive Rolle, denn dort überwogen kritische Einschätzungen. Platon war ein veritabler Antidemokrat. Seine Idealkonzeption des Staates beruht auf der radikalen Trennung drei verschiedener Stände, den Wächtern bzw. Philosophenkönigen, den Kriegern und den Produzenten. Nur die Philosophenkönige treffen Entscheidungen, weil nur sie die dafür nötige Weisheit besitzen. Und auch Aristoteles spricht sich in seiner Systematik unterschiedlicher Herrschaftsformen nicht grundsätzlich für die Demokratie aus, sondern differenziert jeweils gute und schlechte Formen. Der guten Herrschaft eines Einzelnen (Monarchie) stellt er die Tyrannis gegenüber, der guten Aristokratie, bei der die wenigen Besten herrschen, die Oligarchie. Die Demokratie wiederum befindet sich bei ihm nicht auf der guten Seite, sondern stellt eine Verfallsform der guten «Politie» dar. Demokratie ist also bei Aristoteles die schlechte Herrschaft der Masse, eine «Pöbelherrschaft» (Nolte 2012: 31).

Nun ein Zeitsprung: Neue Radikalität entwickelte die Demokratie erst mit den demokratischen Revolutionen im 18. Jahrhundert, mit denen die absolutistische Monarchie in Europa (Lefort 1990) und die Sklaverei in Haiti überwunden wurde (James 1989). Dieses Mal spielten Philosophen eine produktivere historische Rolle. Sie entwickelten in der Aufklärung die Grundprinzipien des modernen demokratischen Denkens, allen voran die Idee einer naturrechtlich begründeten individuellen (und nicht mehr nur kollektiven) Freiheit (Hobbes 2000; Locke 2020), von der aus Herrschaft rational gerechtfertigt werden müsse. Diese individuelle und rechtebasierte Freiheit nennt Constant (1819) die Freiheit der Modernen im Gegensatz zur Freiheit der Antiken, die auf der gemeinsamen Teilhabe innerhalb einer als natürlich gegeben verstandenen Ordnung beruhte und nicht auf individuellen Rechten basierte. Aus der modernen individuellen Freiheit leiten sich subjektive Rechte ab, also solche Rechte, die jeder Mensch aufgrund seines Menschseins innehat. Mit diesen Rechten wird die individuelle Freiheit vor illegitimen Eingriffen der politischen Herrschaft geschützt. Der Anspruch der Aufklärungsphilosophie besteht dabei darin, den Gedanken universalistischer Rechte einzuführen, die für alle Menschen gleichermaßen gelten, wofür eine Begründung aus der reinen Vernunft möglich sein soll (Kant 2003, 2011).

Rechtsstaatlichkeit steht also im Mittelpunkt des neuen Verständnisses der liberalen Demokratie. Doch mit diesem Fokus auf subjektive Rechte entpuppte sich die demokratische Revolution tatsächlich als eine bürgerliche Revolution, die zugleich eine quasi unbegrenzte Ausbeutung unter Verweis auf Eigentumsrechte im explodierenden Kapitalismus ermöglichte. Die menschliche Emanzipation machte auf halbem Wege halt, bemängelte Marx, und analysierte präzise, dass der Grund hierfür schon in der Form der individuellen subjektiven Rechte lag (Marx 1844; siehe dazu auch Menke 2015). Es entstand eine Gegenbewegung zu den liberal-individualistischen Freiheitsrechten, die sozialistische bzw. sozialdemokratische Gleichheitsrechte forderte. Staatstheoretisch situierte sich diese Strömung in der Tradition des Republikanismus, in der die einzelnen Bürger_innen und ihre subjektiven Rechte dem Prinzip der Volkssouveränität untergeordnet wurden (Rousseau 2004). Die Demokratie, wie wir sie heute kennen, bewegt sich sowohl realpolitisch als auch philosophisch in dem damals eröffneten Spannungsverhältnis zwischen Freiheit und Gleichheit – zwischen Eigentumsrechten und sozialen Rechten, zwischen Rechtsstaatlichkeit und Volkssouveränität bzw. zwischen Liberalismus und Republikanismus (Habermas 1996).[3]

Nach der radikalen Demokratietheorie ist dieses Spannungsfeld unaufhebbar (Mouffe 2008). Es lässt sich auch durch Argumentationsfiguren wie dem «herrschaftsfreien Diskurs» (Habermas 1995b), dem «Schleier des Nichtwissens» (Rawls 1979) oder dem historischen Nachvollzug der Entwicklung «demokratischer Sittlichkeit» (Honneth 2011) nicht auflösen, mit denen politische Theoretiker versuchen, jeweils unterschiedliche universalistische Begründungen für die Demokratie zu etablieren. Der Grund für dieses Scheitern der theoretischen Rettungsversuche des Universalismus liegt darin, dass deren legitimatorische Grundlage – ‹die Vernunft› – notwendigerweise ‹unrein› ist, also der gesellschaftliche Hintergrund der jeweiligen Philosophen (und mittlerweile auch Philosoph_innen) immer beeinflusst, wie sie denken. Das gilt auch für die konkrete Bestimmung dessen, was Menschenrechte und Demokratie eigentlich sind bzw. sein sollten. Die jeweils hegemoniale, also mächtige und bestimmende Interpretation der Menschenrechte und der Demokratie ist weder evident noch kann sie aus theoretischen Überlegungen universell hergeleitet werden. Sie ist vielmehr *inhärent umstritten* – und dort, wo sie breit akzeptiert wird, ist sie nicht nur das Resultat eines gesellschaftlichen Lernfortschritts, sondern auch von vergangenen politischen Machtkämpfen (Celikates 2019).

Die Feststellung jedoch, dass sich die Demokratie im unaufhebbaren Spannungsfeld der beiden Werte Freiheit und Gleichheit bewegt, bedeutet nicht, einer relativistischen Position das Wort zu reden. Im Gegenteil: Die demokratische Revolution hat das demokratische Versprechen der Gleichheit und Freiheit für alle gestiftet. Und bei demokratischer Theorie und Praxis geht es darum, diese universalistischen Werte besser zu verwirklichen. Das vorliegende Buch will dazu beitragen, indem es diese auf den ersten Blick paradoxe Position zu plausibilisieren versucht: dass man aus universalistischen Gründen in einem bestimmten Sinne anti-universalistisch argumentieren und handeln kann und sollte. Genau das gelingt über das Konzept der Identitätspolitik, weil dabei von partikularen Standpunkten ausgehend die universalistischen Werte der Gleichheit und Freiheit konkretisiert werden.

Radikale Demokratietheorie

Die radikale Demokratietheorie ist besonders geeignet, um die Bedeutung von Identitätspolitik für die Demokratie zu beschreiben.[4] Deshalb ist sie die Tradition, von der ausgehend ich argumentiere. Wichtig ist, sich von dem Wort ‹radikal› nicht verunsichern zu lassen, das vielleicht Assoziationen von Straßenkampf oder Revolutionsfantasien weckt. Radikal kommt von *radix*, dem lateinischen Wort für Wurzel. Radikal bedeutet also, an die Wurzel zu gehen. Und bei der radikalen Demokratietheorie geht es um die Wurzel, um den Kern des Demokratischen. Es geht also darum, die Idee der Demokratie ernst zu nehmen und von dort aus über die demokratischen Institutionen nachzudenken.

‹Radikal› ist die radikale Demokratietheorie insofern, als dass sie die real existierenden demokratischen Institutionen als nicht demokratisch genug versteht und es ihr deshalb darum geht, sie weiter zu demokratisieren, mithin: die Demokratie zu radikalisieren. Die heutige Demokratie ist unvollständig und einseitig, das hat der kursorische Blick auf die anhaltenden Diskriminierungs- und Exklusionsstrukturen gezeigt. Die aktuelle Ordnung ist strukturell ausschließend und löst das Versprechen der Demokratie – Gleichheit und Freiheit für alle – nicht ein, das seit der demokratischen Revolution den normativen Horizont von demokratischer Politik bildet. Es geht der radikalen Demokratietheorie darum, dieses universalistische Versprechen der Demokratie beim Wort zu nehmen, die Realität daran zu messen und zu reflektieren, wie es besser verwirklicht werden kann.

Dass diese Werte durch die aktuelle Ordnung nicht als universell verstanden werden, sondern Menschen regelmäßig mit zweierlei Maß bewertet und behandelt werden, wird durch ein Beispiel aus dem Sommer 2023 greifbar: Das U-Boot Titan war mit fünf Insassen auf einer Tourismus-Tauchtour für Superreiche (Kosten pro Person ca. 250 000 USD) zum Wrack der Titanic implodiert. Die Suche wurde von mehreren Staaten, auch europäischen, unter extremen Aufwand mit vielen Flugzeugen und Schiffen über mehrere Tage betrieben und kostete viele Millionen Dollar. Kurz vorher war ein Schiff mit geflüchteten Menschen im Mittelmeer gesunken, wobei über 600 Menschen ertrunken sind. Die griechische Küstenwache steht im Verdacht, das völlig überfüllte Schiff beim Versuch, es in türkische Gewässer zu schleppen, gekentert zu haben (Fallon et. al. 2023). Ungefähr zeitgleich haben die Mitgliedstaaten der EU für eine erhebliche Verschärfung der Asylregeln gestimmt, die von Jurist_innen als eine weitere Aushöhlung des Menschenrechts auf Asyl bewertet wird. Gemessen an den staatlichen Bemühungen zum Schutz bzw. zur Gefährdung der Menschen zählen offenbar die Leben der fünf reichen Abenteurer mehr als die Leben der vielen, regelmäßig im Mittelmeer ertrinkenden Menschen auf der Flucht.

Ich nehme an, dass dieses Beispiel bei den meisten Lesenden eine unmittelbare moralische Empörung auslöst. Die Diskrepanz in der staatlichen Bewertung unterschiedlicher Leben wurde auch von einigen Medien kritisch diskutiert. Der Wertmaßstab der radikalen

Demokratietheorie ist uns also nicht fremd, er ist eigentlich auch gar nicht ‹radikal›. Die radikale Demokratietheorie nimmt lediglich den universellen Wertekanon ernst, den sich westliche Demokratien im wahrsten Sinne des Wortes auf die Fahnen schreiben, ohne ihn jedoch konsequent zu realisieren.

Die Radikalität der radikalen Demokratietheorie erweist sich also weniger in ihrer ‹Normativität› – den Grundlagen ihrer Bewertungen – als in ihrer Analyse des Politischen. In Abgrenzung zu klassischen Demokratietheorien schlägt sie eine neue Interpretation des politischen Geschehens vor, aufgrund der sich besser verstehen lässt, warum es eigentlich die krass klaffende Lücke zwischen den universalistischen demokratischen Werten der Gleichheit und Freiheit und den Exklusionsverhältnissen der real existierenden Demokratien gibt.[5] Und aus dieser anderen Theorie des Politischen folgt auch ein anderer Begriff der Demokratie: Nach der radikalen Demokratietheorie nämlich zeichnet sich ein wahrhaft demokratischer Prozess dadurch aus, dass er die Lücke zwischen demokratischem Anspruch und Wirklichkeit verkleinert.

Dieses Verständnis von Demokratie ist radikal im Gegensatz zu hegemonialen – also weit verbreiteten und wirkmächtigen – Vorstellungen über Demokratie. In diesem üblichen Verständnis stehen die politischen Institutionen der heutigen liberal-demokratischen Staaten im Zentrum, genauso wie das politische Handeln innerhalb dieser Institutionen. Politiktheoretisch wird dieses hegemoniale Verständnis gespeist von der liberalen und deliberativen Demokratietheorie mit den zentralen Figuren John Rawls (1998, 2007) und Jürgen Habermas (1992). Sie rekonstruieren vernünftige Vorstellungen und Werte, die sie als grundlegend für Demokratien bestimmen. Das ist nicht prinzipiell falsch, doch durch diese Fokussierung auf die möglichst präzise Bestimmung der vernünftigen Ideale wird der Blick weg von der nicht-idealen Wirklichkeit gelenkt, die von Exklusionen geprägt ist. Die Wirklichkeit kann durch die idealtheoretische Rekonstruktion vernünftiger eingerichtet und weniger gewaltdurchzogen erscheinen, als sie eigentlich ist. Kurz: Idealtheorie idealisiert. Und wenn solche idealisierende Demokratietheorie dann ein wenig verkürzt im Sozialkunde-Unterricht gelehrt wird, trägt sie dazu bei, dass ein mangelndes Bewusstsein in der Bevölkerung herrscht, wie fundamental unsere Gesellschaft von strukturellen Ausschlüssen geprägt ist.[6] In einem traditionelleren marxistischen Idiom ausgedrückt geht es bei der Idealisierung durch Idealtheorie also um einen typischen Fall von Ideologie (siehe dazu Horkheimer 1937; Althusser 2010; Jaeggi 2009).

Im Gegensatz zur dieser idealisierenden Demokratietheorie blickt die radikale Demokratietheorie realistischer auf die Welt. Realistischer heißt: düsterer. Wie bereits dargelegt, besteht der Ausgangspunkt darin, dass die soziale Welt strukturell von exkludierenden Machtverhältnissen durchzogen ist. Entsprechend versteht die radikale Demokratietheorie den Kern des Demokratischen als einen Prozess der Demokratisierung, durch den die existierenden Institutionen inklusiver gestaltet werden. Damit wird das Versprechen von Gleichheit und Freiheit für mehr Menschen realisiert, also die Lücke zwischen demokratischem Anspruch und Wirklichkeit verkleinert. Prototypische demokratische Momente sind demnach Situationen des Aufbegehrens von Menschen, die durch die aktuelle Ordnung ausgeschlossen sind. Jacques Rancière (2002) beschreibt demokratische Politik deshalb als einen Kampf der Anteillosen um einen Anteil am Gemeinsamen. Doch warum versteht die radikale Demokratietheorie die Demokratisierung der Demokratie als ein Aufbegehren der Ausgeschlossenen und nicht als einen Reform- oder Lernprozess *innerhalb* der gegebenen Ordnung? Das ist erklärungsbedürftig.

Dieses Verständnis von Demokratie als das Aufbegehren von Ausgeschlossenen mit dem Ziel der Gleichheit und Freiheit beruht auf einigen Argumenten und philosophischen Prämissen – der Theorie des Politischen –, die ich im Folgenden kurz vorstelle. Zentral ist ein Verständnis von Ordnung bzw. Institutionen als *notwendig* ausschließend. Dieses Verständnis von institutioneller Ordnung ist durch eine Ontologie des Politischen begründet, in deren Mittelpunkt die Begriffe Kontingenz und Konflikt bzw. Macht liegen. ‹Ontologie› ist der philosophische Fachbegriff der Lehre des Seins, bei einer Ontologie des Politischen geht es also um die fundamentalen Eigenschaften des Politischen. Die liberalen Demokratietheorien beruhen darauf, die universelle Vernunft und Kommunikation als fundamentale Eigenschaften des Politischen vorauszusetzen. Von dieser kantianischen Tradition grenzt sich die radikale Demokratietheorie ab. Sie ist philosophisch in der Tradition der postmarxistischen kritischen Theorie verortet, die in den Machttheoretikern Nietzsche und Foucault ihre wichtigsten Ideengeber hat.

Kontingenz bedeutet, dass etwas möglich, aber nicht notwendig ist – es könnte auch anders sein. Kontingenz ist zunächst ein zentrales Prinzip der Demokratie, in der «der Ort der Macht [...] zu einer Leerstelle» wird (Lefort 1990: 293; siehe auch Lefort/Gauchet 1990). Herrschaft ist hier im Gegensatz zum Absolutismus nicht festgeschrieben, sondern kann wechseln. Demokratie ist folglich institutionalisierte Kontingenz. Die radikale Demokratietheorie geht aber weiter und beschreibt politische Ordnung insgesamt als kontingent. Das bezieht sich sowohl auf die konkreten Institutionen der Herrschaft als auch auf die sozialtheoretischen und normativen Fundamente, mit denen solche Institutionen begründet sind. Solche Fundamente der Ordnung können zum Beispiel eine Anthropologie sein, die Menschen als rationale Individuen beschreibt und darauf aufbauend individuelle Schutzrechte mit dem Gedankenexperiment eines Vertragsschlusses aller Menschen begründet – das ist das Beispiel des politischen Liberalismus. Doch beides, die Anthropologie und die darauf aufbauende politische Theorie, ist jeweils nur eine von vielen Interpretationsmöglichkeiten. Menschen können mit ähnlicher Plausibilität auch als fundamental abhängig voneinander verstanden werden, womit begründet werden kann, dass die Integration in eine Gemeinschaft wichtiger ist als die Etablierung individueller Abwehrrechte – das ist das Beispiel der hegelianischen und kommunitaristischen Tradition.

Kurz: So sehr sich Philosoph_innen auch bemühen, eine umfassende Theorie der Gesellschaft und eine umfassende Letztbegründung von demokratischer Herrschaft vorzulegen – sie werden an diesem Anspruch immer scheitern. Um diese Einsicht auf der Meta-Ebene geht es beim sogenannten Postfundamentalismus. Diese

Denkrichtung, der zufolge Kontingenz eine zentrale Eigenschaft des Politischen ausmacht, bildet eine wichtige Inspirationsquelle der radikalen Demokratietheorie.

Der Postfundamentalismus liefert eine systematische Zusammenfassung des postmodernen bzw. poststrukturalistischen Denkens, das auf die Lücken, Widersprüche und Unvollständigkeiten der modernen großen Erzählung hinweist (Marchart 2011, 2013). Demnach gibt es keine endgültigen und festen Fundamente der sozialen und politischen Ordnung – es gibt keine letzten Gründe. Doch diese Aussage ist selbst universell und nicht kontingent. Mit anderen Worten: Einzig die Kontingenz ist notwendig. Die Aussage ist damit aber nicht einfach widersprüchlich. Vielmehr weist ihre auf den ersten Blick widersprüchliche Struktur darauf hin, dass die Sozialtheorie des Postfundamentalismus auf der Meta-Ebene der Ontologie angesiedelt ist. Sie ist also eine Theorie über den Zusammenhang von Theorien und Politik ist. Damit geht potenziell ein höherer Grad an *kritischer* Selbstreflexivität einher als bei solchen Theorien, die davon ausgehen, dass es eine notwendige Perspektive auf die Gesellschaft gebe, und die dann antreten, diese zu identifizieren, um dann – wie zu erwarten ist – genau diese Perspektive als eine universalistische auszuweisen versuchen. Postfundamentalistische Theorie stellt konsequenterweise auch die eigenen Aussagen unter einem Kontingenzvorbehalt, was sie zu einem besonders geeigneten Rahmen macht, um die Probleme der Abhängigkeit des politischen Wissens von sozialen Positionen zu sortieren, die in der Diskussion um Identitätspolitik verhandelt werden.

Wichtig ist, dass der Postfundamentalismus kein Antifundamentalismus ist. Es geht nicht um die Ablehnung von Begründungen überhaupt. Sondern es geht immer darum, eine bessere, und das heißt, eine plausiblere und realistischere Beschreibung und Analyse des Politischen vorzulegen. Dazu gehört, auch das Begründen selbst als politisch zu verstehen und entsprechend zu analysieren. Und der (gut begründete und plausible, aber nicht letztbegründbare) Vorschlag dafür lautet, sie als grundsätzlich kontingent zu beschreiben. Die postfundamentalistische radikale Demokratietheorie lässt sich deshalb nicht als Relativismus beschreiben, wie es heutzutage dem postmodernen Denken oft unterstellt wird. Sondern es geht ihr darum, eine angemessen komplexe Interpretation der politischen Welt vorzuschlagen.[7] Die Feststellung von Kontingenz macht daher verständlich, wie wichtig Begründungen in der Politik sind. Denn wenn die soziale Welt nicht unmittelbar gegeben ist, also nicht unmittelbar erfasst und verstanden werden kann, eben weil sie kontingent und komplex ist, dann sind Interpretationen und Begründungen notwendig. Wir brauchen sie, um überhaupt Sinn herzustellen und handeln zu können.[8] Damit geht aber auch einher, dass es viele in Konkurrenz stehende Interpretationsangebote gibt. Das erklärt, warum es für politische Akteure immer darum geht, für ihre spezifische Interpretation mehr Deutungsmacht und (in idealen demokratischen Settings) Mehrheiten durch Überzeugung zu erlangen. Die Politik erscheint dementsprechend als eine Arena des strategischen Begründens. Das Ziel ist Hegemonie, also die eigene Auffassung von Universalität als möglichst allgemein gültigen Standard zu etablieren. Dafür ist es wichtig, politische Forderungen in ein universalistisches Begründungsschema zu übersetzen. Das ist aus dem politischen Tagesgeschäft hinlänglich bekannt: Die FDP sagt nicht, dass sie die Interessen von wenigen Wohlhabenden vertritt, sondern sie argumentiert, dass es für die Gemeinschaft insgesamt besser sei, wenn Märkte dereguliert werden. Dies wird ihr durch eine neoliberale Hegemonie in den Wirtschaftswissenschaften erleichtert, die selbst das Resultat einer politischen Auseinandersetzung um die Ausrichtung des volkswirtschaftlichen Wissens ist (Plehwe/Walpen 1999). Kurz: Das ständige Ringen um universalistische Begründungen ist das zentrale Geschäft der Politik, und ‹der Universalismus› ist deshalb notwendig umkämpft (siehe hierzu auch Laclau 2000a).

Aus der grundsätzlichen Feststellung der Kontingenz des Sozialen folgt deshalb eine besondere Betonung des *Konflikts* als Kern des Politischen. Weil das Soziale kontingent ist, ist es auch umstritten. Beim Politischen geht es um diesen Streit. Deshalb ist Konflikt die zweite fundamentale Eigenschaft des Politischen. Das heißt, dass Macht ein zentraler Faktor in der Politik ist und es nicht nur auf die

Vernunft ankommt. Auch hier geht es um eine Kritik und Korrektur der geläufigen Auffassung von Demokratie, die von der liberalen und deliberativen politischen Theorie vertreten wird. Diese Theorien beschreiben Politik im Wesentlichen als eine Sache von Vernunft und vernünftiger Kommunikation: Die Theorie zielt auf die Rekonstruktion der rationalen Ordnung der Demokratie, und den politischen Akteuren innerhalb dieser Ordnung unterstellt sie, grundsätzlich vernünftig zu handeln. Sie reden miteinander, hören einander zu und lassen sich von besseren Argumenten überzeugen. Jürgen Habermas hat dies mit der berühmten Formel des «eigentümlich zwanglosen Zwangs des besseren Arguments» auf den Punkt gebracht (Habermas 1995a: 52 f.).

Im Gegensatz dazu macht die radikale Demokratietheorie darauf aufmerksam, dass dasjenige, was in einer Gesellschaft für vernünftig gehalten werden kann, auch das Resultat von vergangenen Auseinandersetzungen ist. Das ist ein sehr abstraktes Argument, wird aber verständlicher, wenn man sich vor Augen führt, dass beispielsweise die westliche und Weiße politische Theorie bis vor kurzem keinen Begriff von Rassismus hatte. Damit blieb für sie die Geschichte des Rassismus als ein wichtiger ökonomischer, innenpolitischer wie geopolitischer Erklärungsfaktor unsichtbar – was wiederum zur Fortwirkung nicht nur untergründig rassistischen Denkens beigetragen hat. Charles Mills (1997) hat argumentiert, dass diese Verbindung von Macht und Vernunft – oder genauer: diese Überformung der Weißen politischen Vernunft durch Rassismus – als ein «Racial Contract» die implizite Grundlage der modernen westlichen Politik ist. Solche ‹Unreinheit› der Vernunft und der – oft unterdrückte bzw. nur potenzielle – Kampf darum, was als vernünftig gelten kann, lässt sich in allen Gesellschaften und zu allen Zeiten beobachten. Und deshalb spricht die radikale Demokratietheorie neben Kontingenz von Konflikt als weiterer ontologischer, also grundlegender Dimension des Politischen.

Zurück zum Ausgangspunkt: Wenn das Politische derart von Kontingenz und Konflikt charakterisiert ist, bedeutet dies, dass Ordnungen immer eine Sache der Hegemonie sind. Auch wenn Institutionen Ansprüche auf Universalität formulieren, bleiben sie notwendig partikular. Sie bevorzugen die einen und benachteiligen die anderen, bis hin zu einem quasi kompletten Ausschluss, wie es bei ‹illegalen› Geflüchteten der Fall ist. Das ist der Grund, warum die radikale Demokratietheorie Demokratisierung zur besseren Verwirklichung von Freiheit und Gleichheit an der Grenze (und nicht in erster Linie im Inneren) der aktuellen Institutionen verortet, als ein Aufbegehren der Ausgeschlossenen bzw. als Kampf der Anteillosen um einen Anteil am Gemeinsamen. Und weil es bei Identitätspolitik um solchen (partiellen) Ausschluss durch Normen, Wissensordnungen und damit verbundene Institutionen geht, ist die radikale Demokratietheorie besonders geeignet, um sie zu analysieren.

Michel Foucault und der Streit um Vernunft

Auf den vorigen Seiten sollte klar geworden sein, dass Macht eine wichtige Rolle für die Diskussion über Identitätspolitik spielt. Eine maßgebliche Quelle für die dargelegte radikaldemokratische Position ist die Machttheorie Michel Foucaults. Foucault beschreibt Macht als allgegenwärtig und konstitutiv für individuelle und kollektive Identitäten, für Wissen und für gesellschaftliche Normen. Damit unterscheidet sich dieser Machtbegriff stark von traditionellen Theorien, die Macht als eine Ressource darstellen, die von einer Autorität besessen wird und damit nur punktuell auftritt, aber die Gesellschaft nicht strukturiert. Den neuen Machtbegriff hat Foucault entwickelt, nachdem er untersucht hat, wie Auffassungen von Vernunft historisch situiert sind (Foucault 1973). Gegenüberstellungen von Foucault und Habermas haben vor dem Hintergrund nuancierter Theorievergleiche (Biebricher 2005) etwas ärgerlich Schematisches, können aber dennoch für ein Grundverständnis instruktiv sein: Während Habermas Diskurse im Ideal als «herrschaftsfrei» beschreibt, wodurch «kommunikative Vernunft» erreicht werden könne, ist Foucault skeptisch gegenüber dieser Möglichkeit. Er beschreibt Diskurse vielmehr als Ordnungs- und

Regelsysteme, die bestimmen, was überhaupt gesagt und verstanden werden kann (Foucault 1991). Dafür weist Foucault darauf hin, dass Macht und Wissen konstitutiv aufeinander angewiesen sind und nur als Macht-Wissen-Komplexe auftreten. Diese Verbindung von Macht und Wissen analysiert er durch historische Studien, die zeigen, dass das, was wir heute für selbstverständlich halten, nicht einfach durch einen Fortschritt der Vernunft erklärt werden kann (Foucault 1983, 1994). Vielmehr ist unser heutiges Selbstverständnis das Resultat von komplexen und kontingenten Entwicklungsprozessen, in denen politische Umstände, wissenschaftliche Erkenntnisse, sozialtechnische Entwicklungen (wie beispielsweise auf dem Feld der Architektur) genauso wie die Entwicklung der Produktionsmittel und -verhältnisse zusammenwirken. Foucault zufolge lassen sich diese insgesamt als Machtkämpfe deuten. Macht kann dabei auf verschiedenen Ebenen auftreten und unterschiedliche Ausprägungen annehmen. Auf einer Mikro-Ebene haben wir es mit einem offenen «Spiel» der gegenseitigen Beeinflussung einzelner Akteure zu tun, die mithilfe von «Selbsttechnologien» agieren. Sie werden beeinflusst von sozialen Strukturen auf der Meso-Ebene, die Foucault als «Diskurse» und «Dispositive» bezeichnet. Und auf einer Makro-Ebene lassen sich historisch langfristigere Gesellschaftsstrukturen analysieren, die Foucault als «Regierung» und «Herrschaft» bezeichnet. Diese Meso- und Makro-Strukturen sind sedimentierte Machtkämpfe, die unser heutiges Denken und Handeln genauso wie jeweils individuelle Identitätsvorstellungen zwar nicht zwangsläufig bestimmen, aber doch gravierend strukturieren.

Die soziale Welt als derart ‹vermachtet› darzustellen, hat zu der Frage geführt, welchen Platz Freiheit und Vernunft innerhalb dieser Konzeption eigentlich noch haben können. Insbesondere in den 80ern und 90ern wurde diese Frage breit und hitzig diskutiert. Foucault wurde dabei von vielen Philosoph_innen attackiert. Ihm wurde vorgeworfen, das politische Projekt der Moderne – Aufklärung, Vernunft, Universalismus und damit auch die Demokratie – zu verraten und wegen seines Fokus auf Machtverhältnisse eigentlich ein konservativer Denker zu sein. Diese Debatten um das

Verhältnis von Macht, Freiheit und Vernunft haben zu einem tatsächlichen Erkenntnisfortschritt geführt, bei dem beide ‹Lager› – dasjenige der Vernunft, das insbesondere von der damals aktuellen Generation der Kritischen Theorie bzw. Frankfurter Schule vertreten wurde, und dasjenige der Macht, also die Anhänger_innen Foucaults und der französischen Theorie – viel voneinander gelernt haben. Ich habe mich selbst an dieser Debatte beteiligt und in meinem vorangegangenen Buch *Freiheit als Kritik* (2018) ein Foucault'sches Freiheitsverständnis vorgeschlagen, das zwischen beiden Polen vermittelt. Dort habe ich die Implikationen von Foucaults Machtkritik für die normative Demokratietheorie dargelegt. Foucault ist dieser Lesart nach kein konservativer Machtapologet, sondern ein progressiver Demokratietheoretiker in der Tradition der Aufklärung.

Heute ist dieser fundamentale Lagerstreit beigelegt. Forscher_innen der aktuellen Generation beziehen sich meist auf beide Traditionen. Die Foucault'sche Tradition hat sich gegenüber normativen Theorien geöffnet, und die Tradition der Kritischen Theorie versucht, ihre Normativität im Lichte der Foucault'schen Machtkritik zu schärfen. Und beide Traditionen bemühen sich heute, identitätspolitisches Wissen aktiv miteinzubeziehen.

Umso frappierender ist der Umstand, dass eigentlich widerlegte Talking Points aus einer ca. 40 Jahre alten Debatten in der aktuellen Diskussion um Identitätspolitik zurückkommen. Foucault hat hier als Feindbild zu einer neuen Prominenz gefunden, indem er zu einer Art postmodernem Gründungsvater von ‹woker› Identitätspolitik stilisiert wird.[9] Ein paradigmatisches Beispiel dafür ist Susan Neimans *Links ist nicht woke* (2023). Neiman bezeichnet sich selbst energisch als links und möchte mit ihrer Intervention für linke Ideale eintreten.[10] Nach Neiman hat ‹Wokeness› drei Elemente, die jeweils eine Ablehnung fundamentaler Prinzipien einer linken Position implizierten: erstens die Ablehnung des Universalismus zugunsten eines radikalen Tribalismus, der zweitens einer Politik des Stärkeren folge, weil er Gerechtigkeit und Vernunft nur als strategische Machtmittel begreife, und der drittens entsprechend auch keine Idee von (gesamtgesellschaftlichem) Fortschritt und keine

Hoffnung auf positive Entwicklung mehr habe, sondern zynisch nur Verfall sehe. Die zentrale Argumentation ist schon deshalb schwach, weil die Charakterisierung der ‹Woken› nicht belegt oder rekonstruiert, sondern nur geraunt wird. Es ist schlicht unklar, wer damit gemeint sein soll und ob es das Phänomen überhaupt gibt. Mir ist keine identitätspolitische Gruppe oder Bewegung bekannt, die sich generell gegen universalistische Normativität stellen würde, wie Neiman es auf Foucault zurückführt. Insofern ist es konsequent, dass das Buch dann auch gar nicht ‹die Woken› diskutiert, sondern sich auf eine Kritik ihrer angeblichen philosophischen Basis fokussiert. Doch weil Neiman bei der Diskussion Foucaults die letzten 40 Jahre Theorieentwicklung ignoriert, bleibt sie bei der alten Gegenüberstellung von Postmoderne vs. Aufklärung bzw. Macht vs. Vernunft stecken.

Die spannende und noch immer nicht geklärte Frage, wie Vernunft im Lichte von Machtkritik gedacht werden kann und welche Konsequenzen das für die Demokratie hat, kann so nicht angegangen werden. Ein weiteres prominentes Buch, das sich im Lichte aktueller identitätspolitischer Debatten für einen radikalen aufklärerischen Universalismus stark macht, hilft hier leider auch nicht weiter: Omri Boehms *Radikaler Universalismus – Jenseits von Identität* (2022). Boehm wirft nicht nur den «Identitätslinken», sondern auch dem modernen Liberalismus vor, nur einen (jeweils) «falschen Universalismus» zu vertreten, weil sie alle nicht der kantischen Idee einer absoluten Würde und einer daraus abgeleiteten Idee eines absoluten Gesetzes folgten, das von menschlichen Konventionen und Interessen unabhängig sei (ebd.: 17–19). Grundsätzlich ist die von beiden Aufklärer_innen vorgetragene Fürsprache für universalistische Prinzipien unbedingt unterstützenswert. Doch damit ist für diejenigen Fälle noch nichts gewonnen und gelernt, wo es (identitätspolitischen) Streit um die Interpretation und Konkretisierung des Universellen gibt. Im Folgenden geht es mir deshalb darum, dazu einen neuen Vorschlag zu entwickeln, der den aktuellen Stand der Theorieentwicklung berücksichtigt und auf die aktuellen Diskussionen um Identitätspolitik bezieht.

Exkurs: Das Verhältnis von Identitätspolitik und Antisemitismus

Antisemitismus ist eine der strukturellen Diskriminierungsformen, gegen die sich die Betroffenen mit Bezug auf eine gemeinsame Identität und die Entwicklung eines gemeinsamen Standpunktes wehren. Die allgemeine Definition der Identitätspolitik, die ich vorschlage, schließt jüdische Identitätspolitik also eindeutig ein. Deshalb fällt auf: Antisemitismus wird üblicherweise nicht als identitätspolitisches Thema diskutiert. Diese Nichtthematisierung betrifft sowohl die Seite der Kritik an Identitätspolitik als auch die Seite identitätspolitischer Theoriebildung. Die aktuelle gesellschaftliche Debatte über Identitätspolitik dreht sich in erster Linie um fundamentale Kritiken an antirassistischer, feministischer und queerer Identitätspolitik – nicht aber an jüdischer. Und was die theoretische Reflexion von Identitätspolitik betrifft, so findet diese vor allem im feministischen, queeren, antirassistischen und postkolonialen Denken statt. Ein Grund dafür liegt in dem Umstand, dass identitätspolitische Theoriebildung stark von den Verhältnissen in den Vereinigten Staaten geprägt wird: Sie reflektiert insbesondere diejenigen Diskriminierungsverhältnisse, die die US-amerikanische Gesellschaft in der zweiten Hälfte des 20. Jahrhunderts bis zur Gegenwart gravierend strukturieren. Antisemitismus wird oft nicht dazugezählt, insofern (aschkenasische) Jüd_innen dort teilweise als Weiß und damit nicht als rassistisch diskriminiert gelten.[11] Insofern baut dieses Buch also auf Theorien auf, die Antisemitismus meist nicht mitdenken. Um mit diesem Problem umzugehen, ist es angezeigt, diese Lücken hier etwas genauer zu untersuchen.

Dass identitätspolitische Theorien und die Theorien zum Antisemitismus oft getrennte Wege gehen, hat auch mit einem komplizierten Spannungsverhältnis zu tun, das aus der tendenziellen Situierung in unterschiedlichen politiktheoretischen Traditionen resultiert – einer poststrukturalistisch inspirierten Machtanalyse einerseits und einer sozialpsychologischen Analyse in der Tradition der Kritischen Theorie andererseits. Besonders deutlich wird das

Spannungsverhältnis in der theoretisch wie politisch gegenläufigen Diskussion von (antimuslimischem) Rassismus und Antisemitismus sowie den damit zusammenhängenden erinnerungspolitischen Bezügen auf den Kolonialismus und die Shoah. Unterschiedlich situierte Standpunkte – also unterschiedliche historische und gegenwärtige Erfahrungen, nationale und geopolitische Kontexte sowie unterschiedliche theoretische Instrumente – führen hier mitunter zu diametral unterschiedlichen Bewertungen und einer gegenseitigen Anklage. Dies hat sich auch in der medialen Debatte seit dem Hamas-Massaker vom 7. Oktober 2023 niedergeschlagen, in der der Postkolonialismus als antisemitische Theorieströmung gebrandmarkt wurde. Ich werde diese Gegenläufigkeit schematisch zugespitzt erläutern, um die Gegensätze deutlich zu machen, und orientiere mich dabei an den gelungenen Gegenüberstellungen von Floris Biskamp (2020) und Julia Edthofer (2015). Natürlich sind individuelle wissenschaftliche Arbeiten in beiden Feldern meist wesentlich komplexer – aber zum Verständnis des Streits hilft die idealtypische Gegenüberstellung dennoch.

Antisemitismustheorien, die sich grob in der Traditionslinie der Kritischen Theorie verorten lassen, treten für die modernen Ideale der Aufklärung und Vernunft ein, sehen diese aber strukturell durch kapitalistische Gesellschaftsverhältnisse gefährdet. Sie sind insbesondere im deutschsprachigen Raum verbreitet. Moderner Antisemitismus erscheint ihnen zufolge als eine sozialpsychologische Regression, die der Bewältigung der kapitalistischen Entfremdung dient und dabei an die lange Geschichte des christlichen Antijudaismus anknüpft: Der Kapitalismus lasse sich kaum steuern und stehe dem Menschen wie eine Naturgewalt gegenüber; antisemitische Verschwörungstheorien helfen, damit umzugehen und durch einen klaren Feind die Illusion von Kontrolle zu erlangen. Der Antisemitismus sei deshalb eine der Moderne inhärente (strukturelle) Regressionstendenz, die im Holocaust ihre maximale Realisierung gefunden habe. Das Ziel der Vernichtung sei dem Antisemitismus (im Gegensatz zum kolonialen Rassismus, der eher auf Ausbeutung abstelle) inhärent, insofern Jüd_innen als übermächtig (und nicht als unterlegen, wie im Rassismus) imaginiert würden. Heute wird als Herd regressiv-antiaufklärerischer Ideologie der Islamismus identifiziert. Deshalb fordert die Antisemitismustheorie bezüglich aktueller Debatten um die Einwanderungsgesellschaft und den Islam in Deutschland eine radikal-aufklärerische Religionskritik. Sie verdächtigt entsprechend diejenigen, die sich gegen antimuslimischen Rassismus einsetzen, eines kulturellen Relativismus, der zu falscher Toleranz für religiösen Fundamentalismus führe.

Postkoloniale und antirassistische Theorien beschreiben die Moderne und die aufklärerische Vernunft dagegen im Kontext des rassistischen Kolonialismus. Sie sind internationaler verbreitet als die Antisemitismustheorien. Die aufklärerische Vernunft sei demnach tiefenstrukturell rassistisch und habe den Kolonialismus gerechtfertigt, weshalb sie der (westlichen) Moderne und denjenigen, die sich für ihre Verteidigung engagieren, mit einigem Skeptizismus begegnet. Der zentrale erinnerungspolitische Bezugspunkt ist hier nicht der Holocaust, sondern die 600-jährige Geschichte von Kolonialismus und Versklavung, die unsere Gesellschaften noch heute präge. Mit einer diskurs- und machtanalytischen Brille untersuchen diese Theorien, wie sich rassistische Vorstellungen in sozialen Diskriminierungsverhältnissen niederschlagen. Im Zentrum bezüglich der deutschen Situation steht dabei der antimuslimische Rassismus, der sich seit dem 11. September 2001 zugespitzt habe. Dieser schreibe muslimisch gelesenen Menschen zu, rückständig und anti-aufklärerisch zu sein: sexistisch, queerfeindlich, antidemokratisch, fundamentalistisch und eben antisemitisch.

Es ist leicht erkennbar, dass sich aus diesen Theorien nicht nur unterschiedliche Bewertungen ableiten, sondern – wenn man die Positionen jeweils maximalistisch versteht – sie sich gegenseitig ausschließen. Solche maximalistischen Interpretationen lassen die Theorien strukturell zu, weil sie eine großtheoretische Interpretation anbieten: Die Moderne als Ganze wird entweder als fundamental antisemitisch oder als strukturell rassistisch interpretiert. Die Antisemitismustheorie kann in der Kritik am antimuslimischen Rassismus eine falsche Toleranz für islamischen Antisemitismus sehen, während es der Antirassismustheorie möglich ist, im Anti-Antisemitismus und in dessen Fokussierung auf den Islam als Gefahr für die moderne Demokratie eine rassistische Zuschreibung festzumachen. Darüber hinaus entsteht eine erinnerungspolitische Konkurrenz, weil die jeweiligen Alleinstellungen der Bezugsverbrechen – der Holocaust als singulär und der Kolonialismus als gesellschaftsstrukturierend – sich so vortragen lassen, dass sie sich gegenseitig ausschließen.

Mit Blick auf die Bewertung des Nahostkonflikts ergibt sich eine ähnlich gelagerte Entgegensetzung aus den genannten Theorieansätzen. Israel wird entweder als notwendige Schutzmacht von Jüd_innen und Verkörperung der Ideale der Moderne im Nahen Osten verstanden, weshalb Kritik am Zionismus als israelbezogener Antisemitismus charakterisiert wird, oder als siedlerkolonialistisches Projekt und damit als Verkörperung des modernen Kolonialismus und Rassismus begriffen. Angesichts der Schärfe des geopolitischen Konflikts und der tief eingeschriebenen Verletzungen auf beiden Seiten ist verständlich, dass viele Akteure solch maximalistischen Interpretationen anhängen. Sie sind auch theoretisch nachvollziehbar, insofern die beiden Theoriefamilien jeweils in sich kohärente Weltbilder produzieren. Es ist jedoch keineswegs notwendig, dem hier schematisch dargestellten Maximalismus auf einer der Seiten zu folgen; im Gegenteil sind sowohl die Antisemitismustheorie als auch die Rassismus- und Postkolonialismustheorie jeweils hochgradig plural und reflexiv, sodass eine Verbindung beider Perspektiven nicht nur möglich ist, sondern auch stattfindet (z. B. Lindner 2024).

Bezogen auf den Vorschlag zur Interpretation der Identitätspolitik, die ich hier unterbreite, lassen sich die beiden maximalistischen Interpretationen als Teil von Identitätspolitiken deuten, die ins Regressive abgeglitten sind, insofern sie mit epistemischem Fundamentalismus, Identitätsverhärtungen und dem Ausblenden der Position der jeweils anderen Seite einhergehen.[12] Im Verlauf des Buchs werde ich in diesem Sinne argumentieren, dass eine Korrektur der jeweils eigenen Ausschlussverhältnisse und Blindheiten durch den Dialog mit anderen Gruppen bzw. identitätspolitischen

Wissensbeständen als ein Maßstab von progressiver Identitätspolitik aufgefasst werden sollte.

Zentrale Beiträge zu solch vermittelnden Positionen können der jüdischen Identitätspolitik zugerechnet werden. Wie ich im Kapitel 4 erläutern werde, ist die gemeinsame Reflexion der eigenen Diskriminierung mit einer universalistischen Perspektive, die auf Verständigung ausgelegt ist, konstitutiv für Identitätspolitik. Solche Theoriebildung erfolgt auch durch das Herstellen von Bezügen zwischen verschiedenen Diskriminierungsarten und Formen rassifizierender Massengewalt. Schon 1951 analysierte Hannah Arendt den Holocaust vor dem Hintergrund des europäischen Kolonialismus (Arendt 2022). Arendt argumentiert, dass die ideologischen und regierungstechnischen Grundlagen des Kolonialismus, insbesondere die rassistische Hierarchisierung und die bürokratische Entmenschlichung der kolonisierten Völker, ein historischer Kontext für den Vernichtungsantisemitismus der Nazis waren. Und auch die postkoloniale Tradition eröffnet Anschlüsse für die Antisemitismusforschung, auch wenn diese im postkolonialen Denken nach wie vor wenig verfolgt werden (Cheyette 2018). So hat beispielsweise Jürgen Zimmerer (2011) die Bezüge zwischen dem ersten deutschen Genozid an den Herero und Nama und dem Holocaust untersucht.[13] Heute gibt es eine breite Debatte dazu, wie eine Erinnerungskultur gefunden werden kann, in der die Shoah und der Kolonialismus nicht gegeneinander ausgespielt werden (Neiman/Wildt 2022; Rothberg 2009; Friedländer et al. 2022; Mendel 2023). Dadurch kann auch die Singularität der Shoah – insbesondere die bürokratisch-industrielle Dimension und das Ausmaß der Vernichtung ohne Beachtung von zweckrationalen Erwägungen – besser verstanden werden. Auf diese reichhaltigen Debatten kann ich hier nicht weiter eingehen. Mir ist nur wichtig zu zeigen: Die geschilderten Kommunikationsblockaden sind nicht alternativlos. Im Gegenteil wird hier auch das universalistische Potential von Identitätspolitiken sichtbar, die sich für andere Perspektiven selbstreflexiv öffnen.[14]

2

Freiheitsverständnisse

Was die Debatte um ‹Political Correctness› und ‹Cancel Culture› missversteht

Häufig wird behauptet, ‹Political Correctness› und ‹Cancel Culture› würden die Freiheit einschränken. Doch stimmt das wirklich? Die Antwort, die man auf diese Frage findet, hängt stark davon ab, was man unter Freiheit versteht. Deshalb werde ich in diesem Kapitel die Kritik an ‹Political Correctness› und ‹Cancel Culture› mit Blick auf das dabei zugrunde gelegte Freiheitsverständnis analysieren. Dabei werde ich argumentieren, dass die politische Situation bezüglich ‹Political Correctness› und ‹Cancel Culture› durch dieses Freiheitsverständnis verzerrt und einseitig interpretiert wird. Deshalb ist die damit begründete Behauptung falsch, dass ‹Political Correctness› eine generelle Freiheitseinschränkung bedeute.

Der philosophische Kern des besagten Freiheitsdenkens liegt in der Auffassung, so meine These, dass Freiheit als das Recht des Stärkeren zu betrachten ist. Denn die Freiheitseinschränkung wird aus der Perspektive derjenigen kritisiert, die gesellschaftlich stark sind. Ihrer Kritik geht es darum, bestimmte Freiheiten behalten zu können. Dagegen ist grundsätzlich nichts einzuwenden, denn Politik in Form einer ‹Verbotspolitik› ist nichts Wünschenswertes. Doch manche Freiheiten – gerade manche Freiheiten von gesellschaftlich Stärkeren – haben negative Auswirkungen auf andere. Beispielsweise verstehen manche unter Freiheit, sexistische Witze machen zu können, ohne dafür sanktioniert zu werden – aber darunter leiden dann Frauen. Und – um ein allgemeineres Beispiel anzuführen, das nicht den Bereich der Identitätspolitik betrifft – besteht Freiheit auch darin, sein Auto überall fahren und abstellen zu können? Dann haben jedenfalls Radfahrer_innen weniger Platz. Es geht hier um Freiheit, aber eben nur aus einer sehr spezifischen Perspektive – der Perspektive von denjenigen, die durch aktuelle gesellschaftliche Normen nicht diskriminiert, sondern privilegiert werden.

Die Frage des Kapitels lautet also, wie diese Verzerrung des Freiheitsbegriffs funktioniert, mit der dieser nur aus der Perspektive der Privilegierten gedacht wird. Zentral ist dabei, dass Freiheit ein universeller Begriff ist – Freiheit hört sich immer an wie Freiheit für alle –, weshalb oft vergessen wird, dass Freiheit (für die einen) mit Einschränkungen (für die anderen) einhergehen kann. Und diese Einschränkungen werden umso mehr vergessen, je stärker sie normalisiert und je tiefer sie in unseren gesellschaftlichen Strukturen verankert sind. Um auf die Beispiele zurückzukommen: Fahrradfahrer_innen beklagen die Einschränkungen durch Autofahrer_innen (beispielsweise durch fehlende Radwege) üblicherweise nicht als Freiheitseinschränkungen, weil es seit Jahrzehnten die Norm ist, dass unsere Städte Autofahrer_innen privilegieren. Die Anliegen der Autofahrer_innen werden hingegen oft mit Bezug auf Freiheit vorgebracht, nach dem Motto des ADAC-Slogans «Freie Fahrt für freie Bürger» (aus dem Jahr 1974), und zwar, weil die Änderung von existierenden Normen leichter als Einschränkung geframed werden kann. In der Sozialpsychologie wird der starke Widerstand gegen solche wahrgenommenen Freiheitseinschränkungen mit dem Begriff der «Reaktanz» bezeichnet (Brehm/Brehm 1981). Auch gegen die Freiheitseinschränkung hinsichtlich sexistischer Witze gibt es starke Reaktanz. Aber hier wurde die Norm durch die vermehrte Thematisierung von Sexismus in den letzten Jahren – insbesondere durch #metoo – schon stärker aufgebrochen, sodass die Unfreiheit, die durch die Freiheit zur sexistischen Diskriminierung verursacht wird, heute im Allgemeinen besser gesehen wird. Die beiden Beispiele sollen zeigen: Die Freiheit der einen ist oft die Unfreiheit der anderen; und das heißt im Umkehrschluss, dass Diskriminierungen auch unter dem Blickwinkel von (ungerechtfertigten) Privilegien betrachtet werden sollten.

In diesem Kapitel soll folglich mit philosophischen Mitteln untersucht werden, wie die Kritik an ‹Political Correctness› diesen Blick auf Privilegien systematisch verstellt. Es geht mir darum, den autoritären Kern – im Sinne eines Rechts des Stärkeren – dieses Freiheitsdenkens herauszuarbeiten. Dafür analysiere ich dessen Vorkommen in den verschiedenen Freiheitsbegriffen der Kritik an ‹Political Correctness›. Weil das aber nicht auf den ersten Blick sichtbar ist, beginne ich mit dem klarsten und extremsten Fall einer autoritären Ablehnung von ‹Political Correctness› im Namen der Freiheit und zeige danach, dass sich ähnliche Strukturen – wenn auch ziviler formuliert – in der gesamten Diskussion finden. Der extremste Freiheitsbegriff artikuliert die von Nietzsche inspirierte ‹Herrenmoral›, bei der es explizit um das Recht des Stärkeren geht. Insbesondere einige Stimmen aus dem neurechten Spektrum haben an Nietzsche angeknüpft, um vom (imaginierten) Standpunkt der Herrenmoral aus die Sklavenmoral der ‹Political Correctness› zu kritisieren. Meine Analyse dieser ‹rechtsnietzscheanischen› Position zeigt das autoritäre Freiheitsdenken quasi im Brennglas. Nietzsche ist auch deshalb ein guter Einstiegspunkt, weil er nicht nur ein rechter Vordenker ist, sondern auch zentrale philosophische Impulse für das gegenteilige Freiheitsdenken liefert, in dessen Tradition das vorliegende Buch steht. Bei diesem ‹Linksnietzscheanismus› geht es um die Kritik an Machtverhältnissen und Privilegien. Aus dieser Position ergibt sich eine ganz andere Bewertung von ‹Political Correctness›: Demnach ist es angebracht, Privilegien und die ihnen zugrundeliegenden Normen zu hinterfragen und ‹Policital Correctness› zu unterstützen, die solche Normen ändern will, um mehr Gleichheit und Freiheit für alle zu erreichen. Dafür ist es nötig, Privilegien abzubauen. Es ist also kein zu vermeidender Nebeneffekt, sondern der vernünftige Kern von ‹Political Correctness›, dass dabei Privilegien eingeschränkt werden, was mit Gefühlen der Verletzung einhergehen kann.

Nach der Vorstellung dieser beiden völlig gegensätzlichen Arten, Freiheit zu denken, untersuche ich deren Zusammenhang mit den beiden wichtigsten demokratischen Denktraditionen zum Thema Freiheit. Frappant ist dabei, dass der autoritäre Kern des Rechtsnietzscheanismus für beide philosophisch anschlussfähig ist: Mit dem sogenannten ‹negativen Freiheitsbegriff› der liberalen Tradition – Freiheit gefasst als die Abwesenheit von Einflussnahme und sozialer Normierung – teilt der rechtsnietzscheanische Autoritarismus die Blindheit für das Problem der Privilegien. Zwar widerspricht genau hier der sogenannte ‹soziale Freiheitsbegriff› der hegelianischen und kommunitaristischen Tradition, der Freiheit als Integration in eine soziale Gemeinschaft versteht. Doch trotz dieser Entgegensetzung von negativer und sozialer Freiheit spielen beide in der Kritik an ‹Political Correctness› zusammen und verstärken sich gegenseitig. Denn der soziale Freiheitsbegriff führt leicht dazu, eine Angleichung an die Normen der Mehrheitsgesellschaft zu fordern, was damit das Ausblenden der strukturellen Machtverhältnisse verstärken kann. Dies ist deshalb wichtig, weil jene Anschlussfähigkeit an beide demokratischen Theorietraditionen der Freiheit die ‹Political Correctness›-Kritik auch salonfähig bis in das linksliberale Spektrum macht. Im letzten Abschnitt des Kapitels konkretisiere ich diese Analyse des Freiheitsdenkens in der Debatte um ‹Cancel Culture›, indem ich verschiedene institutionelle Ebenen unterscheide und sie daraufhin untersuche, ob es dort zu Einschränkungen der Kunst- und Meinungsfreiheit durch ‹Cancel Culture› kommt oder nicht. Zuerst werde ich aber allgemein beschreiben, was unter ‹Political Correctness› verstanden wird und wie sich die Diskussion darum entwickelt hat.

Was ist ‹Political Correctness›?

Der Begriff ‹Political Correctness› (‹PC›) wurde ursprünglich in den 1970er und frühen 1980er Jahren in US-amerikanischen linken Kontexten verwendet, um auf ironische Weise die eigene Orthodoxie und die Unfähigkeit, selbstgesetzten politischen Idealen gerecht zu werden, zu kommentieren. In den 80er Jahren wurde er dann aber von konservativen und rechten Kommentatoren angeeignet, um eine angebliche Unterdrückung ihrer Positionen durch eine vermeintliche linke Hegemonie anzuklagen (Daub 2016; Feldstein 1997: 1–7; Sparrow 2018). Das Argument gegen ‹PC› geht aber noch weiter: Der linke ‹Meinungsterror› würde generell individuelle Freiheiten und Rechte einschränken. Die Stärke dieser Kritikstrategie besteht also darin, linke Politik und das Einklagen von Minderheitenrechten als eine Verletzung von individuellen Rechten darzustellen – und damit als eine Einschränkung der Freiheit aller.

Diese Kritik an ‹PC› wurde in den 1990er Jahren in Deutschland aufgenommen und hat dort insbesondere mit den Debatten um Thilo Sarrazin Anfang der 2010er Jahre einen neuen Schub bekommen, der den heutigen Einfluss der Neuen Rechten in den Massenmedien maßgeblich begünstigte (Weiß 2017). Indem die grundsätzliche Verschaltung von ‹PC› und der Einschränkung von Freiheit im politischen Bewusstsein erfolgreich etabliert werden konnte, wurde es für linke Politik schwer, sich für ‹PC› und die damit verbundenen politischen Forderungen einzusetzen. Dazu trug auch eine intensive Skandalisierung von Einzelfällen im konservativen Feuilleton sowie in liberalen Medien bei (Daub 2022). Gegenwärtig wird der Begriff ‹Political Correctness› quer durch das politische Spektrum in diesem negativen Sinne verwendet.

Kritik an ‹PC› kann also als Abgrenzung von einer als einschränkend und unterdrückend empfundenen politischen Moral verstanden werden. Dabei geht es meist um politische bzw. moralische Forderungen von identitätspolitischen Bewegungen, beispielsweise von feministischen, queeren oder antirassistischen Gruppen.

Hauptgegenstand dieser ‹PC›-Kritik sind politisch-moralische Bewertungen und Sanktionierungen von sprachlichen Äußerungen und politischen Praktiken, welche sich in fünf verschiedene Formen aufteilen lassen. Darunter fällt erstens die Sanktionierung von *hate speech*, also beispielsweise sexistische, homophobe oder rassistische Aussagen oder Ausdrücke (wie ‹Schwuchtel›, ‹Schlampe› oder das N-Wort) sowie das Etablieren von allgemeinen Sprachgewohnheiten, die zur Vermeidung von Verletzung und zur Gleichstellung beitragen sollen wie etwa die Nutzung genderneutraler Formulierungen. Zu ‹Political Correctness› werden entsprechend auch Reflexionen darüber gezählt, ob man die oben genannten beleidigenden Worte in einem Buch benennen sollte (um auf Diskriminierungen hinzuweisen) oder nicht (weil dies erneut Verletzungen verursachen kann).[1] Zweitens fällt die Bewertung und Sanktionierung von bestimmten Positionen und Weltanschauungen darunter, wie die Negierung des Holocaust[2] oder der Existenz von Rassismus. Damit verbunden ist drittens die Auswahl von Sprecher_innen in öffentlichen Foren. Solche Foren, wie beispielsweise Vorträge an Universitäten oder Auftritte in Fernsehsendungen, werden nach einer Vielzahl von Kriterien reguliert, unter anderem nach der politisch-moralischen Angemessenheit der Einladung von Sprecher_innen. ‹PC› kann hier zur Kritik dessen dienen, wer ein- und ausgeladen wird. Insbesondere betrifft dies Situationen, wo Sprecher_innen nach Protest wieder ausgeladen oder Vorträge abgesagt werden – dies wird mit dem Begriff ‹Cancel Culture› kritisiert, der entsprechend eine spezifische Form von ‹PC› darstellt. Viertens geht es um die politisch-moralische Bewertung von Praktiken, beispielsweise die Kritik an kultureller Aneignung (Distelhorst 2021), also der Aneignung oder des Profitschlagens aus Elementen ‹fremder› Kulturen. Fünftens werden politische Programme als ‹politisch korrekt› kritisiert, wenn sie auf Gleichstellung oder Minderheitenschutz ausgerichtet sind; umkämpfte Themen sind hier beispielsweise gender-neutrale Toiletten oder *affirmative action* (die aktive Förderung von benachteiligten Gruppen, insbesondere in den USA).

Zwei Argumentationsmuster sind bei der rechten Kritik solcher politisch-moralischer Bewertungen bzw. Forderungen als ‹PC› zentral: Erstens wird die Universalisierung einer Position, die vermeintlich nur einen kleinen Teil der Bevölkerung darstellt, kritisiert. In diesem Verständnis drängt sich also eine Minderheit der Mehrheit unberechtigt auf und schränkt dabei durch die Setzung neuer Regeln die Meinungsfreiheit ein; in diesem Sinne spricht Groth (1996) schon in den 1990er Jahren von einer «Diktatur der Guten» und Sarrazin (2014) von «Tugendterror» und dem «Diktat der politischen Korrektheit». Zweitens wird jeglichen Diskurseinschränkungen das Ideal eines freien und offenen Meinungsaustauschs entgegengesetzt, wobei auch unbequeme Positionen ausgehalten werden müssten (Strenger 2015). Dies werde aber der ‹PC›-Kritik zufolge durch eine Opfer-Rhetorik verhindert, mit der ‹PC› sich als Sache des Opferschutzes verkaufe und sich somit aggressiv und machtvoll durchsetze. Auf eine knappe Formel gebracht geht es bei der Kritik an ‹PC› also um die Kritik an einer unfairen Ermächtigung einer Minderheit.

Die Rechte und Nietzsche: ‹Political Correctness› als Sklavenmoral

Im folgenden Abschnitt analysiere ich, wie man ‹Political Correctness› als sogenannte ‹Sklavenmoral› im Sinne Nietzsches verstehen kann – und wie neurechte Denker das tatsächlich auch tun. Zur Erinnerung: Es geht mir nicht darum, zu behaupten, dass alle Menschen, die ‹PC› kritisieren, zur Neuen Rechten gehören. Aber der Einstieg über Nietzsche hilft dabei, den autoritären Kern des Freiheitsverständnisses im Sinne eines Rechts des Stärkeren klar herauszuarbeiten. In den folgenden Abschnitten zeige ich dann, dass einige Elemente davon auch in den beiden Freiheitsbegriffen der demokratischen Tradition zu finden sind, dem negativen und dem sozialen Freiheitsbegriff. Die These ist, dass diese autoritäre Art der Kritik an ‹PC› dadurch auch in der Mitte der Gesellschaft Zustimmung findet, obwohl diese Mitte gleichzeitig neurechtes Denken ablehnt.

Nietzsche ist für die Neue Rechte ein attraktiver Denker. Sowohl in Europa als auch in den USA beziehen sich viele Rechte auf seine Schriften, insbesondere auf die *Genealogie der Moral* (1999). Diese Attraktivität erklärt sich aus Nietzsches Gestus der radikalen Kultur- und Moralkritik, die gerade für Rechte, die sich als gesellschaftlich randständig und von dort aus radikal kritisierend verstehen, Anschlussmöglichkeiten eröffnet (Beiner 2018; Kaufmann 2018). Denn für Nietzsche ist Moral nichts Gutes. Um zu argumentieren, wie fundamental problematisch die moderne Moral ist, erklärt er ihre Entstehung aus einem Ressentiment der Schwachen gegen die Starken – deshalb spricht Nietzsche von Genealogie, also der Entstehungsgeschichte der Moral. Moral, genauer die ressentimentgeleitete «Sklavenmoral», behindere demnach die freie und natürliche Entfaltung des menschlichen Lebens. «Von dem, was Nietzsche in der Genealogie der Moral über das Ressentiment schreibt, lässt sich eine direkte Linie zum Gutmenschentum ziehen, dem sich die AfD entgegenstellt», so der AfD-Parteiphilosoph Marc Jongen (2016). Und in einem neurechten Blog heißt es, Nietzsche würde die heutige ‹Political Correctness› als ultimativen Kulminationspunkt der Sklavenmoral interpretieren (Preston 2014). In meiner Analyse nehme ich also die rechte Vermutung auf, dass Nietzsches Konzept der Sklavenmoral ein nützlicher Ausgangspunkt für die Analyse von zeitgenössischer ‹Political Correctness› ist. Dabei zeigt sich, dass die aktuelle Kritik an ‹Political Correctness› – über die politischen Lager hinweg – tatsächlich in zentralen Argumenten mit Nietzsches Kritik übereinstimmt. Im Umkehrschluss veranschaulicht dieses Vorgehen die autoritäre Tiefenstruktur der zeitgenössischen Kritik an ‹Political Correctness› insgesamt, also unabhängig davon, was Rechtsintellektuelle über Nietzsche denken.

Nietzsches Kritik an der Sklavenmoral, durch die eigentlich Ohnmächtige mächtig geworden sind, nun die ganze Gesellschaft dominieren und durch ein Korsett moralischer Regeln quälen, trifft tatsächlich genau die oben vorgestellte Kritik an ‹PC›. Die affektive

Energie der ‹PC›-Kritik wird aber durch die Lektüre Nietzsches verständlicher, weil sie in seinem Text so beeindruckend auftritt: Sie speist sich aus der Ablehnung der Schwachen gerade wegen ihrer Schwäche, also aus einer sozialdarwinistischen Position. Da es Teil der rechten Diskursstrategie ist, möglichst bürgerlich zu erscheinen (Schutzbach 2018), ist dies in den typischen ‹PC›-Kritiken meist nicht explizit formuliert, sondern schwingt nur mit. Ein Beispiel dafür ist die Kritik an vermeintlich verweichlichten ‹Snowflakes›, die auch in der Mitte der Gesellschaft verbreitet ist. ‹Snowflakes› beschreibt das Feindbild von jungen, ‹woken›, überempfindlichen Menschen, die sich oft angegriffen und verletzt fühlen. Bei Nietzsches Invektiven gegen die Schwachen und Kranken hingegen ist der Sozialdarwinismus explizit.

Nietzsche schreibt, dass die «Schwächsten» das Leben «unterminiren» und «vergiften» (Nietzsche 1999: 367–368). Diese Kritik an den Schwachen kann gut auf die Debatte um ‹PC› übertragen werden. Darin geht es ja gerade um als zu radikal empfundene politische Kritik, die sich bemüht, die üblichen Normen und Maßstäbe zu verändern, was aus der universalistischen Perspektive der «Herren» dann einer Vergiftung und Unterminierung durch eine partikulare Minderheit gleichkommt. Diese Ablehnung der schwachen Sklaven bzw. der ‹politisch Korrekten› zeigt sich in drei Argumenten, die sich systematisch auch in der ‹PC›-Kritik finden: das naturalistische Argument (1), das psychologistische Argument (2) und der daraus folgende Unterschied zwischen Sklaven- und Herrenmoral (3).

Der *Naturalismus* bezeichnet bei Nietzsche *erstens* die Position, dass es tatsächlich und natürlicherweise Starke und Schwache bzw. Herren und Sklaven gibt und dass sich aus diesen Unterschieden ‹normative› Forderungen ableiten lassen: das Recht des Stärkeren. Nietzsche trägt sein Argument für diesen Naturalismus zunächst in der Metapher der Raubvögel vor, die darüber lachen, wenn die Lämmer es für unmoralisch halten, von ihnen gefressen zur werden. Er möchte, von der Seite der Raubvögel argumentierend, die Absurdität der Forderung der schwachen Lämmer nach einer moralischen Bewertung und praktischen Eindämmung der unfairen Ausgangslage nachweisen (Nietzsche 1999: 279). Kurz: Es gibt Starke und Schwache, und eine Moral zu verlangen, die auf den egalitären Ausgleich dieser natürlichen Umstände abzielt, ist absurd. In den weiteren Argumentationsschritten wird klar, dass Nietzsche in einer solchen Moral nicht nur kognitive Fehlschlüsse sieht, sondern sie auch für gefährlich hält.

In zeitgenössischen ‹PC›-Debatten findet sich dieses naturalistische Argument in zweierlei Formen. Einerseits werden Unterschiede in rassistischen und anderweitig diskriminierenden Diskursen als natürliche Tatsachen präsentiert, die aber wegen der von den Schwachen durchgesetzten ‹PC› nicht ausgesprochen werden dürften. Nach diesem Schema argumentiert Sarrazin (2010) in ‹Deutschland schafft sich ab› (siehe dazu Kemper 2014). Sarrazin behauptet, dass die Intelligenz von muslimischen Migrant_innen, insbesondere aus der Türkei, qua Vererbung geringer sei als die von Bio-Deutschen. Andererseits unterliegt ein Naturalismus von Hierarchieunterschieden auch einer solchen ‹PC›-Kritik, die nicht offen rassistisch (oder sexistisch, homophob, etc.), sondern mit liberalen Argumenten wie formaler Gleichheit und Meinungsfreiheit arbeitet. Indem hier die soziale Bedingtheit von Subjektivität ignoriert wird, wird die soziale Position von Menschen naturalisiert. In diesem Sinne wird beispielsweise argumentiert, dass Frauen wegen ihrer eigenen, freien, ‹natürlichen› Entscheidung oft weniger karriereorientiert seien als Männer, weshalb hier nicht durch ‹politisch korrekte› Quoten interveniert werden sollte. Auch die politische Gestaltung von Sprache – ein zentrales Thema der ‹PC›-Debatte – wird auf Grundlage des liberal-naturalistischen Paradigmas als ein unzulässiger Eingriff in deren ‹natürliche› Entwicklung und in die Meinungsfreiheit der einzelnen Sprechenden kritisiert.

Zweitens: Psychologismus. Nietzsche erklärt die Moral aus der psychischen Natur der Schwachen und entwertet damit moralische Forderungen grundsätzlich, indem er sie als psychische Reaktion pathologisiert, anstatt sie als rationale Position zu diskutieren. Nach Nietzsche erfinden «die Unterdrückten, Niedergetretenen, Vergewaltigten» die Moral «aus der rachsüchtigen List der Ohnmacht heraus» (Nietzsche 1999: 280). Sie ertragen es nicht, schwach zu sein, wollen sich ermächtigen, indem sie hinterlistig ihre eigene Schwäche als ein moralisches Gut definieren, das dann als Gerechtigkeit, Mitleid, Egalität und Rücksichtnahme auftritt. Die Energie, die die Schwachen in Moral- und Regeldurchsetzung investieren, attribuiert Nietzsche einer pathologischen und gewaltvollen Lust an der Bestrafung der Starken. Der gekränkte Schwache versuche so seine (ihm natürlich gegebene) gesellschaftliche Position umzukehren, wobei die Lust an der so motivierten Bestrafung umso ausgeprägter sei, je schwächer er ist (Nietzsche 1999: 299 f.). Nietzsche fasst dieses psychopathologische Verhältnis zwischen Schwäche und der Lust an Regelsetzung und Sanktionierung unter den Begriff des «Ressentiments» (Nietzsche 1999: 271). Auf diesen greifen auch viele Kritiker_innen von ‹PC› zurück, um damit die psychische Konstellation der ‹politisch Korrekten› zu adressieren, deren «Tugendterror» als eine verbitterte und aggressive Reaktion der Ermächtigung aus einer Situation der Schwäche interpretiert wird.

Eine solche nietzscheanische Kritik an einer pathologischen Umwertung, die das Schwache als gut definiert, ist in der ‹PC›-Debatte zentral. Der Hintergrund hierfür ist, dass in der aktuellen Gesellschaftskritik die soziale Position tatsächlich eine wichtige Rolle spielt, weil Diskriminierung oft besser aus der Position der Betroffenen beurteilt werden kann. Der (tatsächlich oft rituelle) Hinweis auf die eigene soziale (Diskriminierungs- oder Privilegien-) Position wird ganz im Sinne Nietzsches als eine Selbstviktimisierungskultur kritisiert, bei der es nur darum gehe, auf dem eigenen Opferstatus zu beharren, sich dadurch besonders viel Gehör zu verschaffen und die eigene Schwäche so als politisches Kapital einzusetzen. Diese Kritik findet sich nicht nur bei rechten und konservativen Denker_innen, sondern auch in der linken Debatte um Identitätspolitik (Brown 1993; Susemichel/Kastner 2018: 131). So schlägt sich das Psychogramm der sich aggressiv ermächtigenden Schwachen nicht nur in einigen Beiträgen, sondern schon im Titel des viel diskutierten Sammelbandes «Beißreflexe» (l'Amour laLove 2017; siehe kritisch dazu Biskamp 2017 sowie Bergermann 2020) nieder, der eine aggressive Diskussionskultur anprangert, die durch psychopathologische Reflexe innerhalb einer vermeintlichen Opferkultur und nicht durch rationale Argumentation gesteuert sei.

Wichtig ist, dass dieses psychologistische Argument nicht ohne die erste, naturalistische Prämisse funktioniert. Den Schwachen kann nur eine solche psychische Reaktion diagnostiziert werden, wenn sie als Schwache naturalisiert werden; und auch nur dann kann man auf ihre Aggression (bzw. die als aggressiv wahrgenommene Moralsetzung) mit dem Hass begegnen, den man in Nietzsches Text und in den ‹PC›-Kritiken findet. Würde man sie als ebenbürtig wahrnehmen, als Gegenüber grundsätzlich gleichen Ranges («Herren»), dann würde man ihre Aggression als Ausdruck ihrer Stärke interpretieren und ihren Sieg gegebenenfalls akzeptieren – eine Sache der Ehre. Doch auf Basis des Naturalismus führt der Psychologismus zu hasserfüllten Reaktionen. Der Psychologismus, also die Rückführung der Position der Gegner auf einen psychischen Affekt, führt bei Nietzsche und der ‹PC›-Kritik selbst also zu einer affektiven Aufladung.

Drittens: Sklavenmoral vs. Herrenmoral. Nietzsches psychologistisch motivierte Ablehnung der Schwachen gründet jedoch nicht nur auf seiner naturalistischen Festschreibung ihrer Position, sondern auch auf dem Effekt, den die Schwachen auf die Moral haben. Die psychologistische Erklärung zeigt nämlich, dass die Moral, als Sklavenmoral bestimmte, in Nietzsches Augen hochproblematische Eigenschaften hat: Sklavenmoral hat ihren Ursprung im Hass, der Aggression und der Lust an der Bestrafung. Besonders problematisch ist dabei für Nietzsche, dass die so entstehende Sklavenmoral rein reaktiv und negativ bleibt – im Gegensatz zur kreativen und eigenständigen Aktion der «Herrenmoral» sei die Sklavenmoral nichts als neinsagende Reaktion (Nietzsche 1999: 270 f.). Nietzsche diagnostiziert, dass diese Sklavenmoral im Abendland hegemonial geworden ist und hält sie für ursächlich für die Strafkultur und das schlechte Gewissen. Denn erst durch aggressive Strafen würde sich ein Moralgedächtnis herausbilden. Dieses würde dem Menschen gewissermaßen eingeprügelt, und führe so zum schlechten Gewissen und einer quälenden und lähmenden Kultur der Schuld, wofür die Schwachen verantwortlich seien (Nietzsche 1999: 311).

In der zeitgenössischen ‹PC›-Kritik findet man nun Diagnosen des Untergangs der politischen Kultur, die nach genau demselben Muster funktionieren. Der «Tugendterror» und «Meinungsterror» durch eine Minderheit, die aber so mächtig imaginiert wird, dass sie die gesamte politische Kultur dominiere, führe zu drakonischen Strafen bei Nichtbeachtung der gerade geltenden ‹politisch korrekten› Regeln. Ergebnis einer solchen «Hexenjagd» sei eine Kultur der gegenseitigen Schuldzuweisung und depressive «Hypersensibilität» (Köhler 2016; Lukianoff/Haidt 2015). Dies wiederum bringe eine Lähmung des Diskurses durch die ständig notwendige, internalisierte Selbstkontrolle mit sich. Die Menschen würden die ‹PC›-Kultur so sehr verinnerlichen, dass sie sich permanent schuldig fühlten. Das schlechte Gewissen werde in den Menschen installiert, indem sie zur ständigen Reflexion ihrer Privilegien aufgerufen würden. Der ‹Political Correctness› wird darüber hinaus vorgeworfen, rein negativ, reaktiv und nicht schöpferisch zu sein – wie Nietzsches Sklavenmoral.

Ausgehend von der These vieler rechter Denker, die sich auf Nietzsche als Gewährsmann für die Kritik an ‹PC› berufen, lässt sich mit dieser systematischen Erläuterung die Tiefenstruktur der ‹PC›-Kritik im Allgemeinen besser verstehen: Sie beruht auf den drei vorgestellten Argumenten mitsamt ihren Prämissen. Alle drei Argumente – das naturalistische, das psychologistische und das der repressiven Sklavenmoral – formen, aufeinander aufbauend, eine kohärente politische Position Nietzsches und der ‹PC›-Kritik, die sich zusammenfassend als Privilegienverteidigung beschreiben lässt. Der Naturalismus essentialisiert eine Differenz zwischen Starken und Schwachen, Privilegierten und Nichtprivilegierten, und bildet die Basis für die Ablehnung von privilegien- und machtkritischen Politiken. Der Psychologismus unterfüttert diese Position, indem er Privilegienkritik als Psychopathologie disqualifiziert. Der Begriff der Sklavenmoral zeigt auf, welche Konsequenz die Moral der Schwachen für die Allgemeinheit bzw. für die Starken hat: Gewalt,

Angst, schlechtes Gewissen, reine Negativität und daraus folgende Lähmung.

Insbesondere wird hier deutlich, dass eine Verschiebung von Inhaltsfragen zu abstrakteren Formfragen ein generelles Strukturmerkmal der ‹PC›-Kritik ist. Ein inhaltliches Anliegen – nämlich die Verteidigung der existierenden Machtstruktur mit Privilegien für die einen und Diskriminierung der anderen – soll durchgesetzt werden, doch die Argumente dafür sind auf einer abstrakteren formellen Ebene angesiedelt: die Kritik der rein reaktiven und negativistischen Sklavenmoral, die Freiheiten einschränkt und zur Verbreitung von Qualen durch Strafen und das schlechte Gewissen führt. Die Frage danach, für welches inhaltliche Ziel welche ‹Qualen› vertretbar sind und welche nicht, kann und soll in diesem Rahmen nicht gestellt werden. Dies würde zu einem Diskurs über Macht- und Diskriminierungsverhältnisse führen, der gerade vermieden werden soll. Die unterstellte Allgemeinheit der diagnostizierten Diskurspathologien und Freiheitseinschränkungen ist ja gerade die Stärke des Wechsels auf die formale Ebene – sonst würde noch deutlicher sichtbar werden, dass das Ziel der Schutz partikularer Privilegien ist. Dass dieses Ziel in Nietzsches Naturalismus offener zutage tritt als in der zeitgenössischen ‹PC›-Kritik, die auf das Thema der Meinungsfreiheit fokussiert und so erfolgreich vom rechten Rand in die Mitte wandern konnte, ändert nichts an diesem Befund. Kurz: Der normative Ausgangspunkt ist eine Differenz zwischen Niederen und Höheren, die verteidigt werden soll; Nietzsche und die ‹PC›-Kritik sind eine Apologie des Bestehenden, stärker noch, die Rekreation autoritärer Differenz.[3]

Emanzipative Normsetzung und Privilegienkritik

Die Analyse des rechtsnietzscheanischen ‹PC›-Diskurses hat also ergeben, dass es ihm um die Verteidigung von existierenden Macht- und Privilegienstrukturen geht. Den ‹PC›-Diskurs und Nietzsche derart zusammen zu lesen, diente dazu, dies klar herauszuarbeiten. Auch in diesem Abschnitt möchte ich Nietzsche als ein Brennglas für das klarere Verständnis der aktuellen Debatte nutzen – und zwar, um in zentrale Grundprämissen derjenigen Tradition einzuführen, aus der sich meine Interpretation von ‹Political Correctness› und Identitätspolitik speist. Denn auch diese beruht indirekt auf Nietzsche, folgt ihm aber in linksnietzscheanischer und nicht in rechtsnietzscheanischer Tradition. Indem ich beide kontrastiere, möchte ich die unterschiedlichen Annahmen deutlich machen.

Auch die Rede von Macht- und Privilegienstrukturen, die ich gerade unter der Hand eingeführt habe, beruht indirekt auf Nietzsche – allerdings in dessen linker Interpretation. Die linksnietzscheanische Position bietet zu jedem der drei Elemente der rechtsnietzscheanischen ‹PC›-Kritik ein gegenläufiges Argument, das ich hier vorstelle. Der Linksnietzscheanismus geht von Konstruktivismus statt Naturalismus aus, macht die Perspektive der Unterdrückten gegen ihre Psychologisierung stark, was schließlich zum Begriff von emanzipative Normsetzung statt sklavenmoralischer ‹Political Correctness› führt. Die linksnietzeanische Theorie erweitert die bisherige These: Nicht nur ist die ‹PC›-Kritik eine Verteidigung existierender Privilegien, sondern die mit ‹Political Correctness› bezeichneten Phänomene dienen im Allgemeinen der Demokratisierung der Demokratie – und die emanzipative Umgestaltung von Normen geht notwendigerweise mit einem Verlust an Privilegien einher.

Der zentrale Unterschied zwischen der rechten und der linken Nietzsche-Interpretation ist, dass die rechte Interpretation einen Kampf zwischen freier Herrenmoral und unfreier Sklavenmoral im Hier und Jetzt sieht, während die linke Nietzsche-Interpretation in den Mittelpunkt rückt, dass Moral stets eine Sache der sozialen Normierung ist, die mit Macht einhergeht (Van Tongeren 2006: 391). Das Kernanliegen einer linken Nietzsche-Interpretation besteht folglich nicht in der Kritik der Sklavenmoral. Vielmehr geht es darum, mit Nietzsche das Leiden durch und die Kosten der Sozialisation, die zum schlechten Gewissen – oder allgemeiner: zur Internalisierung von Werten und Handlungsnormen und zur Stabilisierung von Herrschaft – führt, aufzudecken und zu kritisieren (Saar 2020). Durch seinen Konstruktivismus, der Normen wie die der Moral nicht als geschichtslos, sondern als geschichtlich gemacht versteht, und durch seine radikale Perspektivität hilft Nietzsche dabei, willkürliche und ungerechte Machtverteilungen in geltenden gesellschaftlichen Regeln und Vorstellungen zu erkennen. An Nietzsche indirekt anschließend haben sich ganze Forschungstraditionen entwickelt, die untersuchen, wie die Normen und Denkweisen, die wir heute für selbstverständlich erachten, entstanden sind. Sie helfen so zu verstehen, wie es zu strukturellen Diskriminierungen kommen kann, die oft auf unhinterfragten Denkweisen beruhen. Indem die genealogische, also historisierende Darstellung diese Denkweisen weniger selbstverständlich macht, erleichtert sie deren Kritik (zu dieser Methode siehe Saar 2007). Ein Beispiel hierfür sind die Normen der Heterosexualität, die es für queere Menschen erschweren, eine queere Identität zu entwickeln (Butler 2011; Foucault 1983). Oder auch, wie stark Menschen einen bestimmten Habitus, also ein Set and Verhaltensmustern und Gewohnheiten, auf Grund ihrer Klassenzugehörigkeit internalisiert haben und damit von Aufstiegschancen abgeschnitten werden (Bourdieu 2023). Nietzsche wird so zum genauen Gegenteil dessen, was die Rechten aus ihm machen, nämlich eine Optik zur Aufdeckung von Ungerechtigkeit und gewaltvoller Unterdrückung selbst noch in neutral scheinenden Regeln, Normen und Institutionen. Mit anderen Worten: Es geht um die Sichtbarmachung von Privilegien. Meine Schilderung der linksnietzscheanischen Position folgt dabei einer anderen Methode als die hermeneutische Rekonstruktion der rechten Position im letzten Abschnitt. Sie führt wesentlich weiter vom Text weg und fasst zusammen, wie die zeitgenössische Sozialtheorie zentrale Elemente von Nietzsches Denken, insbesondere vermittelt durch Foucault, produktiv aufnimmt. Sie entspricht weniger dem ‹Geist› von Nietzsches Text als die hermeneutisch rekonstruierte rechte Position, beruht aber auf plausibleren Prämissen. Zentral werden dabei neben Foucaults Machtanalytik die Theorie von sozialen Privilegien und die feministische Epistemologie sein.

Erstens: Konstruktivismus statt Naturalismus: Nietzsches *Genealogie der Moral* ist ein wichtiger Ausgangspunkt für die Foucault'sche Machtkritik. Nietzsches Grundthese, dass die geltenden Normen das Resultat von historischen Kämpfen sind, stellt gerade die Vorstellung einer naturalistischen und universalistischen Moral in Frage – Nietzsche ist in dieser Lesart also ein postfundamentalistischer Denker. Aus dieser Perspektive ist Nietzsches naturalistische Festschreibung der Starken und Schwachen ein Restelement von Metaphysik, das seinem nachmetaphysischen Denken widerspricht: Starke und Schwache können nicht auf naturalistische Art das Fundament der Moralkritik sein, weil Subjektivität – wie Nietzsche bezüglich des schlechten Gewissens zeigt – selbst ein historisch kontingentes Produkt von sozialen Normen ist. Historisch kontingent heißt, dass sich etwas auch ganz anders entwickelt haben könnte und nicht in der Natur begründet ist. Mit anderen Worten: Wofür wir ein schlechtes Gewissen haben, haben wir gelernt, es hängt von unserer Kultur ab. Foucault hat für die soziale Konstitution und Prägung des Subjekts den Begriff der «Subjektivierung» geprägt. Die jeweiligen Positionen der Stärke und der Schwäche in einer Gesellschaft sind demnach nicht natürlich gegeben, sondern das Resultat von Machtregimen, Institutionen und Subjektivierungen. Um die strukturelle Dimension von Macht, die Handlungsoptionen eröffnet und verschließt, zu adressieren, wird heute auch der Begriff der Privilegien verwendet: Vorteile, die sich aus den strukturellen Diskriminierungen anderer ergeben.[4]

Der Privilegienbegriff bietet sich also zur Erläuterung einer linksnietzscheanischen Position zu ‹PC› an: Er passt spiegelbildlich zur rechtsnietzscheanischen ‹PC›-Kritik, die Einschränkungen und Verluste beklagt; der Privilegienbegriff macht deutlich, dass diese weder Zufall noch unerwünschte Nebenfolgen, sondern notwendiges Mittel und gewünschtes Ziel von emanzipatorischer politisch-moralischer Normsetzung ist.

Zweitens: Perspektive der Unterdrückten statt Psychologismus. Aus dieser Interpretation von Nietzsches Macht- und Subjekttheorie leitet sich dann das Gegenteil des pathologisierenden rechtsnietzscheanischen Psychologismus ab, nämlich den Opfern epistemische Priorität zu gewähren im Sinne eines Ernstnehmens ihrer Wissensperspektive. Die konstruktivistische Lesart stellt die Ungerechtigkeit innerhalb der herrschenden Machtverhältnisse heraus und klagt sie an. Einerseits ist die Grundlage dafür eine objektive Analyse gesellschaftlicher Verhältnisse, denn Privilegien gibt es, sie sind messbar. Andererseits zeigt aber der linksnietzscheanische Konstruktivismus, dass es keine universelle Perspektive gibt, von der aus Unrecht beurteilt werden könnte (siehe dazu auch die Ausführungen zum Postfundamentalismus im Abschnitt «Radikale Demokratietheorie» im ersten Kapitel und den Abschnitt «Kritiken am klassischen Universalismus» im Kapitel 4.). Er liefert aber plausible Gründe dafür, dass die Geschichte von den Siegern geschrieben ist und unser normativ-praktisches Wissen von Macht zumindest teilweise korrumpiert ist. Eine solche Gesellschaftskritik, die mit dem Problem der Korrumpierung des Wissens und der Unterdrückung minoritärer Wissensformen umgehen will, basiert auf einer spezifischen politischen Epistemologie: einer Hermeneutik des Verdachts gegenüber dem hegemonialen Wissen und einer politisch-epistemischen Privilegierung von unterdrückten Standpunkten. Diese linksnietzscheanische Kritik kann sich auf eine breite Allianz sozialtheoretischer Quellen berufen, wobei insbesondere die feministischen und postkolonialen Standpunkttheorien die Bedeutung der sozialen Position für das Wissen herausgearbeitet haben. Im vierten Kapitel werde ich diese Theorien und von ihnen adressierte Spannung zwischen Universalismus und Partikularismus ausführlich diskutieren.

Drittens: Emanzipative Privilegienkritik statt repressive Sklavenmoral. Die rechtsnietzscheanische Kritik der Sklavenmoral attackiert diese als passiv, reaktiv und aggressiv und gegen die «Guten» und «Starken» gerichtet. Der normative Gegenbegriff dazu ist die schöpferische, kreative, freie Herrenmoral, die Werte aktiv setzt, ohne dabei immer schon auf einen Feind zu reagieren. Doch die linksnietzscheanische Interpretation entblößt diese Kritik als falsch, denn sie geht mit einer Machttheorie der Immanenz einher. Immanenz bedeutet, dass Macht als allgegenwärtig und die Gesellschaft strukturierend verstanden wird und nicht als sporadisch auftretende Kraft zwischen Individuen oder Gruppen (siehe dazu auch Saar 2013). Das heißt, dass die von Nietzsche als unschuldig und friedlich imaginierte Herrenmoral der freien Setzung tatsächlich nur denkbar ist als Effekt von Privilegien in bestehenden Machtstrukturen, die wiederum andere benachteiligen. Die Unterscheidung von Herrenmoral und Sklavenmoral bricht folglich zusammen. Es gibt keine freie Kreativität der Herrenmoral, durch die andere nicht eingeschränkt werden – mit Foucault würde man sagen: Es gibt kein Außerhalb der Macht (Foucault 1983: 96). Die von Nietzsche kritisierte Sklavenmoral bildet tatsächlich den generellen Kern des Politischen. Es besteht aus Machtkämpfen um die geltende Ordnung, bei der es immer Gewinner und Verlierer gibt, aber nie neutral-unschuldige Gestaltung. Moralische Regeln aufzustellen, die auch mit Sanktionen durchgesetzt werden und nach Möglichkeit verinnerlicht werden, ist der Kern von Politik und keine Pathologie der Schwachen. Diese Aussage hört sich krasser an, als sie eigentlich ist. Denn viele Regeln, die wir heute für richtig und selbstverständlich halten, gehen auf solche Machtkämpfe zurück. Zum Beispiel war Vergewaltigung in der Ehe in Deutschland bis 1992 legal. Heute haben die meisten Menschen das generelle Verbot von sexueller Übergriffigkeit internalisiert, auch wenn es immer noch zu viel sexistische Gewalt gibt, gerade in heterosexuellen Beziehungen.

Die ‹PC›-Kritik beruht nun auf einer Vorstellung des Politischen, in der Vermachtung und Privilegien ausgeblendet werden. Vor dem Hintergrund der Imagination einer neutralen Gewaltlosigkeit der aktuellen Ordnung kann dann ‹PC› als Gewalt erscheinen. Dabei ist es einfach Politik – aber eben solche, die die aktuelle Ordnung und ihre Privilegienstruktur infragestellt. Wenn Politik üblicherweise im Modus der Sklavenmoral funktioniert, und Emanzipationsbestrebungen mit einer relativen Schlechterstellung der Privilegierten einhergehen, ist es kein Wunder, dass sie ‹PC› als einschränkend kritisieren – denn sie ist es aus deren Perspektive. Sie protestieren dagegen, denn sie verlieren dadurch. Aber dass sie verlieren, ist der Gewinn der bis dahin nicht Privilegierten – und ein ganz normaler und auch berechtigter Teil demokratischer Politik. Denn insofern ‹Political Correctness› Privilegien einschränkt, um Diskriminierungen abzubauen, ist das völlig unproblematisch – zumindest, wenn man das grundlegende demokratische Interesse an Gleichberechtigung teilt. Denn Macht und damit verbundene Möglichkeiten und Einschränkungen gibt es so oder so, die Frage ist nur, wer davon profitiert. Normen gegen Sexismus bedeuten eine Beschneidung des ‹Privilegs›, unwidersprochen sexistische Witze machen zu können; neue Normen einzuführen, die darauf abzielen, Trans*-Schauspieler_innen Trans*-Rollen zu geben, bedeutet, das Privileg von Cis-Schauspieler_innen zu beschneiden, für ihre realistische Darstellung von Trans*-Personen gefeiert zu werden; wenn mehr Menschen mit Betroffenenperspektive in Talkshows eingeladen werden, beschneidet das die Redeprivilegien der Vertreter_innen der Mehrheitsperspektive, die dort bis dahin die Welt erklärt haben; und so weiter. Kurz: Vor dem Hintergrund des Linksnietzscheanismus ist ‹Political Correctess› emanzipative Normsetzung und der Abbau von Privilegien der vernünftige Kern dieser Politik.

Eines ist aber wichtig: Diese grundsätzliche Beschreibung des Politischen als ein Machtgeschehen, bei dem es um die Umverteilung von Privilegien geht, heißt natürlich nicht, dass jede vorgebrachte Privilegienkritik auch vernünftig und angemessen ist. Angemessenheit setzt mindestens voraus, dass das jeweilige Privileg tatsächlich mit einer diskriminierenden Einschränkung zusammenhängt. Es geht mir hier aber auch gar nicht um die Entwicklung solcher Maßstäbe, sondern um einen neuen *generellen* Blick auf ‹Political Correctness›: Der zeigt, dass Privilegienkritik grundsätzlich notwendig und ‹PC› deshalb keine allgemeine Freiheitseinschränkung ist.

Drei Freiheitsbegriffe

Die Kritik an ‹Political Correctness› ist nicht nur eine Sache von rechtsintellektuellen Nietzsche-Liebhaber_innen. Sie wird heute quer durch die politischen Lager geteilt und insbesondere auch von Liberalen und (ehemaligen) Linksintellektuellen vertreten. Das ist nach der vorangegangenen Analyse erklärungsbedürftig, habe ich doch den rechtsnietzscheanisch-autoritären Kern der ‹PC›-Kritik herausgearbeitet. Die linksliberalen ‹PC›-Kritiker_innen würden sich diesen Autoritarismus natürlich nicht zu eigen machen. Meine These ist dabei entsprechend nicht, dass alle ‹PC›-Kritiker_innen eigentlich und gleichermaßen Rechte sind. Es geht vielmehr darum, zu zeigen, dass die ‹PC›-Kritik auf theoretischen Prämissen beruht, die strukturell in Privilegienverteidigung münden, auch wenn es den jeweiligen Autor_innen um die Verteidigung der Freiheit geht.

Diese (hoffentlich ungewollte) Offenheit der Linksliberalen zum Rechtsnietzscheanismus hin vollziehe ich in diesem Abschnitt nach. Aus Sicht der linksnietzscheanischen Macht- und Privilegienkritik hat der Rechtnietzscheanismus eine theoretische Verwandtschaft zu den beiden geläufigen demokratischen Freiheitsbegriffen: dem negativen und dem sozialen Freiheitsbegriff. Linksliberale ‹PC›-Kritiker_innen berufen sich (explizit oder implizit) auf diese Freiheitsbegriffe. Das Problem an ihnen ist jedoch, dass sie Macht und Privilegien – die entscheidenden Konzepte des Linksnietzscheanismus – ausblenden. Dieses zentrale Element teilen sie mit der rechtsnietzscheanischen Behauptung einer freien Herrenmoral. Die Ausblendung von Macht und Privilegien führt im negativen Freiheitsbegriff des Liberalismus dazu, soziale Unterschiede als natürlich gegebene zu verstehen. Dadurch kann Privilegienkritik, die antritt, die sozialen Verhältnisse zu ändern, als übergriffiger Eingriff erscheinen. Der Unterschied zum offenen Rechtsnietzscheanismus liegt dann nur noch darin, ob die Differenz zwischen Starken und Schwachen explizit naturalisiert und verteidigt wird oder nur implizit – indem auf ein Vokabular der Sozialisation bzw. Subjektivierung verzichtet wird und einfach offengelassen wird, wie soziale Differenzen in die Welt kommen. Ein Beispiel für solche Naturalisierung ist, gegen Frauenförderung anzuführen, dass Frauen an einem bestimmten Feld – beispielsweise den Naturwissenschaften – einfach kein Interesse hätten. Und obwohl der soziale Freiheitsbegriff in der Tradition Hegels sich vom negativen genau in diesem Punkt unterscheidet – sein Beitrag besteht gerade darin, Freiheit als ein Produkt von Sozialisation zu denken –, ergänzen und verstärken sich beide Freiheitsbegriffe in der ‹PC›-Kritik. Aber der Reihe nach.

Negative Freiheit ist der zentrale Freiheitsbegriff des politischen Liberalismus und strukturiert damit als Ideologie das westliche Denken zutiefst. Freiheit wird hier als Nichteinmischung verstanden (Berlin 2002). Mit anderen Worten: Freiheit bedeutet, in Ruhe gelassen zu werden. Das Subjekt wird als vorgesellschaftlich gegeben konzeptualisiert und liberale Politik zielt darauf ab, es mit individuellen Abwehrrechten gegen politische Einmischung zu verteidigen (siehe dazu ausführlich historisch-systematisch Menke 2015; und in Bezug auf aktuelle gesellschaftliche Entwicklungen Amlinger/Nachtwey 2022).[5] Entsprechend anschlussfähig ist es, ‹politische Korrektheit› als eine freiheitseinschränkende Einmischung zu beklagen – zum Beispiel eine Einmischung in die freie Rollenwahl von Schauspieler_innen oder in die freie Wortwahl beim Schreiben aufgrund der Forderung nach einer geschlechtergerechten Sprache. Dieses Argument verfängt im gesellschaftlichen Mainstream, da es allgemeine Bedenken über den Grad der Freiheit in unserer Gesellschaft aufwirft. Es gelingt damit, emanzipatorische Politik und das Einklagen von Minderheitenrechten als eine Verletzung von individuellen Rechten und individueller Freiheit darzustellen. Der Trick besteht hier darin, die hegemoniale Semantik der Freiheit zu verwenden, um ein partikulares Anliegen zu universalisieren, genauer, die Verteidigung bestehender Privilegien als Verteidigung der allgemeinen Freiheit darzustellen.

Dieser Trick beruht auf dem negativen Verständnis von Freiheit als Nichteinmischung. Doch dieses Verständnis ist aus linksnietzscheanischer Perspektive falsch. Es gibt keine Subjektivität frei von politischer Einmischung, das gesellschaftliche Leben ist eine Angelegenheit ständiger Einmischung. Subjektivität ist durch Macht, Subjektivierung und Privilegien (oder deren Fehlen) konstituiert. Die Kritik an ‹Political Correctness› blendet Macht und Privilegien aus und schließt damit an den liberalen Naturalismus an. Wir sind viel tiefer in soziale Normen verstrickt und durch sie konstituiert, als es das liberale Konzept der Freiheit anerkennt. Das bedeutet, dass es nicht korrekt ist, zu sagen, ‹Political Correctness› bedeute mehr Einmischung. Sie bedeutet lediglich eine andere Einmischung durch andere Normen. Zum Beispiel wird Sprache durch gender-sensible Formen nicht *mehr* gegendert; sondern die nicht-gender-sensiblen Formen sind selbst gegendert, weil sie männliche Formen verallgemeinern. Umgekehrt erklärt das verbreitete negative Freiheitsverständnis, warum die ‹Political Correctness›-Kritik vielen Menschen plausibel erscheint, obwohl sie sich nicht bewusst für eine autoritäre Verteidigung existierender Privilegien- und Diskriminierungsstrukturen einsetzen und mit ziemlicher Sicherheit auch keine ‹Rechtsnietzscheaner› sind. Weil wir aber alle tief vom liberalen Denken geprägt sind, ist es verständlich, in ‹politisch korrekten› Einschränkungen ein Freiheitsproblem zu sehen und die Einschränkungen durch existierende soziale Normen gar nicht als solche wahrzunehmen, sondern einfach als gegeben hinzunehmen. Kurz: Der negative Freiheitsbegriff ist die Grundlage dafür, dass es der ‹PC›-Kritik gelingt, selektiv einige soziale Normen als Eingriffe zu interpretieren und andere zu ignorieren.

Doch genaugenommen bietet der negative Freiheitsbegriff nur eine Erklärung dafür, wieso die ‹PC›-Kritik vom breiten Publikum so gut verstanden wird. Er kann aber nicht erklären, dass viele ‹PC›-Kritiker_innen aus einem (je nach Definition: ehemals) linksintellektuellen Millieu kommen, in dem gerade ein negatives Freiheitsdenken kritisiert wird. Der hier oft (implizit) angeführte Freiheitsbegriff ist ein ganz anderer, der in der politischen Theorie als ‹sozialer Freiheitsbegriff› bezeichnet wird. Dieser geht auf die Tradition von Hegel und Marx zurück, sein wichtigster philosophischer Vertreter in Deutschland ist Axel Honneth (2011, 2015; siehe auch

Neuhouser 2000). Freiheit wird hier nicht individuell verstanden, sondern kann danach nur über eine gut eingerichtete Gesellschaft und die Integration in dieselbe erreicht werden. Freiheit ist demnach nicht Nichteinmischung, sondern etwas grundlegend Soziales und Gemeinschaftliches, da die Freiheit der Anderen die Freiheit des Einzelnen bedinge.

Amlinger und Nachtwey (2022) erklären die linksintellektuelle ‹Political Correctness›-Kritik mit einem spezifischen Privilegienverlust: Bis vor kurzem hätten Linksintellektuelle ein Deutungsmonopol in der öffentlichen Debatte gehabt, das ihnen nun durch die identitätspolitische Vervielfältigung der Stimmen streitig gemacht werde. Deshalb verteidigten sie nun ihre universalistische Sprechposition gegen identitätspolitischen Partikularismus. Diese Interpretation als Privilegienverteidigung beschreibt die Interessenkonstellation gut. Doch nach meinen Ausführungen zum Zusammenhang von negativer Freiheit und ‹PC›-Kritik bleibt noch eine Erklärungslücke bezüglich der Positionierung (ehemals) Linksintellektueller, die sich aus den verschiedenen Arten, Freiheit zu denken, ergibt. Denn im Gegensatz zum Liberalismus begreift der soziale Freiheitsbegriff Menschen als sozial konstituiert, als geformt von sozialen Normen und gesellschaftlichen Institutionen. Damit ist er nicht naturalisierend, wie der negative Freiheitsbegriff. Und weil dieser Naturalismus in meiner Analyse der Grund dafür ist, dass die ‹Political Correctness›-Kritik verfängt, ist zunächst unklar, wieso auch Linksintellektuelle mit einem sozialen Freiheitsbegriff in diese Kritik einstimmen. Diese Erklärungslücke schließe ich, indem ich nun untersuche, wie die beiden eigentlich gegensätzlichen Freiheitsbegriffe in der ‹Political Correctness›-Kritik zusammenwirken können.

Ein konkretes Beispiel für dieses Zusammenwirken: In einem in der *ZEIT* veröffentlichten Essay kritisiert Thea Dorn, dass «die grassierende Identitätspolitik [...] mehr und mehr soziale Gruppen dazu animiert, sich in Kränkungs-Communitys zusammenzufinden». Die dadurch «übersteigerte Empfindlichkeit und Rücksichtslosigkeit» würden das «gesellschaftliche Projekt der Selbstbefreiung und Selbstverwirklichung» «vermurksen» (Dorn 2019). Hinter dieser Einschätzung steht der soziale Freiheitsbegriff, wie mir bei einer Panel-Diskussion, die ich mit Thea Dorn geführt habe, klar wurde. Dies brachte mich erst dazu, darüber nachzudenken, wie die beiden Freiheitsbegriffe in der ‹PC›-Kritik eine Verbindung eingehen, obwohl sie eigentlich widersprüchlich sind. Bei der identitätspolitischen Privilegienkritik werde – so Dorn – Freiheit nur als Nullsummenspiel gedacht, aber das sei falsch, denn richtig verstanden sei Freiheit etwas, das nur von der Gesellschaft als Ganzes erreicht werden könne, wenn sie gut geordnet sei. Das Ziel fortschrittlicher Politik in diesem Modell sei es, alle Menschen zu empowern, anstatt Privilegien zu beschneiden, um diskriminierte Gruppen zu stärken. Schon ein *charitable reading* gebietet, hier einen zugrundeliegenden sozialen Freiheitsbegriff anzunehmen – denn dieser ist schlicht die beste und differenzierteste Version eines traditionelllinken bzw. linksliberalen Freiheitsdenkens.

Ich denke, dass sich hier ein grundsätzliches Problem von Appellen an die soziale Freiheit zeigt: Auch wenn die hegelianische Tradition die Subjekte als inhärent sozial begreift, blendet sie dennoch soziale Macht aus – und darin liegt ihre Parallele und ideologische Kompatibilität mit dem Liberalismus und der negativen Freiheit. Ich erkläre diese Parallele zunächst anhand der Unterschiede: Im Gegensatz zur liberalen Tradition ist Freiheit, sozial verstanden, nicht nur die Abwesenheit von Einmischung, denn wir können Subjektivität und Handlungsfähigkeit nur durch die Interaktion mit anderen entwickeln. Mit anderen Worten: Einmischung ist die notwendige Bedingung von Freiheit. Es gibt kein vorsoziales atomares Subjekt, sondern die Subjektivität ist durchgängig sozial konstituiert. Deshalb spielt die Organisation des Gemeinwesens auf seinen verschiedenen Ebenen – in Hegel'schen Ansätzen konkret die Familie, der Markt und der Staat – eine zentrale Rolle im Konzept der sozialen Freiheit. Wie die gesamte Gesellschaft organisiert ist, ist entscheidend für die Freiheit, die jede_r einzelne in der Gesellschaft verwirklichen kann. Und dies führt zu einem stillen proto-antiliberalen Element in der Tradition der sozialen Freiheit: Da die Einheit der Gesellschaft die Grundlage der Freiheit ist, wird ihr Vorrang vor der individuellen negativen Freiheit eingeräumt. Kurz gesagt: Im Konfliktfall ist die Gemeinschaft wichtiger als der Einzelne. Das Problem ist, dass der soziale Freiheitsbegriff, obwohl er Subjekte als durch soziale Normen konstituiert begreift, dennoch zu einer Blindheit gegenüber Macht führt, wenn auch in einer anderen Form als der Liberalismus. Die Machtblindheit des Liberalismus beruht darauf, dass er die Subjekte als vorgesellschaftlich begreift. Die Machtblindheit der sozialen Freiheit beruht auf der Ausblendung paternalistischer Effekte der Normen der Gemeinschaft. Mit anderen Worten: Sie ist zu optimistisch, was die freiheitsstiftende Integration in die Gesellschaft angeht, und achtet nicht hinreichend auf das Problem, dass diese Integration um den Preis der Normalisierung erfolgt. Der Preis der Normalisierung ist, dass das Individuum eingenordet wird in die Regeln der Gemeinschaft und kaum individuelle Freiheitsspielräume hat. Plakative Extrembeispiele für solche paternalistische Normalisierung sind traditionelle Gesellschaften, in denen die Familienstruktur über das Individuum bestimmt, oder die digitale Überwachungsgesellschaft Chinas, die die Menschen technologisch unter Anpassungsdruck setzt.

In der sozialphilosophischen Debatte gibt es heute viele Versuche, den sozialen Freiheitsbegriff bei Hegel und Axel Honneth mit der französischen radikaldemokratischen Tradition zu korrigieren, da in dieser Freiheit mit der Kritik von Macht und Privilegien verbunden wird (Honneth/Rancière 2021; u. a. Kempf 2019; Lepold 2021). Ich selbst habe ein solches radikaldemokratisches Freiheitsverständnis systematisch aus dem Werk Foucaults rekonstruiert und dafür einen neuen, dritten Freiheitsbegriff vorgeschlagen, der die anderen beiden Freiheitsbegriffe ergänzt: «Freiheit als Kritik» (Schubert 2018). Während also in der Theorie Möglichkeiten existieren, die soziale Freiheit und die radikaldemokratische Tradition der Freiheit als Kritik miteinander zu vereinbaren, stehen sie in ihrer Anwendung in der zeitgenössischen politischen Debatte in starkem Gegensatz zueinander. Hier befeuert das soziale Freiheitsverständnis die konservative Kritik an der Identitätspolitik, während die Freiheit als Kritik die Grundlage für emanzipative Politik darstellt. Diese Konstellation, die Freiheitsbegriffe in die konkrete Praxis überführt, macht die paternalisierende Wirkung der Rede von sozialer Freiheit sichtbar.

Um zu verstehen, wie das Konzept der sozialen Freiheit mit der strukturell liberalen ‹Political Correctness›-Kritik vereinbar ist, sind nun zwei Elemente entscheidend: Optimismus bezüglich sozialer Veränderung und der Appell an universalistische Bürger_innentugenden der Verantwortung für die gesamte Gemeinschaft. Beide Punkte sind in der Identitätspolitik-Kritik weit verbreitet: Die Schriftstellerin Thea Dorn und der ehemalige Bundestagspräsident Wolfgang Thierse (2021) führen sie genauso an wie identitätspolitikkritische Wissenschaftler_innen wie beispielsweise Francis Fukuyama und Susan Neiman. Optimismus bedeutet in der Praxis, unsere soziale Welt nicht als durch historische Ungerechtigkeiten und Ausbeutungen strukturiert zu interpretieren, die in Unterdrückungssystemen wie Sexismus und Rassismus sedimentiert sind, sondern verbleibende Diskriminierungen tendenziell als unproblematisches Oberflächenphänomen zu deuten, das ohne strukturelle Veränderungen bewältigt werden kann. Diese Auffassung impliziert, dass Fortschritt ohne Kämpfe für die gravierende Umverteilung von Ressourcen und Privilegien möglich sei.[6] Diese Art von Optimismus steht folglich in einem grundlegenden Widerspruch zu den Einsichten der kritischen Sozialwissenschaft über Machtstrukturen, wie sie in den vorangegangenen Kapiteln beschrieben wurden (siehe insbesondere Kapitel 1).

Die Forderung nach staatsbürgerlicher Verantwortung und dem Einsatz für das Wohl der gesamten Gemeinschaft – anstelle der Spaltung der Gemeinschaft durch den Partikularismus der Identitätspolitik – ist die direkte Folge dieses Optimismus. Wenn man die Gemeinschaft als ein gesundes Ganzes betrachtet, das nicht durch Ungerechtigkeiten strukturiert, sondern nur durch die Partikularität der Identitätspolitik bedroht ist, dann ergibt der Appell an die Verantwortung Sinn, dieses Ganze vor partikularistischem Separatismus zu schützen. Die Privilegienkritik der ‹Political Correctness› wird also einseitig als problematische Einmischung gesehen, welche die Gemeinschaft stört, weshalb sich die identitätspolitischen Minderheiten an die allgemeinen Normen der Gemeinschaft anpassen sollten. Beispielhaft wird diese Struktur in der verbreiteten Einstellung deutlich, man habe ja nichts gegen Schwule, sie sollten ihr Schwulsein nur bitte nicht so raushängen lassen (siehe zu dieser «Erlaubnistoleranz» Mau et al. 2023: 173–181). Hier haben wir es folglich mit einer gruppenbezogenen Verstärkung des allgemeinen Paternalismusproblems der sozialen Freiheit zu tun: Es geht nicht nur um die Normalisierung einzelner Individuen durch Sozialisation, sondern um den Kampf gegen partikularistische identitätspolitische Gruppen im Namen der universellen Gemeinschaft.

Die ‹Political Correctness›-Kritik auf Basis der Vorstellung der negativen Freiheit ist also mit dem Konzept der sozialen Freiheit insofern verbunden, als es die Selektionsverzerrung dieser Kritik informiert. Ich habe bereits ausgeführt, dass die liberale ‹PC›-Kritik sehr selektiv ist, weil sie nur bestimmte Einmischungen als Einmischungen interpretiert und die meisten anderen ausblendet. Dies führt zu der Frage, wie die Auswahl getroffen wird. Der Appell an das gesunde Ganze der Gemeinschaft, die soziale Freiheit stiftet, ist die Antwort. Diese Idee der Gemeinschaft der sozialen Freiheit bestimmt, was die negative Freiheit als Einmischung interpretiert und was nicht.

Die Machtstrukturen der Gemeinschaft, ihre Normen und Privilegiensysteme werden dabei nur in ihrer ermöglichenden Funktion, als Verwirklichung von sozialer Freiheit, und nicht als ausschließend und diskriminierend interpretiert. Und die Umverteilung von Privilegien durch Identitätspolitik wird in erster Linie als Freiheitseinschränkung gesehen, weniger als Stärkung von ehemals Ausgeschlossenen. All dies ist eine Frage der Positionalität: Die ‹Political Correctness›-Kritik ist Politik aus einer partikularen privilegierten Position, die mächtig genug ist, ein rhetorisches Arsenal von Universalitäten – Bürger_innentugend, Verantwortung für die Gemeinschaft, Universalität der Freiheit – zu mobilisieren, um die eigene Position für allgemeingültig zu erklären und strukturelle Veränderungen abzuwehren. Aus der Perspektive der ausgeschlossenen und minoritären Positionen ist die Prämisse und das Versprechen der sozialen Freiheit – dass die eigene Selbstverwirklichung die Selbstverwirklichung der anderen voraussetzt – natürlich bestenfalls ein schönes utopisches Ideal, aber als Beschreibung der bestehenden Gesellschaft schlichtweg falsch (siehe Kapitel 1). Denn praktisch ist die soziale Freiheit höchst selektiv: Tatsächlich fördert die Gesellschaft die Selbstverwirklichung der Privilegierten, aber auf Kosten von Diskriminierten.

Zugleich wird die ausschließende Funktion der Universalisierung bzw. Normalisierung der sozialen Freiheit durch die negative Freiheitsvorstellung befeuert, und zwar als Skandal der Einmischung, die entsprechend empört von denjenigen, die Privilegien abgeben sollen, als «Rücksichtslosigkeit» (Dorn) und ‹Diskreditierung› (Thierse) zurückgewiesen wird. Mit anderen Worten: Die negative Freiheit hilft zu artikulieren, wie gefährlich Minderheiten für die soziale Freiheit der Gemeinschaft – und das heißt: der Gemeinschaft der Privilegierten – sind.

Zusammenfassend ist festzuhalten, dass negative Freiheit und soziale Freiheit, die in der Sozialphilosophie normalerweise als gegensätzliche Konzepte gelten, in der zeitgenössischen ‹Political Correctness›-Kritik miteinander verknüpft sind. Ihnen gemeinsam ist die Ablehnung eines Verständnisses von Gesellschaft als durch Macht strukturiert und einer daraus folgenden Kritik an Privilegien. Das negative Freiheitsverständnis liefert den Skandal des vermeintlichen Unrechts der identitätspolitischen Rücksichtslosigkeit, während die soziale Freiheit das kontrafaktische Ideal der gesunden Gemeinschaft malt, gegen die dieses Unrecht begangen wird.

Die demokratische Alternative zu einem solchen Denken, das inhärent ausgrenzend ist, besteht darin, von der Universalität zur Partikularität überzugehen. Demokratische Politik sollte von den Rändern ausgehen, von der Vielfalt der partikularen Perspektiven derer, die ausgeschlossen sind, und nicht von der falschen Universalität privilegierter Positionen. Und demokratische Freiheit bedeutet die ständige Kritik an solchen falschen Universalisierungen. Nach der radikalen Demokratietheorie ist dies der normative Kerngedanke des demokratischen Projekts.

Gibt es ‹Cancel Culture›?

Die Kritik an ‹Political Correctness› und ‹Cancel Culture› sieht also eine illegitime Einschränkung der allgemeinen Freiheit, wo es aus Sicht der Macht- und Privilegienkritik um die demokratische Umgestaltung gesellschaftlicher Normen geht, damit das Versprechen von Freiheit und Gleichheit ein Stück weiter verwirklicht werden kann.

Während die Begriffe ‹Political Correctness› und ‹Cancel Culture› einerseits die gleichen Kritiken transportieren, gibt es gewisse Unterschiede zwischen beiden. Der erste ist zeitlich: In der Konjunktur der Begriffe hat die Debatte um ‹Cancel Culture› die Debatte um ‹Political Correctness›, die schon seit den 90ern geführt wird, wieder aufgewärmt und neu befeuert. ‹Cancel Culture› ist gewisser Weise ein Nachfolgebegriff von ‹Political Correctness› (siehe Daub 2022 für die Genese und Analyse des Begriffs). Der zweite Unterschied ist der Bezugsrahmen: ‹Political Correctness› wird trotz eines Fokus auf sprachliche Regelungen und einer angeblich daraus resultierenden Einschränkung der Meinungsfreiheit grundsätzlich sehr breit verwendet und kann viele unterschiedliche Phänomene einschließen. Unter ‹Cancel Culture› wird hingegen ein spezifisches Phänomen von ‹Political Correctness› verstanden, nämlich ein politisch motiviertes Ausladen, Absagen, Feuern oder Einstellen von Kooperationen. Der Begriff ‹Cancel Culture› hat sich entsprechend vor allem in Diskussionen über Neuregulierungen von Machtverhältnissen im Kunst- und Kulturbetrieb und zur Skandalisierung einer angeblichen daraus erwachsenen Einschränkung der Kunstfreiheit etabliert. Für die Zwecke ihrer politiktheoretischen Analyse können diese Unterschiede aber vernachlässigt werden, denn beide Begriffe werden in gleicher Weise gegen die Neuregelungen von Machverhältnissen zugunsten von weniger Privilegierten mobilisiert.

Im längerfristigen Vergleich ist die aktuelle Konstellation bemerkenswert, in der insbesondere die Kunstfreiheit von konservativer

Seite gegen emanzipative Gesellschaftskritik verteidigt wird. Denn spätestens seit '68 verhielt es sich genau andersherum: Emanzipative Kritik stand gerade für die Kunstfreiheit, die gegen die konservative gesellschaftliche Hegemonie und staatliche Zensoren durchgesetzt werden musste. Doch dieses Bild hat sich heute gründlich verändert: Gestützt auf das philosophische Repertoire des Liberalismus und der beiden zentralen normativen Freiheitsbegriffe – die negative und die soziale Freiheit – sind Kunstfreiheit und Meinungsfreiheit heute zentrale Argumente – oder besser: Waffen – eines konservativen politischen Projekts geworden, mit dem solche emanzipativen Änderungen abgewehrt werden. Um die Kunstfreiheit geht es dabei nicht in erster Linie, sondern die Kunst ist zum Austragungsort gesellschaftspolitischer Auseinandersetzungen um Sexismus, Rassismus und Transphobie geworden.

Kunst- und Meinungsfreiheit als Waffen der Konservativen in diesem Kampf zu beschreiben, heißt jedoch nicht, diese Grundrechte abzulehnen und einer rechtlosen Machtpolitik das Wort zu reden. Im Gegenteil sind sie zentrale demokratische Errungenschaften, und einer radikaldemokratischen Position geht es darum, dass sie tatsächlich für alle Menschen gleichermaßen gelten. Gerade deshalb ist es wichtig, ihren machtpolitischen Gebrauch bzw. Missbrauch klar von ihrer grundrechtlichen Dimension zu trennen. Dafür unterscheide ich im Folgenden verschiedene Fälle, in denen von einer Einschränkung der Kunst- und Meinungsfreiheit die Rede ist. Die Wissenschaftsfreiheit wird im Übrigen auf ganz ähnliche Weise mobilisiert, und zwar gegen kritische Theorien, die Sexismus, Rassismus und Transphobie analysieren und kritisieren – dem habe ich einen eigenen Fachartikel gewidmet (Schubert 2023a).

Nicht-staatliche Ebene: Der allgemeine Kulturbetrieb. In den meisten Fällen, in denen die Einschränkung der Kunst- und Meinungsfreiheit von konservativer Seite kritisiert wird, gibt es sie gar nicht. Denn Kunst- und Meinungsfreiheit «sind in erster Linie Abwehrrechte gegen den Staat» (Bundesverfassungsgericht 1958). Der Staat aber tritt als Akteur in den meisten aktuellen Auseinandersetzungen um Kunstfreiheit bzw. ‹Cancel Culture› gar nicht auf – ich bezeichne dies deshalb als die nicht-staatliche Ebene. Wenn die Alice Salomon Hochschule ein sexistisches Gedicht an ihrer Fassade übermalt (Der Spiegel 2018), wenn Lisa Eckhart zusätzlich zur ästhetischen Kritik an der Altherren-Plattheit ihres Kabaretts Antisemitismus[7] und Rassismus vorgeworfen wird und sie deshalb von Veranstaltungen ausgeladen wird (Cammann 2020), oder wenn J. K. Rowlings neues Buch aus Protest gegen ihre Transfeindlichkeit boykottiert wird (Maurice 2020) – dann sind dies keine Einschränkungen des Grundrechts der Kunstfreiheit. Denn es gibt in all diesen Fällen keine staatliche Intervention oder Kontrolle.

Was es allerdings gibt, ist Regulierung und Normierung, und damit: Macht. Die genannten Phänomene sind Teil von emanzipativen Neuregelungen der herrschenden Normen mit dem Ziel einer weniger sexistischen, rassistischen und heteronormativen Gesellschaft. Das Argument der Kunstfreiheit, wie es von konservativen Stimmen in dieser Debatte angeführt wird, fordert jedoch, dass Macht bei der Regulation von Kunst keine Rolle spielen soll. Dabei wird ausgeblendet, dass die Kunst immer schon von Macht durchzogen ist, weil in ihr gesellschaftliche Normen reproduziert und verhandelt werden. Gerade die von Konservativen in den drei angeführten Fällen verteidigte Kunst ist durchzogen von sexistischen, rassistischen oder transfeindlichen Normen. Solche Normen versperren vielen Menschen von vornherein den Zugang zum Kunstbetrieb und verhindern, dass sie in der Kunst repräsentiert werden – so ist das deutsche Kabarett aktuell immer noch von Dieter Nuhr und Co. bestimmt, deren konservative Ressentiments in der Mehrheitsgesellschaft gut ankommen. Die Größen des postmigrantischen Kabaretts wie Idil Baydar laufen dagegen kaum zur Primetime.

Das Argument der macht- und privilegienkritischen Gesellschaftstheorie ist hier analog zur Position, die ich in der Auseinandersetzung mit der ‹Political-Correctness›-Kritik entwickelt habe: Wenn emanzipative Bewegungen versuchen, die Normen der Kunst politisch zu ändern, dann verändert sich damit nicht die Regelungsintensität und Machtdurchzogenheit der Kunst. Es gibt nur, Erfolg vorausgesetzt, eine Verschiebung der Machtverhältnisse. Diskriminierende Normen werden kritisiert und ersetzt – und dabei gibt es heute schon erhebliche Fortschritte, trotz der Verankerung vieler Diskriminierung in langfristigen Gesellschaftsstrukturen. Dass die Veränderung der Normen über die Regulierung des Zugangs zu Veranstaltungen, Institutionen und Sprechpositionen geschieht, ist gar nichts Neues. Diese Regulierung fand schon immer statt, aber eben in der Vergangenheit noch stärker durch konservative Normen, die Privilegien aufrechterhalten und repressive Machtverhältnisse zementieren. Nur aus Sicht derjenigen, die von diskriminierenden Normen profitierten, kann es so erscheinen, als sei die Kunst nicht durch gesellschaftliche Macht geprägt. Anders gesagt: Sie leiden an einer Wahrnehmungsverzerrung, einem strukturellen epistemischen Defizit aufgrund ihrer privilegierten Position. Genau das kommt in dem Begriff der ‹Cancel Culture› zum Ausdruck. Gecancelt kann man sich fühlen, wenn sich die Normen der (Kunst-)Welt ändern und man sich nicht mehr in der Position der Hegemonie befindet. Früher eckte man mit sexistischen Gedichten nicht an – das ist Freiheit, aber eben nur aus dieser Perspektive. Vom Kunstbetrieb und seiner Öffentlichkeit «gecancelt» waren viele Menschen, die nicht von alten Privilegienstrukturen profitierten, von vornherein (Schutzbach 2020). In Kapitel 4 komme ich auf diese Frage der Erkenntnismöglichkeiten und des Wissens zurück und analysiere die partielle Blindheit der mehrheitsgesellschaftlichen Position sowie die identitätspolitischen Standpunkte, von denen aus Vernunft und Universalismus besser erreicht werden können. Denn ohne diesen Nachweis bliebe die Behauptung uneingelöst, dass es sich bei Identitätspolitik um emanzipative Normsetzung handele und nicht nur um Interessenpolitik.

Zusammenfassend lässt sich also sagen, dass ‹Cancel Culture› genauso wie ‹Political Correctness› Konzepte zum Ausdruck einer konservativen Klage über einen gesellschaftlichen Machtverlust sind. Dieser politiktheoretischen Analyse könnte jedoch der Vorwurf gemacht werden, die Kunst nicht als Eigenwert ernst zu nehmen, sondern sie ausschließlich mit der Brille der Macht und Politik zu betrachten. Dies ist einerseits richtig, denn die politiktheoretische Analyse ist keine Literatur-, Kultur- oder Kunstwissenschaft und konzentriert sich darauf, die in den Debatten verhandelten politischen Konstellationen zu interpretieren, ohne auf ästhetische und künstlerische Dimensionen einzugehen. Doch auch von dieser künstlerischen Seite gibt es überzeugende Argumente dafür, dass die emanzipativen Neuregulierungen des Kulturfeldes dieses nicht einschränken oder künstlerische Kreativität gefährden, sondern im Gegenteil: die Kunst um ganz neue ästhetische Perspektiven und Ausdrucksformen bereichern. So gibt es beispielsweise in der deutschen Literatur ein immer wichtiger werdendes Genre von ‹identitätspolitischer› Literatur, die aus einer spezifischen Identitätsperspektive erzählt wird (Zeh 2021). Autor_innen wie Mithu Sanyal, Fatma Aydemir oder Kim de l'Horizon bereichern die (mehrheitsgesellschaftlichen) Leser_innen mit postmigrantischen und queeren Perspektiven, die vor ein paar Jahren schlicht keinen Platz in der Literaturszene hatten. Diese künstlerische Bereicherung wird bei den bekannten Klagen über die kritischen Diskussionen zu früheren ‹Klassikern› wie Winnetou und Pipi Langstrumpf regelmäßig übersehen.

Halb-staatliche Ebene: Öffentlich-rechtlicher Rundfunk und staatliche Kulturförderung. Die Meinungs- und Kunstfreiheit werden allerdings auch in Bezug auf den öffentlich-rechtlichen Rundfunk und die staatliche Kulturförderung diskutiert und hier liegt die Sache komplizierter. Zwar trifft auch auf diesen Bereich die Feststellung zu, dass es sich bei der Frage nach der Kunstfreiheit heute in erster Linie um den Kampf zwischen konservativer Privilegienverteidigung und emanzipativer Neuregelung handelt. Genauso trifft zu, dass es sich um notwendigerweise vermachtete Strukturen handelt: Es muss entschieden werden, wer Sendezeit und Förderung bekommt. Machtfreie Neutralität gibt es nicht, sondern nur umstrittene Interpretationen des Gebots der Neutralität. Die schon angesprochene starke Präsenz der regressiven Schenkelklopfer à la Dieter

Nuhr und Lisa Eckhart im öffentlich-rechtlichen Kabarett zeigt dies (Rabe 2020). Auch im halb-staatlichen Bereich hätte es also einen demokratisierenden Effekt, Privilegien politisch neu zu regeln und kritischere Stimmen zu inkludieren, was selbstredend mit einem Bedeutungs- und Ressourcenverlust für konservative Künstler_innen einhergehen würde.

Der zentrale Unterschied zum nicht-staatlichen Bereich ist dabei, dass es in den öffentlich-rechtlichen Medien und der staatlichen Kulturförderung ein Neutralitäts- und Pluralitätsgebot gibt. Dieses Gebot ist einerseits demokratietheoretisch sinnvoll, weil so der freie Diskurs und die freie Entfaltung der Kunst gesichert werden können. Wenn hier systematisch nur bestimmte Positionen Gehör und Unterstützung fänden, könnte wegen der enormen Wichtigkeit des halb-staatlichen Bereichs für Öffentlichkeit und Kultur von einer Einschränkung der Kunst- und Pressefreiheit gesprochen werden. In diesem Zusammenhang wurde beispielsweise die Intensität und Art kritisiert, mit der die öffentlich-rechtlichen Anstalten auf das Thema Flucht und Migration eingegangen sind und damit zu einer Verschiebung des gesellschaftlichen Diskurses nach rechts beigetragen haben (Gäbler 2017; MIDEM 2018; Wodak 2023). Problematisch ist dabei insbesondere die neue Mobilisierung durch rechte Stimmen, die es immer wieder schaffen, in die halbstaatlichen Programmgestaltungen einzugreifen. Ein Beispiel dafür ist das «Oma-Gate» des WDR, bei dem dieser vor einem rechten Shitstorm mitsamt Morddrohungen gegenüber Redakteuren einknickte (Geyer 2019). Gerade wenn die institutionelle Unterstützung in solchen Fällen versagt, kann dies zu höherer Vorsicht von Journalist_innen und Künstler_innen kommen, die zu einer effektiven Einschränkung der Presse- und Kunstfreiheit führt. Aber davon ist man in Deutschland bezüglich der meisten Streitthemen weit entfernt.

Nun tritt andererseits die emanzipative Gesellschaftskritik mit der Forderung nach neuen Normen auch im Bereich des öffentlichen Rundfunks und der Kunstförderung auf. Die zielen zwar darauf ab, das Verständnis der Neutralität und Pluralität so umzugestalten, dass es inklusiver und pluraler wird. Dennoch sieht es auf den ersten Blick so aus, als müsste eine solche Politisierung des halb-staatlichen Bereichs mit Verweis auf das Neutralitätsgebot und die Kunstfreiheit abgelehnt werden. Staatlich orchestrierte ‹Political Correctness› ist nicht nur für Konservative eine schreckliche Vorstellung, die an Autoritarismus erinnert.

Doch für eine solche Politisierung der öffentlich-rechtlichen Institutionen kann auch demokratietheoretisch argumentiert werden. Dass die aktuelle Realisierung der Demokratie unvollendet ist und dass das mit der demokratischen Revolution verbundene Versprechen gleicher Freiheit für alle nicht eingelöst ist, ist Konsens in der kritischen Sozialwissenschaft und zentrales Argument der radikalen Demokratietheorie. Ich habe dies ausführlich in Kapitel 1 erläutert. Entsprechend gibt es viele Überlegungen dazu, wie die politischen und rechtlichen Institutionen so reformiert werden können, dass sie systematisch Privilegienstrukturen aufbrechen (Herrmann/Flatscher 2020). Der demokratische Fortschritt würde so auch intern, durch die Institutionen, und nicht nur durch äußeren gesellschaftlichen Druck forciert. Dabei ist wichtig, dass auch solche institutionellen Reformen nicht auf die Festlegung einer politischen Wahrheit, sondern auf die Öffnung des gesellschaftlichen Diskurses zielen. Es geht bei den demokratietheoretischen Überlegungen also nicht um inhaltliche Setzungen, beispielsweise dass alle geförderte Kunst den Rassismus gegenüber Muslimen in der postmigrantischen Gesellschaft thematisieren soll. Sondern es geht um prozeduralistische Vorkehrungen, die inhaltlich offen sind und lokal unterschiedlich umgesetzt werden können. Das könnte beispielsweise geschehen durch abstrakte Schwerpunkte der Kunst- und Kulturförderung, wie der Thematisierung von arbiträren Machtstrukturen, oder dadurch, dass marginalisierte Gruppen eine Stimme bei Mittelallokation und Programmgestaltungen haben und besser in Rundfunkräten repräsentiert sind (Neue deutsche Medienmacher*innen/Goldmann 2022). Während die Kunstfreiheit also ein zentrales Gut der freien Demokratie ist, folgt daraus nicht, dass Neutralität und Pluralität des Staates gegenüber der Kunst auf der halb-staatlichen

Ebene formalistisch interpretiert werden sollten, sondern als Auftrag ihrer tatsächlichen materiellen Realisierung durch geeignete Verfahren. Das heißt, auf dieser Ebene sind die Meinungs-, Presse- und Kunstfreiheit eine Sache der aktiven Gestaltung solcher Bedingungen, damit auch diskriminierte Gruppen von ihr profitieren.

Staatliche Ebene: Rechtliche und politische Beschränkungen der Kunst- und Meinungsfreiheit. Normverschiebungen auf der nicht-staatlichen Ebene und die Demokratisierung von Neutralitätsvorstellungen auf der halb-staatlichen Ebene sind also keine Einschränkungen der Kunst- und Meinungsfreiheit, sondern Änderungen im Felde des Sagbaren, die längerfristig darüber entscheiden, welche Positionen und Künste Gehör finden und welche nicht. Davon sind tatsächliche und unmittelbare Einschränkungen der Kunst- und Meinungsfreiheit durch Recht und Politik zu unterscheiden. Hierbei geht es einerseits um allgemeine Gesetze, wie das Verbot der Volksverhetzung und andere Regulierungen von Hassrede, andererseits in Deutschland auch um Sonderrechte bezüglich der Leugnung des Holocaust, die strafbewehrt ist (Hong 2018a), und die Verwendung von Nazi-Symbolik in der Kunst, bei der die Kunstfreiheit umstritten ist.

Bei der staatlichen Regulierung von Hassrede sind die Ambivalenzen der politischen Bewertung und die Gefahr eines potentiellen Umschlagens von emanzipativen Regulierungen in eine illegitime Einschränkung der Kunst- und Meinungsfreiheit besonders virulent, weil Regelungen gesellschaftsweit mit staatlicher Macht durchgesetzt werden. So gab es beispielsweise eine kritische Debatte zur potentiellen Einschränkung der Meinungsfreiheit durch das Netzwerkdurchsetzungsgesetz (heute: Digitale-Dienste-Gesetz), das Plattformbetreiber verpflichtet, Inhalte mit Hassrede zu löschen und, ohne richterliche Prüfung, mitsamt Nutzerdaten ans BKA zu schicken (Hong 2018b; bpb 2018).

Beim Versuch der Politik, gegen Hassrede vorzugehen, kann es auch zu einer illegitimen Einschränkung der Meinungs-, Wissenschafts-, Kunst- und auch der Versammlungsfreiheit kommen, wenn von staatlicher Seite in politische, wissenschaftliche und kulturelle Diskurse eingegriffen wird. Hierbei geht es einerseits um die (sicherheitspolitische) Auslegung der geltenden Gesetzlage, andererseits um das exekutive Handeln, beispielsweise bei der Kulturförderung. In Deutschland gibt es seit den späten 2010er Jahren intensivierte Bemühungen auf allen staatlichen Ebenen, gegen Antisemitismus vorzugehen, die auch als eine Institutionalisierung von antisemitismuskritischer Identitätspolitik verstanden werden können. Unter anderem wurden bei Bund und Ländern Antisemitismusbeauftragte eingerichtet, und der Deutsche Bundestag hat die propalästinensische BDS-Bewegung («Boycott, Divestment and Sanctions») sowie ihre Unterstützer_innen als antisemitisch verurteilt und sie von Kooperationen und Förderungen ausgeschlossen (Deutscher Bundestag 2019).[8] Seit dem Hamas-Massaker vom 7. Oktober 2023 und dem darauf folgenden Anstieg antisemitischer Straftaten hat die Diskussion über die Bekämpfung von Antisemitismus nachvollziehbarerweise neue Schärfe bekommen. Besondere politische Aufmerksamkeit erfährt dabei israelbezogener Antisemitismus, der in Teilen von linken Diskursen vorkommt (Johnson 2024). Allerdings wird das staatliche Vorgehen gegen Antisemitismus von Menschenrechtsorganisationen, Verfassungsjurist_innen und Antisemitismusexpert_innen dafür kritisiert, zu einer Einschränkung von Meinungs-, Kunst-, Wissenschafts- und Versammlungsfreiheit in Bezug auf den Nahostkonflikt zu führen (Ambos et al. 2024; Human Rights Watch 2024; Monroy 2024). Solche grundrechtseinschränkende Wirkung kann das staatliche Vorgehen gegen Antisemitismus entfalten, weil der zugrunde gelegte Antisemitismusbegriff große Interpretationsspielräume öffnet, die dazu führen können, dass politische Meinungsäußerungen und wissenschaftliche Bewertungen bezüglich des Nahostkonflikts fälschlicherweise als antisemitisch klassifiziert werden (Ullrich 2019; Ambos et al. 2023; ELSC 2023).[9] Es gibt mittlerweile eine große Anzahl von Veranstaltungsabsagen, Kündigungen und vereinzelte Förderstopps durch verschiedene staatliche Institutionen, bei denen nachvollziehbar in Frage gestellt werden kann, ob die mit Bezug auf Positionen zum Nahostkonflikt vorgebrachten Antisemitismusvorwürfe haltbar sind.[10] Von Menschenrechtler_innen und Jurist_innen wurde außerdem das restriktive Vorgehen der Polizei bei propalästinensischen Demonstrationen als grundrechtswidrig kritisiert (was mittlerweile auch vielfach von Gerichten bestätigt wurde), das die Polizei mit einem weiten Verständnis von israelbezogenem Antisemitismus begründete.[11]

Es geht mir hier um ein formales Argument: dass man von einem Umschlagen emanzipativer Regulierungen bezüglich einer Diskriminierungsform in eine illegitime Einschränkung von Freiheitsrechten sprechen kann, wenn staatlicherseits einseitig und repressiv in laufende politische und wissenschaftliche Debatten zur Definition der Diskriminierungsform eingegriffen wird. Dieses Argument soll mit möglichst dünnen Annahmen über den Gegenstand des Streits – Antisemitismus im Kontext des Nahostkonflikts – auskommen. Aber ganz ohne Annahmen über den Gegenstand funktioniert das Argument selbstredend nicht. Wenn in den genannten Fällen, in denen es Einschränkungen hinsichtlich der Meinungsäußerung zum Nahostkonflikt gibt, tatsächlich Antisemitismus im Mittelpunkt stünde, wäre die Kritik hinfällig. Denn für die Einschränkung von Antisemitismus – genauso wie von Rassismus, Sexismus und Queerfeindlichkeit – spreche ich mich aus (dafür sollte es keine Fördergelder geben etc.); sonst hätte ich Einschränkungen auch schon als problematisch bewertet, als ich sie oben bezüglich der anderen Ebenen diskutiert habe. Ich denke aber, dass in der Literatur die Einschätzung gut begründet ist, der zufolge die Abgrenzung von israelbezogenem Antisemitismus zur Kritik an Israels Vorgehen im Rahmen des Nahostkonflikts oft nicht hinreichend vollzogen wird. Gerade vor dem Hintergrund meiner Schilderung der antagonistischen Debattenlage im Exkurs zum Verhältnis von Antisemitismus und Identitätspolitik (siehe Ende Kapitel 1) bin ich mir aber bewusst, dass meine Einschätzung auch zurückgewiesen werden kann.

Zurück zum eigentlichen Argument: Einschränkende staatliche Regulierungen von Antisemitismus – genauso wie von Rassismus, Sexismus oder Queerfeindlichkeit – sind angebracht. Dabei kann es aber zu illegitimen Einschränkungen von Freiheitsrechten kommen, wenn Definitionen verwendet werden, die zu viel umfassen. Aber solche Einschränkungen spielen bei den unter dem Schlagwort ‹Cancel Culture› thematisierten Phänomenen – die Verschiebung von Normen und Machtverhältnissen bezüglich Sexismus, Rassismus und Transfeindlichkeit – keine Rolle, denn die bewegen sich alle auf der nicht-staatlichen bzw. halb-staatlichen Ebene. Natürlich ist auch die staatliche Ebene bei diesen Veränderungen involviert – die Ebenen lassen sich nicht so klar trennen, wenn man die langfristige Entwicklung von Diskursen betrachtet –, doch es findet dabei kein einseitiger Eingriff in solche Debatten statt, die auf den anderen Ebenen kontrovers geführt werden.

Insgesamt heißt das also: Identitätspolitik ist meist keine Gefahr für die Kunst- und Meinungsfreiheit (und auch nicht für die Wissenschaftsfreiheit – die genauen Argumente dazu finden sich wie gesagt im Artikel Schubert 2023a). Denn eine Einschränkung dieser Grundrechte findet auf der Ebene des Kunst- und Kulturbetriebs, auf der sie überwiegend als ‹Cancel Culture› diskutiert wird, gar nicht statt. Vielmehr hat die Deutung der Phänomene als langsame Machtverschiebung zum Abbau von Diskriminierungen und damit zusammenhängenden Privilegien gezeigt, dass Kunst- und Meinungsfreiheit als argumentative Waffen in den entsprechenden Auseinandersetzungen angeführt werden. Der skandalisierende Verweis auf die angebliche Einschränkung von Kunst- und Meinungsfreiheit dient dazu, das eigene Anliegen der Bewahrung von Strukturen und Privilegien zu universalisieren, also das eigene Interesse als ein allgemeines Interesse darzustellen. Inhaltlich geht es dabei meist um das Abblocken von Kritiken an Sexismus, Rassismus und Trans- und Queerfeindlichkeit, die jeweils als gefährliche Einschränkung der Freiheiten aller dargestellt werden. Tatsächlich jedoch tragen die als ‹Political Correctness› und ‹Cancel Culture› kritisierten Machtverschiebungen zur inklusiveren Verwirklichung der Demokratie bei.

3

Identitätsverständnisse

Die Kreativität des gemeinsamen Protestes

Bis zu diesem Punkt der Argumentation ging es um den Nachweis, dass die Kritik an identitätspolitischer ‹Political Correctness› und ‹Cancel Culture› keine Verteidigung universeller Freiheit darstellt, sondern sie vielmehr verhindert. Der Kritik geht es um die einseitige Verteidigung von Privilegien, wofür emanzipative Normänderungen angegriffen werden, die diese Privilegien infrage stellen. Eine hohe Überzeugungskraft gewinnt die ‹PC›-Kritik, indem sie sich auf die beiden vorherrschenden Freiheitsbegriffe – die liberale negative Freiheit und die kommunitaristische soziale Freiheit – beruft und so die Position der Privilegierten universalisiert. Was eigentlich eine gerechte Beschneidung ungerechter Privilegien ist, wird auf diese Weise erfolgreich als Einschränkung der Freiheit aller dargestellt. In diesem Kapitel folgt nun der systematische Aufbau der Gegenposition hierzu: Identitätspolitik ist notwendig für die Demokratisierung der Demokratie.

Ich werde erläutern, was Identitätspolitik ausmacht und wie sie funktioniert; und ich möchte begründen, warum Identitätspolitik notwendig erscheint, damit das demokratische Versprechen der Gleichheit und Freiheit für alle besser verwirklicht werden kann. Auch hier geht der erste Schritt über eine Untersuchung der vorgebrachten Kritik: Identitätspolitik wird vorgeworfen, die Demokratie zu gefährden, weil sie essentialisierend verfahre und deshalb spalterisch sei. Identitätspolitik funktioniert demnach darüber, Identitäten auf eine bestimmte Essenz – ein Wesen, einen Kern – festzuschreiben. Und diese verhärtete Identitätsposition sei inkompatibel mit demokratischer Deliberation, Gemeinschaftlichkeit und Solidarität. Dagegen etabliere ich im zweiten Schritt eine neue Konzeption von ‹konstruktivistischer Identitätspolitik›: Identitätspolitik ist demnach nicht festschreibend und lähmend, sondern sie schafft Neues, indem sie Identitäten konstruiert und transformiert. Identitätspolitik schafft damit auch neue Erkenntnismöglichkeiten zu einem besseren Verständnis von Diskriminierung, das sie dann in demokratische Institutionen einspeisen kann, um diese demokratischer zu machen. Im letzten Abschnitt des Kapitels wende ich mich auf dieser Grundlage der wichtigen und viel diskutierten Frage zu, ob Identitätspolitik ein Elitenprojekt ist und ob identitätspolitische ‹Eliten› überhaupt die Interessen derjenigen repräsentieren, für die sie sprechen.

Wichtig ist, dass die politik- bzw. demokratietheoretische Kritik an Identitätspolitik, die ich in diesem Kapitel diskutiere, nicht die gleiche Struktur besitzt wie die rechtsnietzscheanische Kritik an ‹Political Correctness›, die ich im letzten Kapitel vorgestellt habe. Methode und Thema sind in diesem Kapitel anders gelagert: Das Material meiner Analyse im vorherigen Kapitel war in erster Linie der öffentliche bzw. populärwissenschaftliche Diskurs zu ‹Political Correctness› – den ich mit Nietzsche als Brennglas dargestellt habe. In diesem Kapitel setzte ich mich hingegen mit anderen politiktheoretischen Interpretationen der Funktionsweise von Identitätspolitik auseinander und entwickle meinen Vorschlag in Abgrenzung dazu. Natürlich gibt es auch Kontinuitäten zwischen den Kapiteln: So habe ich schon im letzten Kapitel untersucht, wie die strukturell autoritäre ‹PC›-Kritik wegen ihrer Kompatibilität mit den beiden Freiheitsbegriffen der demokratischen Tradition auch in der Mitte der Gesellschaft verfängt. Das aktuelle Kapitel setzt diese Analyse insofern fort, als dass die beiden Freiheitsbegriffe auch die philosophische Basis für die liberale und kommunitaristische Interpretation von Identitätspolitik sind, die ich hier beschreiben werde. Um aber Missverständnissen klar vorzubeugen: Ich unterstelle den zu diskutierenden politiktheoretischen Autor_innen nicht, dem im vorherigen Kapitel beschriebenen Rechtsnietzscheanismus anzuhängen.

Dreifache Spaltung: Schreckgespenst Essentialismus

Im Mittelpunkt verschiedener politiktheoretischer Kritiken an Identitätspolitik steht die Diagnose, dass Identitätspolitik die Demokratie gefährde.[1] Identitätspolitik spalte demnach jeweils unterschiedliche Arten von Einheit, die von verschiedenen Traditionen der politischen Theorie als zentral für die Demokratie gesehen werden: Liberale und Kommunitarist_innen kritisieren die Spaltung der Öffentlichkeit und des politischen Gemeinwesens (Fukuyama 2018b; Lilla 2017b), während kritische Theoretiker_innen die Spaltung der Kämpfe um Gerechtigkeit und Emanzipation beklagen (Fraser 2017; Streeck 2017; Žižek 2017). Durch diese aus unterschiedlichen Richtungen kommenden Debatten zieht sich der gleiche Vorwurf gegen die Identitätspolitik: Sie sei essentialisierend, das heißt, sie schreibe Menschen auf eine bestehende partikulare Identität fest und führe so zur jeweiligen Spaltung. Die verschiedenen Positionen teilen ein Bild von Identitätspolitik als einer schädlichen Verhärtung politischer Positionen durch den Bezug auf wesenhafte Gruppenidentitäten. Im Gegensatz zu solchem essentialistischen Partikularismus fordern diese Stimmen, die Identitätspolitik zugunsten eines gemeinschaftlichen Universalismus aufzuheben.

Wichtige Identitätspolitik-Kritiker_innen in der aktuellen Debatte verbinden liberale Argumente zum Schutz der öffentlichen Debatte mit kommunitaristischen Argumenten zur Bedeutung der Einheitlichkeit der politischen Gemeinschaft. Die eigentümliche Verbindung der Konzepte der negativen Freiheit (Liberalismus) und sozialen Freiheit (Kommunitarismus und linkshegelianische Tradition), die ich im zweiten Kapitel untersucht habe, taucht hier wieder auf. Identitätspolitik führt demnach zu einer Spaltung der nationalen Bürgerschaft, zersetzt die öffentliche Kommunikation sowie Deliberation und bereitet dabei letztlich den Boden für den Erfolg rechtspopulistischer Parteien (vgl. dazu Tuschhoff 2019; van Dyk 2019). So spricht Mark Lilla (2017a, 2017b) von einem «Scheitern der Identitätspolitik», plädiert stattdessen für eine liberale Politik, die «die Identitätsfrage hinter sich lässt», und fordert zugleich eine Rückbesinnung auf die Nation – die ihm folglich nicht als eine fragwürdige Identität erscheint. Es gehe um die Basis des nationalen Zusammenhalts (Lilla 2017a: 51): «Amerikaner als Amerikaner ansprechen» und eine «Nation im Geiste gemeinsamen Bürgersinns» sind die Ziele seines Politikansatzes im Hinblick auf die USA. Ähnlich gelagert, aber mit anderen Begriffen, argumentiert der deutsche Politikwissenschaftler Wolfgang Merkel (2017), der einen Konflikt zwischen Kommunitaristen und Kosmopoliten beschreibt. Letztere sieht er als Vertreter einer moralisierenden und abgehobenen Identitätspolitik, die sich für Minderheiten einsetze, hierbei aber die Interessen der Mehrheit aus dem Blick verloren und dadurch den Aufstieg des Rechtspopulismus begünstigt habe. Auch hier findet sich also der Vorwurf des Partikularismus wieder, also einer Spaltung, die durch die Rückbesinnung auf eine nationale Gemeinschaft überwunden werden müsse.

Beispielhaft für diese national geprägte liberale Position ist zudem der US-amerikanische Politikwissenschaftler Francis Fukuyama (2018a, 2018b), der den Partikularismus von einem Identitätsessentialismus ableitet. Ohne den Begriff ‹Essentialismus› zu verwenden, beruht seine Analyse darauf, die Unterstellung einer fixen Gruppenidentität zu kritisieren. Anstatt universelle Gleichbehandlung und Integration in die nationale Bürgerschaft zu fordern, hätten Schwarze und feministische Bewegungen einen Weg des Separatismus gewählt: «[Sie] behaupten eine eigene Identität für [ihre] Mitglieder und fordern Respekt für sie als anders als die Mainstream-Gesellschaft. […] Das authentische innere Selbst der schwarzen Amerikaner sei nicht dasselbe wie das der Weißen, argumentierten sie» (Fukuyama 2018b: 97).[2]

Als grundlegendes Problem diagnostiziert Fukuyama hier also eine Essentialisierung von Identität, die zum Partikularismus dieser Bewegungen sowie zu einem epistemischen Bruch führe. Was ist damit gemeint? Epistemologie betrifft die Frage nach den Möglichkeiten des Wissens. Ein epistemischer Bruch ist also ein philosophischer Ausdruck für eine Situation, in der grundsätzlich keine gemeinsame Wissensbasis existiert. So unterstellt Fukuyama der Schwarzen Bewegung, von einer «unüberbrückbaren Kluft der Verständigung zwischen Schwarzen und Weißen» auszugehen (ebd.: 98) – wobei er diese Analyse des essentialistischen und epistemischen Separatismus auf Identitätspolitik insgesamt bezieht. Immer in Verbindung mit partikularistischen Regeln der ‹Political Correctness› auftretend, die einen gemeinsamen und rationalen Diskurs zerstörten (ebd.: 101), führe diese separatistische Identitätspolitik nicht nur zur Ablenkung von ökonomischer Ungleichheit (ebd.: 100), sondern zu einer Spaltung der Gesellschaft insgesamt. Denn das Insistieren der linken Identitätspolitik auf ‹Political Correctness› hätte erst die rechte Identitätspolitik als eine Gegenreaktion hervorgebracht, die sich nun auch solcher Opfernarrative bedient, welche sie von der linken Identitätspolitik gelernt hätte. Fukuyama schlägt dagegen eine neue nationale «Leitkultur» (ebd.: 107, deutsch im Original) vor, in deren Rahmen auch die Integration von Migrant_innen konzipiert werden sollte, zum Beispiel durch Militärdienst (ebd.: 110).

Fukuyama bedient sich hier einer typischen Figur der Umkehr von Täter und Opfer (vgl. dazu auch van Dyk/Graefe 2019): Die Minderheiten, die sich identitätspolitisch gegen ihre Diskriminierung wehren, sind seiner Auffassung nach selbst schuld an ihrer Diskriminierung, weil sie den Rechtsnationalismus erst hervorbringen würden. Diese Täter-Opfer-Umkehr beruht philosophisch darauf, einen Universalismus des (rationalen) Diskurses und der Leitkultur gegen die Identitätspolitik zu setzen. Dass durch solche Universalitätsbehauptungen eine bestimmte partikulare Position, die selbst mit Identitätskonstruktionen verbunden ist, erst universalisiert wird, sieht Fukuyama nicht. Die epistemologische Dimension der Identitätspolitik – dass es verschiedene Erkenntnis-

Standpunkte gibt, die mit unterschiedlichen sozialen Positionen einhergehen, ohne auf diese reduziert werden zu können (siehe dazu ausführlich Kapitel 4) – erscheint in seinen Augen deshalb als fehlerhaft. Den mit dem politischen Projekt einer nationalen Leitkultur einhergehenden Essentialismus identifiziert er hingegen nicht als ein Problem. Da sich der Partikularismus dieser Position aufgrund der hegemonialen Gesellschaftsverhältnisse weitgehend erfolgreich als universalistisch darstellt, scheint es eine Berechtigung zu geben, den Partikularismus der ‹Anderen› als solchen zu kritisieren (zur Analyse dieses Mechanismus in Bezug auf (post)koloniale Verhältnisse siehe Mignolo 2011). So entwickelt dieses liberale Argumentationsmuster politische Überzeugungskraft und breite Anschlussfähigkeit.

Aus Sicht kritischer Theorien wird in erster Linie problematisiert, dass Identitätspolitik zu einer Verirrung und Spaltung der Kämpfe für Gerechtigkeit und Emanzipation führe (Streeck 2017; Žižek 2017). Kritisiert wird insbesondere eine vermeintliche Ablenkung von Fragen der Ökonomie und eine damit einhergehende Komplizenschaft von Identitätspolitik und Neoliberalismus. Nancy Frasers Konzept des «progressiven Neoliberalismus» (Fraser 2016, 2017) ist hier hervorzuheben. Es beruht auf ihrer langjährigen Forschung zu den Entwicklungen kritischer Politik in spätkapitalistischen Gesellschaften, die Fraser mithilfe der kanonisch gewordenen Unterscheidung von Umverteilung und Anerkennung (Fraser 1995) und der neueren Unterscheidung zwischen Vermarktung, sozialem Schutz und Emanzipation (Fraser 2013) analysiert. Fraser behauptet, dass identitätspolitische Kämpfe der Anerkennung bzw. Emanzipation die sozialen Kämpfe der Umverteilung bzw. des sozialen Schutzes im neoliberalen Finanzkapitalismus überlagern würden. Dies erklärt sie unter anderem damit, dass der Wohlfahrtsstaat, der errichtet wurde, um soziale Sicherheit gegenüber den kapitalistischen Marktkräften zu erreichen, mit repressiven Normierungen und Herrschaftsstrukturen einhergehe, gegen die sich die identitätspolitischen Kämpfe der Emanzipation richten. Umverteilung und Anerkennung stünden deshalb in einem Spannungsverhältnis, was die Allianz der Identitätspolitik mit dem Neoliberalismus begünstigt habe. Dabei verleihe die identitätspolitische «emanzipatorische Fassade» (Fraser 2018) der zunehmenden Brutalität der Ausbeutung Legitimität und Stabilität. Diese Allianz sei aber nicht alternativlos (Fraser 2013: 132). Vielmehr sei es wichtig, die Kämpfe der Emanzipation mit den solidarischen Kämpfen für sozialen Schutz neu zu verbinden. Weil sie sich aber auf die Kritik der neoliberalen Art der Identitätspolitik konzentriert, bleibt der Weg zur solidarischen Identitätspolitik bei Fraser im Dunkeln – und zeitgenössische Identitätspolitik erscheint als vollständig neoliberalisiert.

Aus der Entgegensetzung von «affirmativer» und «transformativer» Politik, die zentral in ihrem Aufsatz zu Umverteilung und Anerkennung war (Fraser 1995), resultiert bei Fraser eine grundsätzliche Problematisierung von Identitätspolitik, die in dieser Terminologie nur als affirmativ erscheinen kann. Affirmative Politik ist für Fraser essentialisierende Politik: Sie bestätigt nur eine behauptete Wesenhaftigkeit, ohne gesellschaftliche Transformation zu ermöglichen. Ihre Konzeption von transformativer Politik, bei der Anerkennung und Umverteilung in einer sozialistischen Auflösung von diskriminierenden Gruppenidentitäten zusammengeführt werden, ist sowohl normativ als auch epistemisch universalistisch, weil sie eine sozialistische Richtung vorgibt, in der kein Platz für die Partikularitäten identitätspolitischer Projekte bleibt. Fraser führt so auf implizite Weise eine Ordnung in Haupt- und Nebenwiderspruch wieder ein – also eine Nachrangigkeit von Kämpfen wie etwa dem Kampf gegen geschlechtsspezifische Unterdrückung gegenüber dem Klassenkampf, die im orthodoxen Marxismus behauptet wurde. Ich sehe drei Probleme an dieser Auffassung: erstens, dass in diesem Verständnis die partikulare Identität und damit verbundene Politik und Kultur keine normative Eigenwertigkeit haben, sondern ausschließlich als negative Kämpfe gegen Diskriminierung vorkommen. Zweitens werden dabei ambivalente Emanzipationsgewinne, die ‹nur› im Raster der Affirmation bzw. als Teil des progressiven Neoliberalismus geschehen, vollständig abgewertet, weil sie nicht zur sozialistischen Transformation beitragen. Und drittens wird dadurch der reale und kreative Beitrag von Identitätspolitik zu transformativer, also kapitalismuskritischer Politik systematisch zu gering eingeschätzt.

Zuletzt wird die durch den vermeintlichen Essentialismus der Identitätspolitik hervorgerufene partikularistische Spaltung auch von Autor_innen problematisiert, die sich grundsätzlich positiv bezüglich Identitätspolitik positionieren. Beispielhaft ist hier das Buch *Identitätspolitiken* von Lea Susemichel und Jens Kastner (2018). Sie beschreiben Identitätspolitik als ein Spannungsverhältnis zwischen der Ablehnung von Diskriminierung aufgrund einer (zugeschriebenen) Identität und der Affirmation der diskriminierten Identität – nämlich um die Diskriminierung überhaupt erst benennen und ihr kollektiv entgegentreten zu können. Dabei sei «die Versuchung groß, solche kontingenten Fremdzuschreibungen in den identitären Eigenentwurf aufzunehmen und sie zu essenzialisieren, also zu notwendigen Wesensmerkmalen zu erklären. [...] Die angenommene kollektive Identität ist dann auch kein letztlich aus Notwehr entstandenes Hilfskonstrukt mehr. Sondern sie postuliert und manifestiert erneut Wesensunterschiede, wo eigentlich keine sind» (ebd.: 8f.). Die hier angesprochene Gefahr ist selbstredend real und hängt mit kritikwürdigen epistemischen Verhärtungen zusammen (Speck/Villa Braslavsky 2020; Villa Braslavsky 2020). Wie sich eine solche Essentialisierung auswirken kann, schildern Susemichel und Kastner unter anderem anhand der Praxis der Selbstpositionierung als Opfer. Aus der Einsicht, dass unterschiedliche soziale Positionen mit unterschiedlicher Betroffenheit und unterschiedlichen Erfahrungen einhergehen, hätte sich in vielen linken Diskussionen ein «Opfercontest» entwickelt (Susemichel/Kastner 2018: 131). Dabei werde die eigene Positionierung als Opfer als ein Kampfmittel in der Debatte verwendet – Stichwort «Kampfmimosen» (ebd.) –, weil man als Opfer mehr Diskursmacht erlangen könne. Dies sei eine Struktur, die weiteren Anreiz zur Essentialisierung von Identität biete, was wiederum zu einer Verhärtung der individuellen Identifikationen und Fronten führe. Eine solche «Individualisierung von Identität bringt unter anderem mit sich, dass persönliche Betroffenheit zum alleinigen Kriterium für legitimes Sprechen gemacht wird» (ebd.: 132). Durch diese «Verabsolutierung» der individuellen Perspektive könne es dann keine gemeinschaftliche politische Aushandlung mehr geben, was Solidarität letztlich zersetzen würde.

Bemerkenswert an dieser Kritik ist, wie drastisch die Gefahren der Essentialisierung dargestellt werden. Denn die Forderungen, soziale Positionen bei politischen und epistemischen Reflexionen miteinzubeziehen, sind meist nur Beiträge zum kritischen Diskurs, bei dem es nicht um *individuelle* Befindlichkeiten, sondern um die Sichtbarmachung von *kollektiv* geteilten Erfahrungen geht. Zudem sind diese Forderungen aufgrund der gegenwärtigen Machtverhältnisse weit entfernt davon, zu einer beinahe stalinistischen Absolutierung zu führen, wie in der essentialismuskritischen Debatte suggeriert wird (ebd.: 131 f.). Während also die beiden Autor_innen dem Projekt der Identitätspolitik grundsätzlich wohlwollend gegenüberstehen, ist auch ihre Auseinandersetzung vom oben herausgearbeiteten Schema eines gegen den Partikularismus behaupteten Universalismus geprägt, weil sie die konstruktivistische Seite der Identitätspolitik, die ich im Folgenden herausarbeite, nicht klar genug benennen.

So führt dann auch die linke Essentialismuskritik in eine Diskurslage, in der gegen den angeblichen Essentialismus der Identitätspolitik, der zur Zersplitterung der Vernunft führe – da sich die Vernunft in nicht miteinander vereinbare Teilrationalitäten auflöse, die von sozialen Positionen abhängig seien –, ein Universalismus des rationalen Diskurses ins Feld geführt wird. Dieser wird aufgefasst als nicht von partikularer Erfahrung bestimmt und soll der intersubjektiven Vernunft verpflichtet sein.

Elemente konstruktivistischer Identitätspolitik: Im Maschinenraum der politischen Transformation

Der Verdacht, dass Identitätspolitik ein pathologischer Essentialismus sei, der zu einer gefährlichen Spaltung führe, verbindet folglich die verschiedenen Lager der geläufigen Identitätspolitik-Kritik. In diesem Abschnitt werde ich nun begründen, warum diese Diagnose falsch ist. Dafür schlage ich das Konzept einer ‹konstruktivistischen Identitätspolitik› vor, mit dem ich zu beschreiben versuche, dass Identitäten das Ergebnis komplexer Konstruktionsprozesse sind. Das Konzept baut insbesondere auf der langen queerfeministischen und postkolonialen Diskussion der Ein- und Ausschlüsse auf, die mit Identitätspolitik einhergehen. Während diese Debatten sich vor allem auf die Dekonstruktion von Identitäten und ihren Ausschlüssen konzentrieren – und dabei die heute von Identitätspolitik-Kritiker_innen geäußerten Befürchtungen zum Essentialismus seit langem und auf oft höherem Niveau diskutieren –, haben die zugrundeliegenden Konstruktionsprozesse weniger Aufmerksamkeit erfahren (siehe dazu Abschnitt 2 in Schubert/Schwiertz 2021): Die *Herstellung* von Identität als einen für emanzipatorische Politiken konstitutiven Prozess wird in den Analysen des Queerfeminismus und Postkolonialismus zwar implizit mitgedacht, aber letztlich zu wenig beachtet. Das Konzept einer konstruktivistischen Identitätspolitik rückt diesen Aspekt in den Mittelpunkt.

Zwar entzieht sich die Identitätskonstruktion einer zielgenauen Steuerung, sie kann aber aktiv gestaltet werden. Mit Marx und Engels (1988: 115) gesprochen verdeutlicht konstruktivistische Identitätspolitik, wie Menschen in kollektiven Zusammenhängen unter den «vorgefundenen, gegebenen und überlieferten Umständen» dennoch «ihre eigene Geschichte [machen]». Identitäten und die mit ihnen verbundenen individuellen und kollektiven Subjektformen ergeben sich also aus sozialen Strukturen, sie sind aber keineswegs einseitig durch Herrschaftsverhältnisse bestimmt (vgl. Lawler 2014). Vielmehr können Prozesse der Identitätskonstruktion (bzw.

der Identifikation) in emanzipatorischer Absicht gestaltet werden, indem relativ autonome, ‹eigene› Strukturen geschaffen werden.

Ich werde zwischen drei Elementen der konstruktivistischen Identitätspolitik differenzieren: Zentral für ihr emanzipatorisches Potential ist erstens die kritische *Subjektivierung*, die durch sie ermöglicht wird (Schubert 2018). Dieser Begriff zeigt auf, dass Identitätspolitik Subjekte hervorbringen kann, die gesellschaftliche Normen und Machtverhältnisse sowie ihre Rolle darin kritisch hinterfragen. Auf Basis dieser Fähigkeit zur Kritik können sich die Subjekte selbst, ihre identitätspolitischen Kulturen und darüber auch die Mehrheitsgesellschaft transformieren. Zweitens werden die gemeinsamen Identitäten durch Praxen der *Artikulation* ermöglicht, die heterogene Elemente verknüpfen und dadurch transformieren. Durch Bezugnahme auf demokratische Werte können Identitätspolitiken zudem über sich hinausweisen und einen universell gedachten Anspruch auf Gleichheit und Freiheit vom Standpunkt der Diskriminierten konkretisieren. Drittens werden diese Artikulationen erst durch *Repräsentation* als eine zusammenhängende Identität wahrnehmbar. Die dezidierte Praxis der Identitätskonstruktion wird auf diese Weise als zentrale Strategie von emanzipatorischer Politik begreifbar.[3]

Zugleich verdeutlichen die drei Elemente auch die Ambivalenzen von Identitätspolitik: Identitätspolitik ohne reflexive Selbstkritik droht, essentialistisch zu verhärten und so schädliche Ausschlüsse zu produzieren; Artikulationsprozesse können wiederum hauptsächlich in Bezug auf ‹eigene› Traditionen und losgelöst von weiter gefassten Bezügen und universellen Werten stattfinden, wodurch Identitätspolitik in bloße Interessenpolitik umschlagen, homogenisierend wirken und zur gesellschaftlichen Isolation führen kann; und Praktiken der Repräsentation laufen stets Gefahr, ein zu einseitiges Bild von Identitäten zu zeichnen, in dem sich viele nicht wiederfinden können, die sich eigentlich dieser Identität zugehörig fühlen. Hier ist der Umgang mit gruppeninternen Machtbeziehungen sowie den Opportunitäten politischer Institutionen und Diskurse ausschlaggebend. Weil diese Ambivalenzen konstitutiv für Identitätspolitik sind, ist ihre kontinuierliche Aushandlung notwendig. Entsprechend lassen sich solche Aushandlungsprozesse empirisch in identitätspolitischen Projekten beobachten, was ich in diesem Abschnitt durch das Beispiel der schwulen Identitätspolitik illustriere.

Subjektivierung. Der Begriff der Subjektivierung geht auf Foucault zurück, der damit die soziale Konstitution, also die Verfasstheit und Herstellung von Identität durch gesellschaftliche Macht beschreibt (Foucault 1989, 1994). Macht ist nach Foucault grundsätzlich produktiv, insofern sie Individuen überhaupt erst zu spezifischen Subjekten macht. In der Diskussion zu Foucault wurde aber insbesondere die normierende und ausschließende Wirkung der Subjektivierung fokussiert (Allen 2008; Butler 2005). Die daran anschließende kontroverse Diskussion, wie Freiheit und Vernunft denkbar sind, wenn wir derart fundamental von Macht geprägt sind, hatte ich im Abschnitt zu Foucault (erstes Kapitel) geschildert. Entscheidend ist, dass es nicht nur eine Art der Subjektivierung gibt: Zwar gibt es in einer Gesellschaft dominante Subjektivierungen, die Menschen auf diejenigen Identitäten festschreiben, die eine Gesellschaft maßgeblich strukturieren. Geschlecht ist hier ein gutes Beispiel, denn nach wie vor lernen wir, uns nach typischen Geschlechterrollen und den daran geknüpften Erwartungen zu verhalten, die wir tief in den Kern unserer Identität aufnehmen. Aber solche Normen sind nicht in Stein gemeißelt; alternative Arten der Subjektivierung sind möglich. Identitätspolitik ist ein gesellschaftliches Labor für neue Subjektivierungen, die es erlauben, das Korsett der dominanten Normen zu sprengen. Sie ist derjenige gesellschaftliche Ort, an dem kritische Subjektivierungen eine Distanznahme und Veränderung von dominanten Normen ermöglichen und zur Konstruktion von neuen Identitätsformen führen. Und sie ist der Ort, wo mit diesen Formen experimentiert wird und die mit ihnen einhergehenden Folgeprobleme diskutiert werden.

Ein gutes Beispiel für kritische Subjektivierung durch Identitätspolitik ist die Praxis des «consciousness raising» (MacKinnon 1991: 83 ff.) im Feminismus der 60er und 70er Jahre – also der gemeinsamen Bewusstwerdung über die spezifische Position der Frau in der patriarchalen Gesellschaft. Die Methode beruht auf dem Erfahrungsaustausch unter Frauen und dient dazu, zusammen aktiv an der politischen Identität als Frau zu arbeiten, sie mithin (neu) zu konstruieren. MacKinnon beschreibt die Problematik des Wissens, die mit *consciousness raising* gelöst werden kann, in expliziter Anlehnung an Marx' Problem des falschen Bewusstseins innerhalb der kapitalistischen Ideologie. Wie im Kapitalismus sei im Patriachat das Bewusstsein vom Sein geprägt und deshalb verstellt – sowohl Männer als auch Frauen haben im Patriarchat also falsche, ideologische Vorstellungen von sich selbst und der Gesellschaft. Sowohl Marx als auch MacKinnon sehen die Lösung dieses Problems in der jeweils durch die Ideologie untergeordneten Gruppe, also den Arbeitern bzw. den Frauen. Die Arbeiter bei Marx bzw. die Frauen bei MacKinnon sind aufgrund ihrer sozialen Rolle und den dadurch möglichen Erfahrungen in einer besseren Position als die Kapitalisten bzw. die Männer, die herrschende Ideologie zu durchschauen und als falsch zu kritisieren. Mit anderen Worten, sie sind in einer potentiell epistemisch privilegierten Position (Haslanger 2013). Doch obwohl das Leben als Frau ein feministisches Bewusstsein grundsätzlich ermöglicht, ist das Problem – wiederum analog zum Marxismus und dem fehlenden Bewusstsein der Arbeiterklasse –, dass viele Frauen angepasst an die patriarchale Ideologie leben. Genau hier setzt *consciousness raising* ein und realisiert das im Leben als Frau vorhandene Potential der gemeinsamen Konstruktion einer politischen Identität als Frau. Mit Foucault kann eine solche aktive Identitätsherstellung durch Identitätspolitik als Subjektivierung durch produktive – also Subjektivitäten konstituierende – Macht verstanden werden. Eine produktive Macht allerdings, die in gegenhegemonialen Subjektivierungen von emanzipatorischen Identitätspolitiken marginalisierter Gruppen wirkt, was eine kritische Haltung zu den Vermachtungsprozessen der Mehrheitsgesellschaft und eventuell auch einen Ausbruch aus diesen ermöglicht.

Identitätspolitik als einen Prozess der Subjektivierung zu interpretieren, bedeutet demnach, zu betonen, wie sie Subjekte formt. Darin liegt auch die Ambivalenz der Identitätspolitik. Denn Subjektivierung – die immer und überall stattfindet, nicht nur in der Identitätspolitik – ist selbst grundsätzlich ambivalent. Das Konzept weist gerade darauf hin, dass es ‹reine› Freiheit, ohne soziale Prägung, Formung, und Unterwerfung unter existierende Normen nicht gibt. Freiheit ist subjektivierungstheoretisch vielmehr als die Entwicklung der Fähigkeit zur kritischen Reflexion der eigenen Subjektivierungen zu denken, was es erst ermöglicht, sich zu transformieren – dies ist das Konzept der «Freiheit als Kritik» (Schubert 2018). Und diese Fähigkeit ist wiederum von ‹kritischen› Subjektivierungen abhängig; mit anderen Worten, man muss sie lernen, wie beim *consciousness raising*, denn sie kann nicht einfach vorausgesetzt werden. Weil Identitätspolitik also notwendig eine Frage der Macht ist, die auf Subjekte wirkt und sie formt, kann sie auch zu problematischen Schließungen und Festlegungen führen. In dieser Weise gibt es ein Essentialismuspotential in identitätspolitischen Subjektivierungen. Doch dieses Essentialismus*potential* ist kein grundsätzliches Essentialismus*problem*, wie von den Identitätspolitik-Kritiker_innen behauptet wird. Es lässt sich daraus also keine Position *gegen* Identitätspolitik ableiten. Denn ohne identitätspolitische Subjektivierungen wäre die Entstehung von kritischer Subjektivität grundsätzlich erschwert, was zu einer Erlahmung der demokratischen Auseinandersetzung führen würde. Essentialistische Festschreibungen sind ja gerade der *modus operandi* von hegemonialen Subjektivierungen, die durch Identitätspolitik aufgebrochen werden können. Subjektivierungen in identitätspolitischen Projekten sind also entscheidend, um Freiheit als Kritik zu verwirklichen. Sie ermöglichen es Marginalisierten, ein kollektiv geteiltes, machtkritisches Verständnis ihrer gesellschaftlichen Position sowie eine hierauf bezogene Identität zu entwickeln.

Identitätspolitik ermöglicht es also, sich kritischer und damit auch freier gegenüber gesellschaftlichen Normen und Rollenerwartungen zu verhalten. Zentral an dieser durch Identitätspolitik möglichen Freiheit als Kritik ist, dass sie ihren skeptischen Blick gegen jegliche Subjektivierungen richtet, nicht nur gegen diejenigen, die marginalisierte Personen auf ihre gesellschaftlichen Positionen festlegen. Sie richtet sich also auch kritisch gegen identitätspolitische Subjektivierungen – denn es geht um die Kritik von Identität allgemein, auch der durch identitätspolitische Projekte perpetuierten. Mit anderen Worten, der kritische Blick kann sich ebenso auf die identitätspolitischen Normen und Rollenerwartungen richten. Damit lässt sich – begrifflich und empirisch – differenzieren zwischen Identitätspolitiken, die kritische Selbstreflexivität mehr oder weniger stark praktizieren und damit mehr oder weniger gut mit der Gefahr des Essentialismus umgehen können. Das Beispiel der Subjektivierung in schwulen Subkulturen (Schubert 2019, 2022),[4] mit dem ich im Folgenden die Elemente der konstruktivistischen Identitätspolitik illustriere, verdeutlicht, wie umkämpft solche Identitätskonstruktionen sind: Sie können nicht nur zu transformativer Politik, sondern auch zur Assimilation an die Mehrheitsgesellschaft führen und damit zu einem Teil des von Fraser kritisierten «progressiven Neoliberalismus» werden, was sogar bis zur Auflösung des Kerns der Identitätspolitik, der Ermöglichung von Kritik, führen kann.

Studien zur westlichen schwulen Kultur zeigen, dass deren heutige Formen ab den 1970er-Jahren durch kritische Subjektivierung in identitätspolitischen Projekten entstanden sind (Beljan 2014; Pretzel/Weiß 2012, 2013). Eine Identität als Schwuler war dabei lange mit der Kritik an Heteronormativität verbunden, also daran, dass Heterosexualität und damit verknüpfte gesellschaftliche Normen als selbstverständlich angesehen und allgemein vorausgesetzt werden. Eine solche kritische Haltung kann aber üblicherweise nicht einfach aus der Erfahrung des Andersseins und des Nichtpassens entwickelt werden. Im Gegenteil: Das Nichtpassen zur Heteronormativität allein führt oft dazu, die eigene Sexualität zu verstecken. Verbunden mit Rückzug und Verstellung sind oft Depression und sogar Selbstmord. Erst die Partizipation an und das Lernen in schwuler bzw. queerer Kultur führt zu einer positiven schwulen Identität. Die explizite politische Kritik an der Heteronormativität ist ein zentraler Bestandteil dieser Kultur, wie die Tradition der *Pride*-Märsche zeigt. Doch kritische Subjektivierung erfolgt nicht nur durch explizite politische Kritik, sondern auch durch subversive Kulturpraktiken, wie beispielsweise der Kritik an Genderrollen durch Drag (Butler 1995). Hier werden diskriminierenden Subjektivierungen innerhalb der heteronormativen Gesellschaft emanzipatorische Subjektivierungen entgegengesetzt. Durch diese Subjektivierungen konstruieren sich die Subjekte erst als einer spezifischen politischen Identität zugehörig und schaffen sich dadurch ein anderes Selbstverhältnis, das sie gegenüber der Diskriminierung der hegemonialen Normen ermächtigt. Die Auseinandersetzungen um die Artikulation und Repräsentation von Identität, die ich im Folgenden beschreibe, zeigen zudem, dass identitätspolitische Subjektivierung nicht nur die Fähigkeit zur Kritik an gesellschaftlicher Unterdrückung ermöglicht, sondern auch zur reflexiven Kritik der jeweiligen Identitätspolitik.

Artikulation. Doch wie können jene kritischen Formen der Subjektivierung einer emanzipatorischen Identitätspolitik entstehen und aktiv gestaltet werden? Hier kommen Praxen der Artikulation ins Spiel: Identitäten müssen ausgedrückt – artikuliert – werden. Das ist ein Prozess, der nicht zentral gesteuert werden kann, sondern der organisch aus der Unterschiedlichkeit der verschiedenen Mitglieder und Repräsentant_innen einer identitätspolitischen Gruppe entsteht. Und es ist ein Prozess, der nicht zum Ziel hat, eine einheitliche Identität festzuschreiben, sondern die Identitäten immer wieder zu verhandeln. Entsprechend betont Stuart Hall, dass Identitäten niemals einheitlich und eindeutig sind, sondern vielmehr durch die Artikulation von heterogenen und teils widersprüchlichen Elementen entstehen und sich in ihrer laufend erforderlichen Re-Artikulation transformieren (Hall 2016: 160; vgl. Supik 2005). Identitäten ergeben sich also nicht durch eine Subsumtion verschiedener Elemente unter ein übergeordnetes und einheitliches Prinzip, sondern in einem kontinuierlichen «Prozess der Artikulation» (Hall 2016: 169). Der Begriff der Artikulation kommt von den radikaldemokratischen Theoretiker_innen Laclau und Mouffe, die darunter «jede Praxis [verstehen], die eine Beziehung zwischen Elementen so etabliert, dass ihre Identität [...] modifiziert wird» (Laclau/Mouffe 2000: 155). Durch artikulatorische Praxen entstehen Identitäten also nicht bloß als ein Mosaik aus bestehenden Elementen. Vielmehr wird die Bedeutung dieser Elemente durch ihre Verknüpfung verändert. Mit anderen Worten, bei der Artikulation geht es um die Debatte und den Konflikt um das Gemeinsame einer Gruppenidentität.

Deutlich wird aus einer solchen Perspektive auch, dass identitätspolitische Subjektivierungen nicht nur auf einer gemeinsamen Kritik an Unterdrückungsverhältnissen beruhen. Vielmehr entstehen solche Subjektivierungen durch das Zusammenspiel von öffentlich sichtbaren Politiken der Kritik und Intervention mit relativ unsichtbaren Politiken der wechselseitigen Fürsorge und Zuneigung, der Selbsthilfe, und des Empowerments (Schwiertz 2021): Sie gehen aus einem heterogenen Ensemble unterschiedlicher Arten von Elementen hervor, wie beispielsweise Alltagspraktiken, Affekte, kulturelle Artefakte, uvm. Rückbezüge auf Elemente aus Geschichte, Sprache und Kultur sind hierbei nicht bloß einer Tradition verpflichtet, sondern ergeben durch ihre Artikulation etwas Neues, sodass Identitäten mehr «in einem Prozess des ‹Werdens› denn des ‹Seins›» hergestellt werden (Hall 2016: 171). Mithin: es geht bei Identitätspolitik immer auch um das Schaffen von Gegen- bzw. Subkulturen (siehe ausführlich dazu Loick 2024).

Mit dem Konzept der Artikulation lässt sich zudem beschreiben, wie identitätspolitische Praxen emanzipatorische Grundsätze einbeziehen, die über ihre Position hinausreichen. Im Kampf gegen ihre Marginalisierung beziehen emanzipative soziale Bewegungen und Subkulturen nämlich ihre besondere Lage regelmäßig auf allgemeine normative Grundsätze. Ausgehend von ihrer Diskriminierung klagen sie Gleichberechtigung ein. Im ersten Kapitel habe ich mit der radikalen Demokratietheorie beschrieben, wie durch Prinzipien von Gleichheit und Freiheit ein demokratisches Versprechen etabliert wurde. Dieses demokratische Versprechen ist der normative Bezugspunkt der unterschiedlichen identitätspolitischen Projekte (Balibar 2012; vgl. Laclau/Mouffe 2000). Das sich hieraus ergebende Spannungsverhältnis zwischen etablierten Regimen der *Demokratie*, die Identitäten hierarchisieren, und einem konflikthaften Universalismus des *Demokratischen*, der Hierarchien infragestellt und über den Status quo hinausweist, lässt sich als «demokratische Differenz» (Schwiertz 2019, 2022) begreifen: Aus dem Abstand zwischen real existierenden Institutionen, die sich als Demokratie bezeichnen, und einer Idee des Demokratischen, die nie ganz verwirklicht, aber überall und jederzeit artikuliert werden kann, entstehen potentiell emanzipatorische Kämpfe. Identitätspolitiken sind daher nicht, wie ihre Gegner meist behaupten, nur auf sich ausgerichtet, sondern verweisen in ihren politischen Praxen auf den Horizont des Universellen und Vernünftigen, indem sie Grundsätze wie Gleichheit, Freiheit und Solidarität bezogen auf ihre partikulare Situation artikulieren. Deshalb habe ich die identitätspolitische Normativität auch als «partikularistischen Universalismus» bezeichnet (Schubert 2020b: 45) – dazu mehr im Kapitel 4. Wichtig ist, dass der Konflikt darüber, wie genau der demokratische Universalismus in Bezug auf jeweilige identitätspolitische Themen konkretisiert werden sollte, zu Artikulationsprozessen notwendig dazugehört. Die oft beklagte identitätspolitische Streitlust ist in dieser Interpretation also gar kein grundsätzliches Problem, sondern ein erwartbarer Teil der gemeinsamen Identitätskonstruktion.

Die Überlegungen zeigen, dass Identitätspolitiken üblicherweise über die Einforderung partikularer Rechte hinausreichen. Sie können eine ansteckende Wirkung für sozialen Wandel entfalten und solidarische Beziehungen knüpfen, indem Gemeinsamkeiten zwischen unterschiedlichen Anliegen identifiziert werden, die sich insbesondere aus einem vergleichbaren Eintreten für demokratische Grundsätze von Gleichheit und Freiheit in der jeweils partikularen Situation ergibt. Ein gutes Beispiel dafür ist die solidarische Allianz zwischen lesbischen und schwulen Aktivist_innen und Bergleuten, die sich 1984 in England entwickelte. Die Lesben und Schwulen sammelten für die Familien der streikenden Bergleute Geld, während die Bergleute am darauffolgenden *Pride March* in London teilnahmen – der Film «Pride» (1994) erzählt diese Geschichte. Der normative Grundsatz der Gleichheit und Freiheit bildet auch den Hintergrund für die interne Kritik an Exklusionen innerhalb identitätspolitischer Projekte – auch davon handelt «Pride», denn der Film erzählt die Überwindung der Homophobie der Arbeiter und der skeptischen Einstellung der urbanen Lesben und Schwulen gegenüber den Bergleuten. Umgekehrt bedeutet dies auch, dass Identitätspolitiken Gefahr laufen, ihr transformatives Potential zu verlieren und zu einer bloßen Interessenpolitik innerhalb der hegemonialen Ordnung zu werden, wenn keine Bezüge auf universell gedachte Grundsätze artikuliert werden.

Wie der Zusammenhang gemeinsamer Identität konkret hergestellt wird und dabei auch umkämpft ist, verdeutlicht erneut der Blick auf die schwule Subkultur. Schwule Identität wird durch eine Reihe ganz unterschiedlicher Artikulationen hergestellt. Stile, Rituale und Habitus sind dabei von besonderer Bedeutung (Halperin 2012). Seit den 1970er-Jahren gibt es Auseinandersetzungen darum, welche Elemente zu einer schwulen Identität verknüpft werden. Beispielsweise hat die bürgerliche Schwulenbewegung darauf hingearbeitet, traditionelle Formen des bürgerlichen Lebens – wie Monogamie, Ehe, Karriere, Häuslichkeit und Kinder – mit dem Schwulsein zu verknüpfen und derart schwule Identität hin zu mehr Bürgerlichkeit zu transformieren, wobei sich im Zuge dieser Artikulation auch die Bedeutung der genannten Elemente verändert, etwa die Konzepte von Ehe und Familie. Dies wurde wiederum von queeren Schwulen als «homonormativ» (Duggan 2002) kritisiert: Die Angleichung an bürgerliche Lebensformen führe zu einer Entpolitisierung von schwuler Identität und damit zu einer Entkopplung von sozialen Bewegungen. Dies gehe einher mit einer neuen Normalisierung und Exklusion innerhalb schwuler Communities, ein Prozess, der durch HIV-bezogene Stigmatisierung verstärkt wurde (Schubert 2022). Demgegenüber sollte Schwulsein aus einer queeren Perspektive als ein gesellschafts- und auch kapitalismuskritisches Projekt verstanden werden (Laufenberg 2022:

183–191) und mit subversiven Praktiken wie der Durchbrechung von Geschlechtsnormen oder der Entwicklung gegenhegemonialer Sexualkulturen verknüpft sein. Identitätspolitik ist hier zu verstehen als queeres «world-making», das andere Lebensformen entwirft und praktiziert (Berlant/Warner 1998; Muñoz 2009a, 2009b; siehe auch Loick 2024). Dazu gehört auch, zu kritisieren, wenn bestimmte Formen des Schwulseins aus der Community ausgeschlossen werden. Ein wichtiger Unterschied zwischen diesen beiden (hier recht zugespitzt und idealtypisch dargestellten)[5] Lagern – bürgerlich und queer – besteht darin, ob Schwulsein überhaupt aktiv als Identität verstanden wird oder eher als ein mit gesellschaftlicher Normalisierung und Gleichstellung zu überwindendes Stigma. Queere Schwule nehmen die Identität des Schwulseins aktiv und politisch an und berufen sich dafür auch auf vergangene politische Kämpfe und eine gemeinsame Kultur, sowie allgemeine Gleichheitsgrundsätze, während bürgerliche Schwule sich oft eher als zufällig homosexuell sehen als sich bewusst schwul zu identifizieren. Mit anderen Worten: Sie verstehen ihr Schwulsein nicht in erster Linie als politische Identitäts- und Lebensform. Wegen ihrer Politisierung geht die schwul-queere Identität tendenziell mit Solidarität für andere Gruppen einher und ist deshalb ein Beispiel für die mit Fraser gesuchte transformative Identitätspolitik. Die Ablehnung solch aktiver Identifizierung führt hingegen tendenziell zu einer Entpolitisierung, weshalb bürgerliche schwule Politik aus queerer Perspektive als einfache Interessenpolitik innerhalb der Verwertungsstrukturen des progressiven Neoliberalismus kritisiert werden kann (Duggan 2003).

Festhalten lässt sich, dass Identitätspolitiken nicht auf vorgefertigte, wesenhafte Identitäten zurückgreifen, sondern dass Subkulturen und soziale Bewegungen eine intensive Identitätsarbeit erfordern, die unterschiedliche Elemente und Positionen in Beziehung setzt und deren Zusammenhang artikuliert. Die Kritik von potentiell repressiven und essentialisierenden Effekten einzelner Artikulationen ist folglich ein grundlegender Teil der Identitätsartikulation und lässt sich empirisch in unterschiedlichen Intensitäten beobachten, was wiederum von den Repräsentationsstrukturen abhängt.

Repräsentation. Repräsentation baut auf Artikulation auf – beide Aspekte hängen eng miteinander zusammen. Repräsentation ist einerseits ein Mittel der Artikulation und andererseits die Ebene der Kommunikation in die Mehrheitsgesellschaft. Entsprechend ist auch Repräsentation notwendig umstritten. Das liegt daran, dass Repräsentation nicht bloß eine Abbildung bereits bestehender Identitäten, sondern Teil ihrer Konstruktion ist. Erst durch ihre Repräsentation können Identitäten als ein Zusammenhang begriffen werden und somit entstehen. Repräsentation ist zugleich ein symbolischer und performativer Prozess, bei welchem Darstellung und Produktion zusammenfallen (Diehl 2019: 48). Im Einklang mit einem solchen Verständnis unterscheidet Mark Terkessidis (2000; vgl. Schwiertz 2019: 228) drei Aspekte. *Vertretung* bezeichnet Formen der Repräsentation, in denen diejenigen, die zu einer kollektiven Identität gehören, in ihrem Namen sprechen und sich so vertreten. Der zweite Aspekt, die *Darstellung,* bezieht sich auf die Art und Weise, wie sich eine Gruppe oder Kultur selbst beschreibt. Dies geschieht oftmals in Form von Narrativen, in denen verschiedene Elemente aus unterschiedlichen Zusammenhängen so ausgedrückt werden, dass Identitäten entstehen (Keller 2011: 251). Drittens ist die Vorstellung bzw. *Imagination* einer kollektiven Identität als Einheit für Identitätspolitiken entscheidend.

Vertretung, Darstellung und Imagination haben eine wichtige strategische Bedeutung, weil sie politische Identitäten als solche sprachfähig und wahrnehmbar machen – und das ist die Voraussetzung dafür, überhaupt in die Mehrheitsgesellschaft zu wirken und die real existierenden demokratischen Institutionen zu reformieren. Teil einer Strategie der Repräsentation kann der rhetorische Bezug auf essentialisierte Elemente sein, also die eigene Gruppe so darzustellen, als ob sie klar definierte Wurzeln hätte, um auf diese Weise ein kollektiver Akteur mit Überzeugungskraft zu werden. Die postkoloniale Theoretikerin Gayatri Chakravorty Spivak (1988) hat dies ‹strategischen Essentialismus› genannt. Damit sich ein solcher Essentialismus aber nicht verhärtet, ist es wichtig, seine Basis letztlich doch konstruktivistisch zu verstehen. Paul Gilroy drückt das aus, indem er den strategischen Essentialismus von einem ontologischen Essentialismus abgrenzt (Gilroy 1993: 31). Der strategische Essentialismus beruhe auf der Erfahrung des kollektiv Durchlebten, also auf gemeinsamen Wegen (*routes*) und nicht auf (angenommenen) gemeinsamen Wurzeln (*roots*), wie der ontologische Essentialismus (Gilroy 1995). Als Bezugspunkt dient hier die Vorstellung eines kollektiv erzeugten und geteilten Erfahrungsraums der Geschichte der Sklaverei, der Gegenwart rassistischer Strukturen und des Widerstandes dagegen, die er als konstitutiv für eine Schwarze Identität beschreibt (Gilroy 1993). Analog geht es bei queerer Identitätspolitik nicht darum, herauszufinden, was die Wurzeln von queerem Begehren oder Geschlechtsidentitäten sind, sondern auf der gemeinsamen Erfahrung der Heteronormativität aufbauend queere Lebenswelten zu schaffen.

Das Beispiel der schwulen Repräsentation zeigt, wie die drei Aspekte der Repräsentation zusammenwirken und jeweils umstritten sind. Die schon angesprochene Konfliktlinie zwischen bürgerlicher Anpassung und queerer Kritik ist eine gute (wenn auch schematische) Heuristik, um sie zu verstehen. Erstens gibt es verschiedene Organisationen, die behaupten, Schwule bzw. queere Menschen zu *vertreten*, die sich zwischen bürgerlicher und queerer Politik einordnen lassen und die durch wirtschaftliche und diskursive Macht die identitätspolitischen Artikulationen beeinflussen können. Zweitens ist die *Selbst- und Fremddarstellung* von Schwulen ein zentrales Feld der identitätspolitischen Auseinandersetzungen (Rehberg 2018). Die Art der Darstellung von Schwulen insbesondere in den Medien ist nach der Frage, ob sie dort überhaupt sichtbar sind, zentral für die Vorstellung, die sich die Mehrheitsgesellschaft von Schwulen macht. Weil dies wiederum die Art der gesellschaftlichen Homophobie und im Anschluss die Anpassungsversuche der Schwulen beeinflusst, ist der Kampf um die mediale Repräsentation für die schwule Identitätspolitik von enormer Bedeutung. Drittens betreffen diese Repräsentationen auch die Art der gemeinschaftlich hergestellten *Imagination* eines Zusammenhangs schwuler Identität. Sie wird – so die queere Kritik – seit der Jahrtausendwende von homonormativen bürgerlichen Narrativen geprägt, was auf vier Faktoren zurückgeführt werden kann. Neben der verstärkten Stigmatisierung von nicht-monogamer Sexualität während der AIDS-Krise ist der rechtliche und gesellschaftliche Fortschritt zu nennen,[6] der überhaupt erst ein homonormatives Leben erlaubt, genauso wie Gentrifizierung und Online-Dating, die zu einem Rückgang von Community-Orten führen (Gould 2009; Halperin 2012; Haunss 2012; Schubert 2022). Dies führte aus der Perspektive der queeren Homonormativitätskritik zu erschwerten Bedingungen für alternative queere Lebensstile und lässt schwule Identitätspolitik überhaupt brüchig werden. Diese identitätspolitischen Zerfallsprozesse werden einerseits durch das Zusammenbrechen von alternativen Kulturstrukturen verstärkt – ein Teufelskreis, weil der Rückgang der Nachfrage nach solchen Strukturen sich proportional zur Verbürgerlichung entwickelt. Andererseits gibt es auch Weiterentwicklungen der schwulen Identitätspolitik, die sich nicht mehr gut in die Gegenüberstellung von bürgerlicher Anpassung und queerer Kritik einfügen. So erlaubt die gesellschaftliche Liberalisierung auch neue Formen der nicht-angepassten und dennoch eher unpolitischen Homonormativität. Und für einige jüngere queere Menschen verliert die Identitätskategorie ‹schwul› insgesamt an Bedeutung, ohne dass dies eine Absage an queere Politik oder einen Zerfall von Communities implizieren würde, sondern vielmehr neue Formen derselben kreiert.

Insgesamt zeigt das Konzept der konstruktivistischen Identitätspolitik, dass in deren Zentrum die permanente Transformation und Neukonstruktion von Identität steht.[7] Dabei zielen Identitätspolitiken auf einen politischen Wandel, der auch auf die Identitäten selbst zurückwirkt. Wenn Identitätspolitik erfolgreich ist und die Diskriminierung, auf die sie reagiert, langsam verschwindet, dann verändert sich auch die Identität, die ja ausgehend von der gemeinsamen Erfahrung der Diskriminierung konstruiert wird. So war beispielsweise der Feminismus enorm erfolgreich und hat Gleichstellung als allgemein anerkannten Wert etabliert. Auch wenn patriarchale Normen und sexistische Diskriminierung mitnichten vorüber sind, ist Gleichstellung heute für viele Frauen selbstverständlich, sodass sie sich explizit nicht als Feminist_innen verstehen. Auch in der schwulen Identitätspolitik bleibt der Bezug auf eine kollektive Identität umstritten. So zielt die homonormative Politik insbesondere auf rechtliche Gleichstellung und Diskriminierungsfreiheit, wobei es als Strategie oder sogar als Ziel verstanden wird, die eigene sexuelle Orientierung als zentralen Identifikationspunkt hinter sich zu lassen. Damit wird aus queerer Perspektive aber Heteronormativität keineswegs abgeschafft, sondern die Identitätspolitik habe sich teilweise in Assimilation aufgelöst. Queere Identitätspolitik insistiert folglich auf dem spezifischen Eigenwert von queerer Kultur und zielt nicht auf die Überwindung von Identitätspolitik. Nach der queeren Kritik ist es darüber hinaus gerade die Ablehnung von spezifisch schwuler Identitätspolitik, die zu (oft konservativer) schwuler Interessenpolitik und einer Vereinnahmung durch den progressiven Neoliberalismus führe. Hier werde die eigene Identität nicht zur Auflehnung gegen die diskriminierenden Normen affirmiert, sondern man passe sich so weit wie möglich an diese Normen an, um akzeptiert zu werden. Um einen anerkannten bürgerlichen Status zu erreichen, affirmierten Schwule deshalb auch die Privilegien- und Diskriminierungsstrukturen der Mehrheitsgesellschaft (wie beispielsweise Neoliberalismus, Sexismus und Rassismus) und fokussierten sich auf die Durchsetzung ihrer Gleichberechtigung darin. So zugespitzt verstanden treten dabei also regressive Momente in den Vordergrund, die die demokratisierende Funktion der Identitätspolitik gefährden. Solche Politik nähert sich damit Interessenpolitik im Gegensatz zu Identitätspolitik an, weil es in erster Linie um das Durchsetzen der eigenen Interessen auf Kosten von anderen Gruppen geht. In Kapitel 5 führe ich diese Unterscheidung noch mehr aus. An dieser Stelle möchte ich festhalten, dass eine unsolidarische Spaltung in diesem Fall also – anders als von Fraser behauptet – nicht durch Identitätspolitik entsteht, sondern wegen der Abkehr von Identitätspolitik.

Konstruktivistische und regressive Identitätspolitik

Mithilfe des ausgearbeiteten Konzepts der konstruktivistischen Identitätspolitik kann nun der Blick zurück auf den Hauptvorwurf gegen die Identitätspolitik gerichtet werden: Sie zersetze Diskurse und das je nach politischer Orientierung unterschiedlich konzipierte ‹Wir› durch die Essentialisierung von Identitäten. Alle drei Kritiken – die kommunitaristisch-liberale von Fukuyama, die kapitalismuskritische von Fraser und die identitätspolitikfreundliche von Susemichel und Kastner – setzen ein Universelles gegen den identitätspolitischen Partikularismus: das Universelle der nationalen Bürgerschaft und Leitkultur (Fukuyama), der transformativ-sozialistischen Politik (Fraser) oder des intersubjektiven Diskurses (Susemichel/Kastner). Was ändert die konstruktivistische Perspektive bezüglich dieser Vorwürfe?

Die Aufschlüsselung der verschiedenen Aspekte der Identitätskonstruktion und ihre Verknüpfung mit bestimmten Wissensformen zeigt, wie zentral die Partizipation in identitätspolitischen Projekten für politische Kritikfähigkeit, Handlungsmacht und Teilhabe ist. Durch identitätspolitische Subjektivierung entstehen politische Identitäten in Bezug auf eine besondere gesellschaftliche Position, die mit der Fähigkeit zur kritischen Reflexion von Machtverhältnissen in der Gesellschaft und in identitätspolitischen Projekten einhergehen. Das dabei entwickelte politische Wissen gewinnt durch Artikulation und Repräsentation nicht nur einen relativ kohärenten Zusammenhang, sondern potentiell intersubjektive Verallgemeinerung, aus der sich weithin nachvollziehbare politische Forderungen ergeben können. Diese Verallgemeinerung des identitätspolitischen Wissens durch intersubjektive Aushandlung und den Bezug auf universelle demokratische Grundsätze ermöglicht die Teilnahme an politischen Auseinandersetzungen. Und ohne diese Auseinandersetzungen kann es der radikalen Demokratietheorie zufolge, die Demokratie als konflikthafte Praxis begreift, keinen Fortschritt geben (Celikates 2021; Celikates et al. 2015). Der Bezug identitätspolitischer Projekte auf universelle demokratische Werte der Gleichheit und Freiheit ermöglicht es, über Partikularismen hinauszugehen, ohne diese jedoch aufzulösen, da das Universelle nur von partikularen gesellschaftlichen Positionen aus konkretisiert und eingefordert werden kann. Solche Verallgemeinerungen ermöglichen es zudem, über Identitätsgrenzen hinweg inklusive und solidarische Beziehungen einzugehen (Yuval-Davis 2001). Eine derart reflektierte Identitätspolitik steht daher nicht im Widerspruch zu vielfältigen Allianzen (Foroutan 2019) und der Suche nach dem Gemeinsamen (Hark 2021), sondern bildet eine Basis für Bündnisse mit jenen, die nicht unmittelbar von der jeweiligen Diskriminierung betroffen sind, sich aber zusammen gegen diese und weitere Diskriminierungsverhältnisse positionieren.

Der politische Diskurs wird somit nicht durch Identitätspolitik gefährdet und zersetzt, wie ihre Kritiker_innen behaupten, sondern ist auf diese angewiesen, weil sie ihn laufend um neue Perspektiven erweitert und damit die Auseinandersetzung um die Aktualisierung demokratischer Grundsätze belebt. Diese grundsätzliche Anerkennung des demokratischen Potentials von Identitätspolitiken ermöglicht es dann auch, deren problematische Wendungen in bestimmten Fällen gezielter zu kritisieren. So können Identitätspolitiken mit Essentialisierung und einer unterkomplexen Sicht auf politische Auseinandersetzungen einhergehen, wenn soziale mit inhaltlichen Positionen gleichgesetzt werden, was Villa Braslavsky (2020: 74) als «positionalen Fundamentalismus» bezeichnet. Identitätskonstruktionen können also tatsächlich für eine gemeinsame Aushandlung des Demokratischen zum Problem werden, wenn die eigene Identität als absolut verschieden gesetzt wird und so kontingente Grenzziehungen naturalisiert werden. Damit wird genau das Potential der Identitätspolitik, die Freiheit als Kritik, nicht eingelöst. Ebenso kann sich eine solche exzessive Essentialisierung sprachlich ausdrücken, wenn bestimmte Redeweisen als allgemein (voraus-)gesetzt und nicht ausreichend Bezugspunkte zur gewöhnlichen Sprache hergestellt werden (Mau 2021). Dies wird dann zum Problem, wenn neue Redeweisen nicht allgemeinverständlich vermittelt und übersetzt werden, weil die erforderlichen – aufgrund sozialer Positionen unterschiedlich verteilten – Ressourcen, die für das Lernen eines identitätssensiblen Sprachgebrauchs benötigt werden, nicht ausreichend mitgedacht werden. Diese Problematiken von Identitätspolitik können allerdings vermieden werden, wenn die Konstruktion der eigenen Identität durch die Prozesse der Subjektivierung, Artikulation und Repräsentation kritisch reflektiert wird. Die kritische Selbstreflexion prägt in heutigen Identitätspolitiken zwar nicht jede einzelne Handlung und Äußerung, ist aber eine Konstante in identitätspolitischen Theorien. Die wirken meinem Eindruck zufolge insofern auch auf die Praxis, als dass es immer wieder Diskussionen um Ein- und Ausschlüsse gibt, wie ich es am Beispiel der schwulen Identitätspolitik beschrieben habe.

Elitenprojekt? Wieso Identitätspolitik Repräsentant_innen braucht

Repräsentation als ein zentrales Element der Identitätspolitik zu bestimmen, heißt auch: Identitätspolitik braucht Repräsentant_innen. Das führt zu einer Reihe an Fragen und Problemen: Wer darf für eine Gruppe sprechen? Wie lässt sich legitime von illegitimer Repräsentation unterscheiden? Und auf wen sollte gehört werden, wenn verschiedene Akteure für sich in Anspruch nehmen, eine Gruppe zu repräsentieren? Ein Problem ist dabei besonders zentral: *elite capture*, das Ein- und Übernehmen von Identitätspolitik durch Eliten. Sind die selbsternannten Repräsentant_innen der Identitätspolitik nicht meist aus einer gebildeten und selbst privilegierten Schicht, die mit komplizierten Theorien an den eigentlich diskriminierten Menschen vorbeireden? Verfolgen sie nicht eigene politische Ziele – die sie meist an Universitäten gelernt haben, wie beispielsweise politisch korrekte Sensibilität gegenüber Ausdrucksweisen –, die gar nichts mit den Interessen der Leute auf der Straße zu tun haben? Machen Sie nicht selbst Karriere, indem sie sich als ‹woke› Fürsprecher_innen von Minderheiten ausgeben?

Das Problem des «elite capture» ist auch deshalb so wichtig, weil es einerseits real ist – es wird von Theoretiker_innen der Identitätspolitik diskutiert (Táíwò 2022) und ist Teil der kontinuierlichen selbstkritischen Auseinandersetzung, die einen Wesenskern von (progressiver) Identitätspolitik darstellt. Andererseits ist es aber auch ein Teil des argumentativen Waffenarsenals, das in den aktuell heiß gelaufenen Debatten von konservativer Seite gegen Identitätspolitik vorgebracht wird. Das Argument, dass Identitätspolitik nur ein abgehobenes Elitenprojekt sei, ist aus Sicht der Kritik an Identitätspolitik der Todesstoß: Identitätspolitik zersetze nicht nur die Demokratie, indem sie Minderheiten zu viel Macht gebe, sondern sie repräsentiere noch nicht mal die Interessen dieser Minderheiten (Wagenknecht 2021: 113). Um die Interpretation von Identitätspolitik als notwendig für die Demokratisierung der Demokratie zu verteidigen ist es also wichtig, das reale und gleichzeitig strategisch genutzte Problem des *elite capture* zu lösen. Dazu entwickle ich im Folgenden Vorschläge, indem ich neuere Theorien der demokratischen Repräsentation in Hinblick auf identitätspolitische Repräsentation diskutiere.

Representational Turn. Der Begriff der Repräsentation war in der politischen Theorie lange randständig. Repräsentation wurde tendenziell als ein Gegensatz zur Demokratie gesehen, eher als ein notwendiges Übel moderner Politik, denn als notwendiges Element von Demokratie. Dies lässt sich auf die Präferenz für direkte Demokratie in der normativen Demokratietheorie zurückführen, die die Forschung lange geprägt hat (Young 2000: 124f.) und in der Theoriebildung teilweise heute noch anhält, insbesondere wenn sie eine Nähe zu sozialen Bewegungen hat (Lorey 2020). Und auch die deliberative Demokratietheorie hat der Repräsentation einen untergeordneten Stellenwert zugesprochen und stattdessen die Öffentlichkeit als eine Sphäre des möglichst rationalen Austauschs von Argumenten fokussiert (Brito Vieira 2017a: 1f.). Dies hat sich mit dem sogenannten *representational turn* in den 2000er Jahren gewandelt, der Repräsentation konzeptuell und normativ ins Zentrum der Demokratie rückt: ohne Repräsentation keine Demokratie.

Das Kernargument des *representational turn* lautet, dass der Wille des Volks, das in der Demokratie herrschen soll, erst durch Repräsentation hergestellt wird. Das liegt eigentlich auf der Hand: Was ist denn dieser Volkswille? Er ist ja nicht einfach da, sondern muss ausgehandelt, dargestellt, beschrieben, eingegrenzt und auf einen Begriff gebracht werden. Das geschieht durch Repräsentation (Martinez Mateo 2018: 17). Die Vorstellung einer ursprünglichen Einheit des Volkes und seines Willens hat Iris Marion Young als «Metaphysik der Präsenz» kritisiert (Young 1997: 349–376). Aus einem von Unterschieden und Differenzen geprägtem losen Zusammenschluss von Menschen entwickelt sich erst durch Repräsentationsprozesse, in denen diese Differenzen ausgehandelt werden, ein Volk mit einem gemeinsamen Willen. Ohne Repräsentation gibt es also keinen demokratischen Souverän. Während der *representational turn* die grundsätzliche Bedeutung von Repräsentation für demokratische Aushandlungsprozesse erläutert, rückt der *constructivist turn* der Debatte um Repräsentation das darin schon angelegte konstruktivistische Element in den Mittelpunkt: Die unterschiedlichen Identitäten und Interessen von Gruppen der konstituierenden Macht sind nicht schon vorhanden, bevor sie repräsentiert werden, sondern werden erst durch Repräsentation konstruiert (Brito Vieira 2017b; Castiglione/Pollak 2019; Disch et al. 2019). Die Beziehung zwischen Repräsentierten und Repräsentant_innen ist also keine spiegelbildliche Korrespondenz, sondern ein dynamischer gegenseitiger Konstitutionsprozess (Disch 2015).

Eine zentrale Diagnose der konstruktivistischen Repräsentationstheorie lautet, dass ein klassischer, formal-institutioneller Repräsentationsbegriff, der Repräsentation im Rahmen eines durch Wahlen erteilten Mandates fokussiert, für die Gegenwart nicht mehr ausreichend ist. Vielmehr ist informelle Repräsentation jenseits der Mandatsrepräsentation in Parlamenten immer wichtiger geworden. Dies liegt an der komplexer und indirekter gewordenen politischen Steuerung in der globalisierten Welt. Denn politische

Macht ist heute weniger in nationalen Parlamenten zentriert, als vielmehr dezentralisiert durch mannigfaltige Abhängigkeiten zwischen internationaler Politik, ökonomischen Prozessen, rechtlichen Rahmenbedingungen, der öffentlichen Debatte und wissenschaftlichen Erkenntnissen (Dovi 2012). Entscheidungen werden heute durch Expert_innen, internationale Organisationen und zivilgesellschaftliche Akteure beeinflusst – und solcher Einfluss geschieht über informelle Akte der Repräsentation. Wahlen sind örtlich begrenzt, während informelle Repräsentation ortunabhängig ist (Näsström 2011). Darüber hinaus sind für die langfristige Entwicklung der Politik einzelne Repräsentant_innen weniger wichtig als die Repräsentation von unterschiedlichen Positionen in Diskursen (Dryzek/Niemeyer 2008).

Nun könnte dieser Rückgang parlamentarischer Macht als Krisendiagnose zum Verfall der Demokratie verstanden werden. Hier setzt jedoch die neue Repräsentationstheorie an und verkompliziert das Bild, indem sie unseren normativen Begriff von Demokratie korrigiert, der durch eine Beschränkung auf Wahlen wichtige Aspekte moderner Politik nicht berücksichtigt. Nadia Urbinati (2019) weist darauf hin, dass Demokratie nicht nur eine Sache des Willens und der Entscheidung ist, sondern auch des Urteilens. Repräsentation setzt Diskurse und Debatten in Gang – sie ist quasi das Schmiermittel der öffentlichen Deliberation, durch die Bürger_innen demokratische Kontrolle ausüben. Demokratie definiert sie deshalb als Dualität von Wollen (Entscheidung) und Urteilen. Ideen werden auf Grundlage ihrer Repräsentation diskutiert, der (immer vorläufige) Wille wird so gebildet, und Regierungen sind temporär mit seiner Umsetzung in Entscheidungen vertraut. Effektive öffentliche Debatten und Kontrolle sind in diesem Modell also ein unverzichtbares und komplementäres Pendant zu Wahlen. Der deliberativen Demokratietheorie wirft Urbinati andererseits vor, die Bedeutung von institutionalisierten Entscheidungen zu vernachlässigen und so ein unvollständiges Bild von repräsentativer Demokratie zu zeichnen (Urbinati 2019).

Aber wie trägt Repräsentation zur Konstitution von Gruppen

und zur öffentlichen Deliberation bei? Michael Saward (2010) erläutert, dass Repräsentation als «claim making» verstanden werden sollte, also als das Vorbringen von Repräsentationsansprüchen. Das geschieht auch jenseits von Wahlen und Institutionen; im Mittelpunkt steht vielmehr die Performativität, also die Herstellung des Repräsentierten im Akt der Repräsentation (Saward 2014: 725; 2017). Repräsentationsansprüche sind Identitätsangebote, die angenommen, diskutiert, kritisiert und abgelehnt werden können – und so zur Konstitution von Identität und Interessen beitragen. Repräsentation entsteht, wenn Repräsentant_innen *claims* über sich selbst, ihre *constituency* (die zu repräsentierende Gruppe) und die Verbindung zwischen beiden macht, und diese *claims* dann vom Publikum angenommen werden. Genauer: «A maker of representations (M) puts forward a subject (S) which stands for an object (O) which is related to a referent (R) and is offered to an audience (A)» (Saward 2006: 302). Diese differenzierte Definition ermöglicht es, unterschiedlichste Arten von Repräsentation zu analysieren. Es ist zum Beispiel auch Repräsentation, wenn ‹woke› Aktivist_innen (*maker*) konservativen (eventuell alten, eventuell männlichen) politischen Gegnern (*referent*) vorwerfen, wie ein ‹alter Weißer Mann› (*subject*) zu argumentieren und damit das Patriarchat (*object*) zu verkörpern; ein *claim*, der bei ‹woken› Publika (*audience*) wohl mehr Akzeptanz finden wird als bei konservativen. In diesen Differenzierungen wird der konstitutive Aspekt der Repräsentation deutlich: Sie referiert nicht einfach auf eine gegebene *constituency* (hier der konservative politische Gegner), sondern konstruiert sie, indem sie eine Idee darüber vorschlägt, wie diese *constituency* beschaffen ist (Patriarchat) (Disch 2015: 493). Gleiches gilt natürlich auch für einfachere, positive Fälle: Angela Merkel stellte sich als Kanzlerin (*maker* und *subject*) dar, die für das Wohl der Deutschen agiert (*object*), um die Deutschen (*referent*) zu repräsentieren, damit sie von Wähler_innen gewählt und international respektiert wird (*audience*). ‹Die Deutschen› gibt es nur durch solcherlei Repräsentationsansprüche, die Angebote zu ihrer Charakterisierung unterbreiten. In Hinblick auf die Diskussion der Rolle von Eliten ist es deshalb wichtig, den radikaldemokratischen Gehalt der konstruktivistischen Repräsentationstheorie hervorzuheben: Repräsentant_in kann grundsätzlich jede_r sein, denn alle Personen können Repräsentationsansprüche erheben; und die Positionen der Repräsentant_innen und *constituencies* sind deshalb nicht festgelegt, sondern kontestabel und reversibel.

Unbeschadet dieser grundsätzlichen radikaldemokratischen Möglichkeit der Revision von Repräsentation, zeigt der konstruktivistische Repräsentationsbegriff auch die Gefahr des *elite captures* auf: Wenn die Gruppenidentität und Interessen der *constituencies* aktiv von Repräsentant_innen hervorgebracht werden, können Eliten – verstanden als privilegierte Repräsentant_innen mit großen monetären, sozialen oder kulturellen Ressourcen, die von historischen Ungerechtigkeiten profitieren – diese Gruppenidentität nach ihren eigenen Interessen formen. Das Problem ist nicht nur ein empirisches, sondern ein grundsätzliches: Lassen sich ‹wahre Interessen› der *constituencies* überhaupt von solchen unterscheiden, die ihnen durch Manipulation von Repräsentant_innen aufgedrängt werden? Lisa Disch gibt drei aufeinander aufbauende Antworten auf dieses Problem (Disch 2011, 2015). Zunächst einmal die empirische und realistische Analyse, dass politische Repräsentation immer auch Anteile von strategischem Machthandeln aufweist, das als manipulativ bezeichnet werden könnte. Das allein ist aber nicht problematisch, weil die im strategischen politischen Wettkampf erhobenen Repräsentationsansprüche notwendig dafür sind, dass Bürger_innen stabile und kohärente Präferenzen überhaupt ausbilden können (Disch 2011: 101). Dies geht zweitens damit einher, die Unterscheidung zwischen Manipulation und wahren Interessen bzw. herrschaftsfreier Kommunikation – die üblicherweise als «grundlegende Norm» (Disch 2011: 100) dafür angesehen werden, dass Repräsentation demokratisch ist – einer Kritik zu unterziehen. Einflussnahme und strategisches Handeln, das zur Ausbildung von Identitäten und Interessen führt, sind in der Politik allgegenwärtig, ohne dass dies deshalb als Manipulation skandalisiert werden sollte. Legitimität über gegebene Präferenzen (klassische Repräsentationstheorie) oder kommunikatives Handeln (deliberative Demokratietheorie) zu bestimmen, ist folglich sozialtheoretisch problematisch, weil diese Kriterien nicht erfüllbar sind (Disch 2011: 102). Drittens erläutert Disch unter dem Begriff der «mobilizing conception» eine angemessenere Normativität der Repräsentation: Reflexivität, verstanden als das Mobilisieren von Einwänden der Repräsentierten. Reflexive Repräsentation ist produktiv und für den demokratischen Prozess unverzichtbar, weil sie politische Konflikte klärt und so bearbeitbar macht. Zentral ist, ob es effektive Mechanismen gibt, mit denen Einwände von unterschiedlichsten Seiten nicht nur vorgetragen werden können, sondern sich auch Gehör verschaffen (Disch 2011: 110f.). Das Augenmerk liegt hier also auf den Prozessen der Auseinandersetzung, Kritik und Reflexion, die durch Repräsentation – einschließlich des strategischen Handelns von Eliten – in Gang gesetzt werden. Und Elitenmanipulation ist nur dann ein Problem der Repräsentation, wenn es solche Reflexivität nicht gibt – beispielsweise bei Putins Repräsentation des russischen Volks.

Für Identitätspolitiken bedeutet die neue Repräsentationstheorie deshalb zunächst: Ohne Repräsentation kann es gar keine Identitätspolitik geben. Wie überall in der Politik ist auch hier Repräsentation konstitutiv. Und das heißt natürlich auch, dass in der Identitätspolitik *elite capture* auftreten kann. Die Repräsentationstheorie hilft aber, das Problem des *elite capture* in der Identitätspolitik genauer zu beschreiben, und zwar durch eine Verallgemeinerung und eine Präzisierung: *Elite capture* ist kein spezifisches Problem der Identitätspolitik, sondern ein allgemeines Problem aller Repräsentation – das ist ein wichtiges Argument gegen die konservativen Kritiker_innen, die *elite capture* nur in der Identitätspolitik kritisieren. Und es ist, sowohl im Allgemeinen als auch bei der Identitätspolitik, nur ein potentielles Problem, das dann auftritt, wenn Repräsentation nicht reflexiv ist. Was das für identitätspolitische Repräsentation genau bedeutet, wie sie also demokratisch und nicht manipulativ gestaltet werden kann, diskutiere ich im nächsten Abschnitt.

Legitime Repräsentation und demokratische Identitätspolitik. In der Identitätspolitik haben selbsternannte Repräsentant_innen eine wichtige Funktion. Da Identitätspolitiken verhältnismäßig wenig parteipolitisch institutionalisiert sind, findet deren Repräsentation zu einem erheblichen Maß jenseits der Legitimation durch Wahlen statt. Solch informelle identitätspolitische Repräsentation ist nicht weniger wichtig für die Demokratisierung der Demokratie als parlamentarische Repräsentation. Im Gegenteil bildet sie die Grundlage und den Anfangspunkt für jede Institutionalisierung inklusiver Politik. Allerdings bringen die bei selbsternannten Repräsentant_innen eingeschränkten formalen Kontroll- und Legitimationsmechanismen spezifische Gefahren des Scheitern und des Missbrauchs durch *elite capture* mit sich.

Laura Montanaro (2019) zufolge ist die entscheidende Frage zur Beurteilung dieser Gefahr, ob selbsternannte Repräsentant_innen von ihrer *constituency* autorisiert werden und ihr Rechenschaft ablegen. Dies kann durch formale Organisationen oder diskursiv geschehen, also einerseits durch Mitgliedschaft, Spenden und interne Wahlen, oder andererseits durch die Zustimmung zu und Verbreitung von öffentlichen Statements, insbesondere in *social media* (Montanaro 2019: 191). Wichtig ist, dass es sich um serielle Prozesse handelt, durch die Reflexivität, Aushandlung und damit Identitätsbildung stattfinden (ebd.: 193). Natürlich kann hierbei die Autorisierung auch entzogen werden, beispielsweise durch Austritte aus Organisationen oder öffentliche Kritik. Die teilweise heftigen Dynamiken bei identitätspolitikinterner Kritik und beim ‹Canceln› von diskursbestimmenden Personen bei (vermeintlichen) Fehltritten lässt sich deshalb nachvollziehen als Bestandteil solcher Repräsentationsprozesse, für die es notwendig ist, dass selbsternannte Repräsentant_innen zur Rechenschaft gezogen werden. Die Existenz solcher effektiven Kontrollmechanismen ist ein Hinweis für die jeweilig funktionierenden identitätspolitischen Repräsentationsmechanismen – und kann deshalb als Beleg für die Legitimität der nicht-kritisierten Repräsentant_innen gewertet werden. Die zentrale Frage zur Bewertung von identitätspolitischer Repräsentation ist, inwieweit die *constituency* empowered wird und einen eigenen Standpunkt entwickelt, indem sie Repräsentant_innen autorisiert bzw. zur Rechenschaft zieht. Legitim sind nach Disch solche Repräsentationsansprüche, die von der *constituency* angenommen werden (Disch 2015). Die dafür notwendige kritische Reflexion der Repräsentationsangebote wird durch gelungene – plurale und empowernde – Prozesse der Repräsentation ermöglicht. Wichtig ist dabei, dass auch tatsächlich diejenigen empowered werden, Einfluss auszuüben, von denen die selbsternannten Repräsentant_innen behaupten, sie zu vertreten. Legitim ist selbsternannte Repräsentation also, wenn die Stimmen derjenigen, um die es geht, gestärkt werden (Montanaro 2012: 1095 f.). Solches Empowernment sollte auch ermöglichen, dass Repräsentierte selbst als Repräsentant_innen aktiv werden können. Während also die Differenz zwischen Repräsentanten und Repräsentierten unaufhebbar ist, misst sich die Legitimität von Repräsentation auch daran, wie reversibel diese Positionen sind.

Dieser normative Anspruch zeigt auch, wie selbsternannte Repräsentation scheitern kann. Montanaro unterscheidet drei Fälle, wobei der erste, die verzerrte Repräsentation, besonders relevant für das Problem des *elite capture* in der Identitätspolitik ist. Verzerrt ist Repräsentation, wenn sie asymmetrisch privilegierte Subgruppen – mit anderen Worten: Eliten – befördert. Das Besondere an solch verzerrter Repräsentation ist, dass das Publikum (in diesem Fall die Mehrheitsgesellschaft) sie oft als legitim wahrnimmt. Eine privilegierte Subgruppe baut ihre Stellung so auf Kosten von anderen Subgruppen aus, die dadurch für die Mehrheitsgesellschaft unsichtbar gemacht werden. Sie geht meist einher mit einer einseitig essentialisierenden und ausschließenden Konstruktion der betreffenden Identität. Es geht beim Problem der verzerrten Repräsentation also um die Frage, wer eigentlich zur jeweiligen Identität zählt. Im Falle verzerrter Repräsentation wird diese Frage einseitig, unter Ausblendung von Intersektionalität im Sinne einer Reflexion unterschiedlicher, sich überschneidender Unterdrückungsachsen, beantwortet. Montanaro führt als Beispiel für verzerrte Repräsentation an, wie in der Frauenbewegung lange Zeit Rassismus und Klassenposition als zweitrangige Probleme behandelt wurden, was feministische Repräsentation zum Vorteil von Weißen bürgerlichen Frauen verzerrt hat. Deren spezifische soziale Position wurde so zur allgemeinen Idee des Frauseins gemacht (Montanaro 2019: 196). Auch die Repräsentation der schwulen Identitätspolitik ist, wie zuvor beschrieben, verzerrt in Richtung einer bürgerlichen Homonormativität, bei der es vor allem um den Einsatz für die Ehe für alle ging, wodurch queere Lebensstile abgewertet werden (Schubert 2022). Solche verzerrte Repräsentation lässt sich unter anderem mit einer asymmetrischen Macht- und Ressourcenverteilung innerhalb einer identitätspolitischen *constituency* erklären. Die Kritik dieser Verteilung und damit die Neuaushandlung darüber, wie die Identität überhaupt verstanden werden sollte, gehört gewissermaßen zur DNA der Identitätspolitik. Sie ist die immerwährende Kritik verzerrter Repräsentation, bezüglich der allgemeinen politischen Institutionen ebenso wie bezüglich der Machtverhältnisse und Ressourcen innerhalb identitätspolitischer Projekte. Mit anderen Worten: Legitime identitätspolitische Repräsentation ist intersektional. Genau darum geht es in dem Text, der heute als Gründungsdokument der Identitätspolitik gilt: Das «Black Feminist Statement» des Combahee River Collective (CRC). Im Jahr 1974 haben sich Schwarze Frauen in Boston zum CRC zusammengeschlossen, um ihre Unterdrückung zu reflektieren. Im Statement definieren sie Identitätspolitik als Fokus auf die eigene Repression als Schwarze Frauen und begründen deren Notwendigkeit mit verzerrter Repräsentation (Combahee River Collective 1979). Denn sowohl in der Schwarzen Bürgerrechtsbewegung als auch im Weißen Feminismus waren sie zwar mitgenannt, aber nicht mitgemeint – sie waren nicht repräsentiert.

Während ein solche verzerrte Repräsentation zwar ein Problem von Machtasymmetrien und Privilegien ist, das man mit dem Begriff des ‹elite capture› bezeichnen kann, sollte es dennoch von der generellen Kritik an identitätspolitischer Repräsentation durch herausgehobene Repräsentant_innen unterschieden werden. Die Diskussionen um verzerrte Repräsentation sind nämlich integraler

Bestandteil der langfristigen diskursiven Entwicklung von identitätspolitischen Projekten und der Machtkämpfe, die innerhalb dieser Projekte von unterschiedlichen Subgruppen ausgetragen werden. Diese Subgruppen wiederum werden selbst durch Repräsentant_innen konstituiert und moderiert. Kurz, verzerrte Repräsentation ist kein Problem des Einflusses identitätspolitischer ‹Eliten›, verstanden als herausgehobene Repräsentant_innen jeweiliger Subgruppen und Diskurse. ‹Eliten› in diesem Sinne gibt es nicht nur auf allen Seiten identitätspolitischer Auseinandersetzungen – es gibt ‹Eliten› des Schwarzen Feminismus genauso wie ‹Eliten› des Weiß-bürgerlichen Feminismus, es gibt queere ‹Eliten› genauso wie schwule ‹Eliten›. Solche ‹Eliten›, also herausgehobene, diskursstiftende Repräsentant_innen, sind notwendig zur weiteren Entwicklung der jeweiligen identitätspolitischen Positionen.

Das Problem des *elite capture* in der Identitätspolitik wird also verschoben: Es ist unerheblich, wie ‹elitär› identitätspolitische Repräsentant_innen sind und ob sie auch eigene Interessen verfolgen. Beides wird man den meisten identitätspolitischen Repräsentant_innen in der einen oder anderen Form nachweisen können. Vielmehr ist das zentrale Kriterium für *elite capture*, ob privilegierte Subgruppen Prozesse der Aushandlung legitimer Repräsentation verhindern, oder Kritik an Repräsentationsansprüchen zu intersektionaler Ausdifferenzierung führt. Der normative Maßstab, an dem identitätspolitische ‹Eliten› gemessen werden sollten, ist deshalb, ob sie durch ihre Repräsentationsangebote zum Empowerment ihrer *constituency* beitragen, Machtasymmetrien und verzerrte Repräsentation zu kritisieren, und so die Entwicklung eines gemeinsamen identitätspolitischen Standpunktes unterstützen. Identitätspolitik kann demokratisch genannt werden, wenn sie beim Ringen um bessere Repräsentation in den Institutionen der Mehrheitsgesellschaft wirksam gegen eigene Repräsentationsverzerrungen vorgeht.

4

Universalismus und Partikularismus
Das Problem der sozialen Positionen

Im zweiten Kapitel habe ich den verbreiteten Diskurs zu ‹Political Correctness› kritisiert. Im vorangegangenen Kapitel habe ich dann mit dem Konzept der konstruktivistischen Identitätspolitik einen präziseren Begriff der Identitätspolitik vorgeschlagen, in dessen Mittelpunkt die Transformation von Identitäten steht. Im aktuellen Kapitel beschäftige ich mich nun mit einem ganz entscheidenden Einwand gegen dieses Konzept: Dass es zu Relativismus und Fundamentalismus führe, wenn man identitätspolitischen Stimmen besonderes Gewicht zuspricht.

Auch dieser Einwand ist aus der Debatte bekannt: Vernunft und Universalismus sind zwei zentrale Schlagworte der Kritik an Identitätspolitik. Ihr wird vorgeworfen, beide zu zersetzen, indem sie die Standpunkte bzw. sozialen Positionen von Sprecher_innen zum zentralen Kriterium dafür mache, wer Gehör finden solle. Damit, so der Vorwurf, wolle sie die Machtverhältnisse schlicht umkehren: Auf den diskriminierenden Ausschluss aus dem Diskurs reagiere sie, indem sie die von Diskriminierung Betroffenen zu den einzigen Sprechberechtigten deklariere. Doch wenn es mehr darum gehe, wer spricht, als darum, was gesagt wird und ob es vernünftig ist, werde der demokratische Diskurs unterminiert. Deshalb sei dann auch keine gemeinsame Orientierung an universellen Werten mehr möglich. Identitätspolitik schieße so über das Ziel der Gleichberechtigung hinaus und baue sogar noch neue Diskriminierungen auf.[1]

Diese Kritik trifft tatsächlich ein Problem der Identitätspolitik, insbesondere der radikaldemokratischen Interpretation von Identitätspolitik, wie ich sie in den vorherigen Kapiteln entwickelt habe. Denn die radikaldemokratische Interpretation der Identitätspolitik betont, dass Institutionen immer auf Ausschlüssen beruhen, die auch den Bereich des Sag- und Denkbaren betreffen. Diese epistemischen Ausschlüsse führen dazu, dass diskriminierte Menschen nicht nur einfach benachteiligt sind, sondern dass sie darüber hinaus keine Stimme haben und kein Gehör finden. Identitätspolitik ermöglicht ihnen, überhaupt eine Stimme – einen Standpunkt – zu entwickeln, um dann auf dieser Grundlage Diskriminierungen benennen und kritisieren zu können. Das kann die mehrheitsgesellschaftliche Perspektive allein nicht leisten, weil sie auf denjenigen Grenzen des Denk- und Sagbaren beruht, die eine Grundlage der Diskriminierungen sind. Aus dieser Analyse folgt, dass ein identitätspolitischer Standpunkt gegenüber der mehrheitsgesellschaftlichen Perspektive privilegiert werden sollte, weil er in der Lage ist, Diskriminierungen objektiver zu analysieren.

Diese Auffassung kann leicht als relativistisch interpretiert werden: Wenn durch die soziale Position vorbestimmt ist, wem Gehör geschenkt werden sollte, dann geht es nicht mehr um eine vernünftige Diskussion, bei der gute Gründe gewinnen, sondern nur noch um die partikulare soziale Position, aus der heraus Personen sprechen. Und ohne die Basis einer geteilten Vernunft gibt es auch keine gemeinsame Verständigung auf universelle Werte. Wenn es aber ohnehin keine gemeinsamen Werte gibt, dann liegt es außerdem nahe, Politik in erster Linie als Machtpolitik zwischen Identitätsgruppen zu verstehen und – diesen Gedanken konsequent weiterdenkend – auch innerhalb dieser Gruppen immer weiter zu individualisieren (siehe hierzu Haider 2018). Susan Neiman (2023b) formuliert diese Kritik radikal und führt das Problem darauf zurück, dass Identitätspolitik einem Foucault'schen Machtbegriff folge, der Vernunft auf Macht reduziere. Von Gerechtigkeit zu reden sei deshalb für die (nach Neiman von Foucault inspirierten) ‹Woken› nichts weiter als ein Machtmittel, mit dem Herrschaft geschickt aufrechterhalten werden könne, weshalb sie auch selbst zynische Machtpolitik betrieben. Der Vorwurf des Zynismus ist für das ähnlich argumentierende Buch *Zynische Theorien* von Pluckrose und Lindsey (2022) sogar titelgebend. Wegen ihres machttheoretischen Relativismus sei Identitätspolitik eigentlich anti-aufklärerisch.

Dieses Problem schlägt sich tatsächlich in der Praxis nieder. Beispielsweise kann der Hinweis auf die Standpunktabhängigkeit des Wissens als Machtmittel missbraucht werden, um anderen in Debatten das Wort zu verbieten. Das Buch *Beissreflexe* ist ein Sammelband, der die jüngere Diskussion um Identitätspolitik im deutschsprachigen Raum maßgeblich befeuert hat und das Problem behandelt, indem eine ganze Menge Anekdoten über unschöne Übertreibungen und unsolidarische Machthandlungen innerhalb linker Gruppen erzählt werden (l'Amour laLove 2017; siehe kritisch dazu Biskamp 2017 sowie Bergermann 2020). Und es gibt selbst dann noch ein Problem, wenn Akteure ehrlich für die Gleichheit und Freiheit aller eintreten und gar keine missbräuchliche Machtpolitik betreiben. Denn die Überlegungen zur Standpunktabhängigkeit des Wissens setzen einen generellen Zweifel bezüglich der eigenen Position in die Welt, die dazu führen kann, identitätspolitische Behauptungen nicht mehr kritisch zu überprüfen und auch widersinnige Positionen zu unterstützen – mit der Konsequenz, der Machtpolitik anderer letztlich auf den Leim zu gehen. Darüber hinaus kann diese epistemische Unsicherheit auch zu einer Verlagerung von Diskussionen führen, wenn noch nicht einmal Einigkeit darüber besteht, wer überhaupt diskriminiert ist und deshalb privilegiert werden sollte. In der Folge kommt es dann nahezu unumgänglich zu einem Streit auf der Meta-Ebene darüber, wer am meisten diskriminiert sei und folglich eine besondere Sprechberechtigung verdiene. Entsprechend werden solche Auseinandersetzungen insbesondere in der linken und aktivistischen Szene als «Opfercontest» beschrieben (Susemichel/Kastner 2018: 131). Diese Diskussionen können dann die eigentlichen inhaltlichen Diskussionen überlagern (Haider 2018: 34 ff.).

Kritiker_innen der Identitätspolitik verteidigen deshalb oft Vernunft und Universalismus als Basis von Politik. Sie bestehen darauf, dass Diskussionen nicht mit dem Verweis auf Standpunkte entschieden werden können und dass das Ziel von (progressiver) Politik immer sein müsse, universalistisch – für alle Menschen und auf Basis universeller Werte – zu agieren. Den Universalismus so gegen die Identitätspolitik ins Feld zu führen, ist tatsächlich der kleinste gemeinsame Nenner fast aller Stimmen, die sich in der Debatte zur Identitätspolitik kritisch engagieren. Das Argument wird auf unterschiedliche Weise vorgetragen: Es wird philosophisch abstrakt formuliert, wie bei Neiman und Boehm mit Bezug auf Kant (siehe dazu auch den Abschnitt zu Foucault im ersten Kapitel), oder aber durch eine Kritik unterschiedlicher identitätspolitischer Theorieschulen artikuliert, wie bei Pluckrose und Lindsey, oder politiktheoretisch entwickelt (im dritten Kapitel hatte ich die drei verschiedenen Universalismus-Bezüge des Liberalismus, Kommunitarismus und der Kritischen Theorie bzw. der Kapitalismuskritik unterschieden). Auch feuilletonistische und politische Meinungsbeiträge argumentieren auf diese Weise. So hat beispielsweise Wolfgang Thierse in der FAZ gefragt: «Wie viel Identität verträgt unsere Gesellschaft?» (Thierse 2021). Er behauptet dabei, dass Identitätspolitik das gemeinsame Fundament der Gesellschaft zu untergraben drohe, und appelliert entsprechend an diejenigen, die sich für den Respekt von Vielfalt einsetzen, «in noch größerem Ausmaß die Bereitschaft und Fähigkeit [an den Tag zu legen, K. S.], das Eigene in Bezug auf das Gemeinsame, auf das Gemeinwohl zu denken und zu praktizieren, also auch das Eigene zu relativieren». Dafür bezieht er sich sowohl auf Grundwerte der liberalen Gesellschaft wie Freiheit, Gerechtigkeit und Solidarität, als auch auf die «geschichtlich geprägten kulturellen Normen, Erinnerungen, Traditionen.»[2]

In diesem Kapitel werde ich deshalb das Verhältnis von Identitätspolitik und Universalismus genauer unter die Lupe nehmen.

Konkret werde ich – gegen die beschriebene Phalanx der Universalismus-Verteidiger_innen – argumentieren, dass ein gewisser Partikularismus notwendig ist, um das Versprechen des Universalismus zu konkretisieren und besser einzulösen. Partikularismus ist der Gegenbegriff zu Universalismus, der sich nicht auf das Allgemeine, sondern auf das Besondere bezieht. Mein Argument lautet, dass es notwendig ist, vom Besonderen auszugehen, *um zum Allgemeinen zu kommen*. Weniger philosophisch ausgedrückt: Wir brauchen identitätspolitische Kritik, damit sie der Gesellschaft den Spiegel vorhält, denn nur so können wir die Gesellschaft tatsächlich für alle besser machen. Das heißt, ich wende mich nicht gegen den Universalismus per se, sondern ich mache einen Vorschlag, wie man ihn besser erreichen kann.

Erstens erläutere ich, warum eine klassische universalistische Position, wie sie von den meisten Kritiker_innen der Identitätspolitik vertreten wird, unplausibel ist. Im zweiten Abschnitt geht es dann um die Verteidigung der Grundthese, dass unterdrückte Wissensperspektiven privilegiert werden sollten, da unser Wissen standpunktabhängig ist.[3] Im dritten Abschnitt diskutiere ich dann die Gefahr des Relativismus, die dieser Position tatsächlich innewohnt. Und im vierten Abschnitt schlage ich dann vor, Macht und Vernunft bzw. Partikularismus und Universalismus als oszillierende Pole zu denken. Der Universalismus wird dadurch also nicht abgeschafft, sondern neu gedacht, und zwar als ein notwendig aus dem Partikularismus gespeister – als ein partikularistischer Universalismus.[4]

Kritiken am klassischen Universalismus

Ist Identitätspolitik tatsächlich anti-universalistisch, wie ihre Kritiker_innen behaupten? Sie ist es – aber anders, als die Kritiker_innen es darstellen. Sie ist es aus guten Gründen, nämlich weil der traditionelle Universalismus selbst widersprüchlich und eine Wurzel derjenigen Ausschlüsse ist, die Identitätspolitik erst nötig machen. Ich möchte argumentieren, dass eine einfache Rückkehr zu einem traditionellen Universalismus, wie in der Debatte um Identitätspolitik gefordert, keine Option ist. Vielmehr ist es nötig, von der radikalsten Kritik des Universalismus auszugehen, um diesen dann auf eine neue Grundlage zu stellen.

Der traditionelle Universalismus behauptet, dass es universelle Wahrheiten, Prinzipien und Normen gibt, die für alle Menschen gleichermaßen gelten. Diese Annahme klingt zunächst attraktiv, weil sie Gleichheit und Gerechtigkeit verspricht. Doch in der Praxis hat dieser Universalismus oft dazu geführt, dass bestimmte Gruppen ausgeschlossen oder marginalisiert wurden. Das liegt daran, dass der angeblich universelle Standpunkt in Wirklichkeit häufig die Perspektive derjenigen ist, die bereits Macht und Privilegien haben.

Ich beginne mit der Erläuterung am Beispiel von Susan Neimans (2023) philosophischem Einsatz für den Universalismus, die in der Tradition Kants arbeitet. Das Problem ist hier zunächst, dass der geforderte Universalismus – ähnlich wie bei Boehm (2022) – auf einer abstrakten Position verbleibt. Neiman fordert zum Beispiel eine rationale Debatte und eine nicht-relativistische Haltung, die Verwirklichung von moralischen Prinzipien und Menschenrechten, Gleichheit und Anti-Diskriminierung, Solidarität und einen Einsatz für den Fortschritt. All diesen Forderungen stimme ich zu; sie ergeben sich auch aus der radikaldemokratischen Tradition, auf die ich mich beziehe. Die meisten dieser Forderungen könnten sogar Plakate auf identitätspolitischen Demonstrationen zieren. Sobald man sich aber die wenigen konkreten Beispiele anschaut, die Neiman anführt, zeigt sich: Man kann jeweils mit guter Begründung auch andere Auffassungen vertreten. So findet sich die nicht belegte Behauptung, Black Lives Matter hätte sich von einer universalistischen zu einer partikularistischen Bewegung ohne Bezug auf universelle Werte gewandelt und deshalb an Überzeugungskraft eingebüßt. Und das Recht, seine Pronomen zu ändern, also die geschlechtliche Selbstbestimmung, sei für die ‹Woken› nur deshalb ein wichtiges Ziel, weil sie Angst hätten, kaum etwas anderes ändern zu können.

Das kleine Problem ist, dass – wenn es konkret wird – der Bezug auf den Universalismus nicht mehr ist als eine rhetorische Verstärkung der eigenen Werturteile. Das noch größere Problem liegt aber darin, dass der Universalismus bei Neiman zu einer Eigenschaft wird, mit der politische Gruppen in ‹gut› (Neiman und die ‹universalistische Linke›) und ‹schlecht› (die ‹Woken›) aufgeteilt werden. Nicht universalistisch zu sein wird so zu einer Art Stigma, mit dem selbsternannte Universalist_innen andere Positionen abwerten und aus dem Diskurs ausschließen. Paradoxerweise verhindert genau das den rationalen Dialog, der ja eigentlich ein zentraler Wert der Universalist_innen ist. Diesen universalistischen Diskursabbruch führt Neimans Buch geradezu paradigmatisch vor, weil sie weder auf die Praxis noch auf die Theorie der ‹Woken› eingeht, sondern in erster Linie auf Debatten über Foucault aus den 80ern – weshalb nicht nur unklar bleibt, wer genau gemeint ist, sondern auch, was die Gemeinten eigentlich sagen.

Dieses Problem – dass die Rede von Universalismus oft dazu dient, Vernünftige und Unvernünftige zu trennen, um letztere aus der Debatte auszuschließen – gibt es nun nicht nur in der zeitgenössischen Kritik der Identitätspolitik. Vielmehr betrifft es den traditionellen Universalismus insgesamt, der sich deshalb oft als im Grunde falscher Universalismus herausstellt. Beispielsweise zeigt Charles Mills (1997), dass die Konstruktionen von universalistischen Begründungen in der politischen Theorie und Praxis dahingehend wirken, Schwarze Menschen auszuschließen und Rassismus zu legitimieren. Mills argumentiert, dass der angeblich universelle Gesellschaftsvertrag in Wirklichkeit ein Vertrag zwischen Weißen ist, der auf historischen und sozialen Praktiken basiert, die eine rassistische Hierarchie etablieren und aufrechterhalten. Mir ist wichtig, hier zu betonen, dass solche Kritiken am (falschen) Universalismus natürlich selbst nicht absolut gesetzt werden können. Vielmehr macht Mills ein Gesprächsangebot, um besser zu verstehen, wie und warum Diskriminierungsverhältnisse unsere Gesellschaft tief prägen. Und Neiman – die vor allem gegen solche Kritiken der Aufklärung anschreibt, wie Mills (und eben Foucault) sie vorlegt – ist darin Recht zu geben, dass dies die Aufklärungsphilosophie nicht invalidiert. Kurzum, ich möchte dafür werben, die verschiedenen Kritiken am Universalismus ernst zu nehmen und nicht durch eine überreagierende Abwehr ähnlich schematisch zurückzuweisen, wie solche Universalismuskritik manchmal selbst die hegemoniale Vernunft zurückweist.

Eine dieser Kritiken betrifft die Art und Weise, wie wir meist über Rassismus nachdenken. Offener Rassismus hat in unserer Gesellschaft nachgelassen und ein abstraktes Bekenntnis zu Antidiskriminierung ist recht weit verbreitet (siehe Mau et al. 2023 für Deutschland). In den USA gibt es eine breite Kritik an solchem liberalen (im US-amerikanischen Sinne ‹progressiven›) Antirassismus. Und zwar wegen des (falschen) Universalismus, der dabei eine Rolle spielt. Das Stichwort lautet hier *color blindness*, also Farbenblindheit. Als ‹farbenblind› bezeichnen sich meist Weiße Liberale, wenn sie betonen möchten, dass sie nicht rassistisch seien. Hautfarbe spiele für sie keine Rolle, sondern sie behandelten alle Menschen gleich (Sullivan 2014). Dieses oft emphatisch vorgetragene Bekenntnis zu Gleichheit und Gleichberechtigung ist universalistisch. Das Problem ist, dass Gleichbehandlung bei gleichzeitig rassistischen Strukturen im Effekt trotzdem zu rassistischer Benachteiligung führen kann. *Color blindness* ignoriert die spezifischen Herausforderungen und Diskriminierungen, denen rassifizierte Minderheiten gegenüberstehen, und kann daher als eine Form des falschen Universalismus angesehen werden, die bestehende Ungerechtigkeiten verdeckt. Zudem ist mit diesem emphatischen Universalismus oft eine Ablehnung von Forderungen nach Nachteilsausgleich (*affirmative action*) verbunden, da solche Maßnahmen als ungerecht oder unnötig angesehen werden. Das Problem ist aber auch ein epistemisches: *Color blindness* beruht darauf, soziale Unterschiede zu ignorieren und deshalb auch die damit zusammenhängenden unterschiedlichen Wissensmöglichkeiten zu negieren. Es ist entsprechend ein typisches Resultat von *color blindness*, dass Weiße Personen rassifizierten Menschen rassistische Erfahrungen absprechen. Sie schließen quasi von einem eigenen normativen auf einen grundsätzlichen epistemischen Universalismus: Weil ich alle Menschen gleichwertig erachte, können alle Menschen diskriminierende Situationen und Strukturen gleich einschätzen. Und dieser Fehlschluss führt wiederum dazu, denjenigen, die von Rassismus betroffen sind, weniger zuzuhören.

Wichtig ist für meine Argumentation, dass die Probleme des falschen Universalismus nicht zufällig sind. Sie stecken vielmehr schon im Anspruch, selbst eine universalistische Position zu vertreten und deshalb objektiv und neutral sprechen zu können. Dies berührt auch das Thema des Postfundamentalismus und der radikalen Demokratietheorie, die ich im ersten Kapitel kurz vorgestellt habe und denen es um die Konsequenzen dieses Problems für die Demokratie geht: Dass politische Institutionen auf Wissensordnungen beruhen, die in ihren universalistischen Ansprüchen meist ausschließend sind, weshalb Protest von außerhalb der Institutionen notwendig ist.

Privilegierung von unterdrücktem Wissen

Wenn der Anspruch auf Universalität so problematisch ist, was ist dann die Alternative? Sie liegt darin, von unterdrücktem Wissen auszugehen, also bei der Diskussion über spezifische Diskriminierungen insbesondere auf diejenigen zu hören, die selbst Erfahrung mit diesen Diskriminierungen haben. Aber wieso genau sollten die etwas besser wissen? Wieso sollte man auf sie mehr als auf andere hören?[5] Das ist das Thema der sogenannten Standpunkttheorien. In Standpunkttheorien geht es darum, zu erläutern, warum die kollektive Wissensproduktion davon profitiert, wenn soziale Positionen nicht ausgeblendet, sondern berücksichtigt werden. Mit sozialer Position, sozialem Standort bzw. sozialer Situiertheit sind all diejenigen Umstände gemeint, die uns Menschen zu denjenigen konkreten Individuen machen, die wir sind. Wir sammeln Erfahrungen, die prägen, wie wir denken. Diese Erfahrungen sind natürlich individuell, aber gleichzeitig hängen sie in einer sehr bedeutenden Art und Weise mit gesellschaftlichen Strukturen zusammen, sodass man verallgemeinernd über sie sprechen kann. Unabhängig von ihren individuellen Eigenschaften kann man beispielsweise sagen, dass ein Fabrikarbeiter im England des 19. Jh. ganz anders auf die Welt geblickt hat als eine deutsche Wirtschaftswissenschaftlerin Anfang der 90er Jahre. Die Standpunkttheorien nun vertreten dieses Argument insbesondere in Bezug auf wissenschaftliches Wissen. Das ist für die Diskussion um Identitätspolitik deshalb relevant, weil wissenschaftliche Theorien einen maßgeblichen Einfluss darauf haben, wie wir Diskriminierung verstehen. Darüber hinaus schlagen Standpunkttheorien ein neues Verständnis von Objektivität vor, mit dem die beschriebenen Probleme des traditionellen Universalismus vermieden werden können, der selbst auf einem traditionellen Konzept von Objektivität beruht.

Im Kontext der Wissenschaft argumentieren Standpunkttheorien wie folgt: Einerseits arbeiten in der Wissenschaft – wie überall sonst auch – konkrete Menschen, die ihre Erfahrungen und Prägungen in ihre Tätigkeit einbringen. Doch es handelt sich dabei um eine bestimmte Art von Menschen: An deutschen Universitäten arbeiten beispielsweise meist Menschen aus einer privilegierten sozialen Schicht, die nicht rassistisch diskriminiert werden. Noch vor kurzem waren das sogar überwiegend Männer, und auch heute gibt es in wissenschaftlichen Führungspositionen einen geringen Frauenanteil. Andererseits führt ein traditioneller Begriff von Objektivität in der Wissenschaft jedoch dazu, dass der eben genannte soziale Hintergrund von Wissenschaftler_innen aktiv ausgeblendet wird. Das liegt daran, dass Objektivität traditionell gerade so verstanden wird, dass es dabei darum gehe, sich – durch wissenschaftliche Methoden – so frei wie möglich von subjektiven Faktoren zu machen. Zunächst ist das gut nachvollziehbar und stimmt auch mit unserer Alltagsvorstellung von Wissenschaft überein: Bei der Wissenschaft geht es demnach um die möglichst präzise Untersuchung der Wirklichkeit, und zwar anhand einzelner wissenschaftlicher Objekte. *Objektivität* bezieht sich darauf, sich nur diesem Objekt zuzuwenden, es so gut wie möglich zu fassen und dafür alles dem Objekt

Fremde von der Untersuchung fernzuhalten. Das betrifft vor allem die Person, oder philosophischer gesprochen, das *Subjekt* der Forschenden. Subjektive Geschmacksurteile oder politische Einstellungen sollen das objektive wissenschaftliche Ergebnis nicht beeinflussen. Daher rühren die Kopplungen des Begriffs von Objektivität mit Wahrheit und politischer Neutralität sowie des Begriffs von Subjektivität mit Relativität. Max Weber (1904) hat ein solches Verständnis von Wissenschaft im Ideal der «Werturteilsfreiheit» auf den Punkt gebracht.

Die Standpunkttheorien haben nun gezeigt, dass es unmöglich ist, diesem Anspruch gerecht zu werden. Vor allem in den Sozialwissenschaften ist das gut nachvollziehbar, da es diesen um die Interpretationen von Sinnzusammenhängen geht und Subjekt und Objekt dabei auf komplizierte Weise miteinander verstrickt sind. Soziolog_innen (Subjekt) sind beispielsweise selbst ein Teil der Gesellschaft (Objekt), die sie untersuchen. Die feministischen Standpunkttheorien haben diese Problematik jedoch auch in den Lebens- und Naturwissenschaften beobachtet, wo beispielsweise ein männlich geprägter Blick Untersuchungsergebnisse beeinflusst. So fokussieren medizinische Studien oft auf Männer und vernachlässigen dabei geschlechtsspezifische Unterschiede in Bezug auf Krankheiten (Merone et al. 2022). Und in der Biologie werden überwiegend männliche Tiere in den Blick genommen und als Norm beschrieben (Ogden 2021). Nun könnte man sagen, dass es das Ideal der Objektivität ja gerade deshalb gibt, um sich ihm so gut wie möglich anzunähern und die subjektiven Faktoren immer besser auszuschließen. Das Problem ist aber, dass sich genau dieser Versuch, der die Kernidee der traditionellen Vorstellung von Objektivität bildet, als kontraproduktiv erweist (Harding 2004: 1; siehe auch Toole 2022). Denn er kann das Problem noch verstärken: Wenn versucht wird, die subjektiven Faktoren so stark wie möglich auszuschließen, dann verliert man diese dadurch auch aus dem Blick. Ihr Einfluss auf die Wissenschaft kann dann gar nicht thematisiert werden. Hier zeigt sich ein typisches Problem von Idealisierung:[6] Das klassische Objektivitätsverständnis fasst das Ideal von wissenschaftlicher Objektivität als Abwesenheit von Subjektivität und Politik in der Forschung, auf dessen Basis Wissenschaftler_innen auch in der Praxis zu arbeiten versuchen. So entsteht die Vorstellung, dass die Wissenschaft diesem Ideal tatsächlich entspräche.[7] Die Beobachtung der Standpunkttheorien ist jedoch, dass gerade dieser Anspruch auf Neutralität als Kern wissenschaftlicher Objektivität den jeweiligen Standpunkt von Wissenschaftler_innen verschleiert. Diese konventionelle Sichtweise «verdeckte ihre normativen Merkmale beharrlich hinter einem Schleier behaupteter Neutralität» (Harding 2004: 2). Donna Haraway nennt eine solche Erkenntnistheorie, die Wahrheit mit der Überwindung von Partikularität gleichsetzt, einen «Gottes-Trick» (Haraway 1988: 582) und argumentiert, dass Wissen immer *situiert*, also eingebettet in soziale Kontexte ist. Mit dieser Bezeichnung stellt sie heraus, dass ein universeller Blick von nirgendwo, wie ihn das konventionelle Modell von wissenschaftlicher Objektivität anstrebt, unrealistisch ist – und höchstens von einem alles sehenden Gott erreicht werden könnte.

Standpunkttheorien geht es um die unmittelbar mit Diskriminierung und Identitätspolitik zusammenhängenden Effekte dieses traditionellen Verständnisses von Objektivität. Denn der damit formulierte Anspruch an politischer Neutralität schließt vor allem solche Menschen und ihre Perspektiven aus der Wissenschaft aus, die von Diskriminierungen betroffen sind und zu diesen Diskriminierungen forschen. Die politischen Auswirkungen eines solchen Strebens nach Objektivität und Neutralität sind gewaltig:

> Das Bekenntnis der Wissenschaften zur sozialen Neutralität hat das wissenschaftlich produktive Potenzial einer politisch engagierten Forschung für unterdrückte Gruppen entwaffnet. […] Androzentrische, ökonomisch begünstigte, rassistische, eurozentrische und heterosexistische Denkrahmen sorgten für systematische Unkenntnis und Irrtum nicht nur über das Leben der Unterdrückten, sondern auch über das Leben ihrer Unterdrücker und damit darüber, wie die Natur und die sozialen Beziehungen im Allgemeinen funktionieren (Harding 2004: 5).

Das bedeutet, dass die traditionelle Konzeption von Objektivität dazu führt, dass der partikulare Standpunkt der Privilegierten als allgemeingültig erscheint. Das oben beschriebene Problem der falschen Universalität hat also eine Ursache in einem spezifischen Wissenschaftsverständnis. Standpunkttheorien argumentieren deshalb, dass die Privilegierung von unterdrücktem Wissen zur Überwindung solch falscher Universalität beiträgt. Dafür haben sie den Objektivitätsbegriff weiterentwickelt und den Begriff der «starken Objektivität» (Harding 1993) geprägt, der der sozialen Situiertheit von Subjekten und der Pluralität von Standpunkten Rechnung trägt. Die Kernthese der Standpunkttheorien lautet, dass soziale Positionen in der Forschung und folglich auch in der Politik von Bedeutung sind, da sie Einfluss darauf haben, *was und wie wir wissen können.* Die alltäglichen Erfahrungen von unterschiedlichen Gruppen unterdrückter Menschen sind für die Entwicklung von möglichst objektiven Gesellschaftstheorien demnach von maßgeblicher Bedeutung (Harding 2004: 4–7). Standpunkttheorien plädieren dafür, «das Denken vom Leben marginalisierter Menschen aus zu beginnen, da dies aufschlussreiche kritische Fragen aufwirft, die in einem Denken, das vom Leben der dominanten Gruppe ausgeht, nicht aufkommen» (Harding 1993: 56). Es geht den Standpunkttheorien also nicht einfach um die Pluralisierung von Wissen, sondern sie weisen unterdrücktem Wissen ein epistemisches Privileg zu (Toole 2021).

Wie der Begriff der starken Objektivität schon zeigt, bedeutet die Kritik an der konventionellen Vorstellung von Objektivität jedoch nicht, dass das Konzept gänzlich über Bord geworfen wird, sondern es geht vielmehr darum, eine bessere Version von Objektivität zu konzipieren. Starke Objektivität reflektiert die Kontextualisierung und die Grenzen des jeweiligen Wissens. Es geht «um begrenzte Verortung und situiertes Wissen, nicht um Transzendenz» (Haraway 1988: 583), oder mit anderen Worten: Es geht nicht darum, einzelne Standpunkte absolut zu setzen. Standpunkttheorien erheben den Anspruch an starke Objektivität nicht nur philosophisch, sondern basierend auf den real existierenden Perspektiven von marginalisierten Menschen. Die Analyse dieser Perspektiven zeigt, dass sie aufgrund ihrer Situiertheit zu Erkenntnissen gelangen, die der Perspektive der Mehrheitsgesellschaft verborgen bleiben, aber die es zu berücksichtigen gilt, um starke Objektivität zu erreichen.

Das epistemische Privileg unterdrückten Wissens wurde insbesondere in Bezug auf die Erfahrungen von Frauen, Schwarzen Menschen und People of Color ausgearbeitet, die ein spezifisches Verständnis der sozialen Welt brauchen, um sich darin zurechtzufinden und zu überleben. Nancy Hartsock (2004) argumentiert beispielsweise, dass die Position von Frauen in der Reproduktionsarbeit eine Kritik der männlichen Ideologie ermöglicht. Schwarze Wissenschaftler_innen beziehen sich auf persönliche Erfahrungen, um ihre besondere soziale und damit epistemologische Position innerhalb der rassifizierten Ordnung zu beschreiben. W. E. B. du Bois sprach schon um das Jahr 1900 von einem «doppelten Bewusstsein», das Schwarze entwickeln (Du Bois 2007: 8). In ähnlicher Weise argumentierte bell hooks, dass die Schwarze Perspektive stets eine Doppelte ist, da das Überleben in einer rassistischen Gesellschaft praktisches Wissen über die Unterscheidung von Privilegierten und Marginalisierten erfordert und sie deshalb sowohl von «außen nach innen als auch von innen nach außen» blickt (hooks 1984: Vorwort). Schwarze in den USA entwickelten daher einen «oppositionellen Blick – eine Sichtweise, die den meisten unserer Unterdrücker unbekannt war» (ebd.). Aufgrund ihrer sozialen Position können Schwarze Forscherinnen Anomalien in den normalen Wissenschaften besser erkennen als Weiße Wissenschaftlerinnen, zum Beispiel das systematische Auslassen Schwarzer Perspektiven in der Forschung (Collins 1986). Dies sind nur wenige Klassiker der mittlerweile unüberschaubaren Anzahl an Analysen der Erfahrungen und Erkenntnisse, die von unterschiedlichen marginalisierten sozialen Positionen aus formuliert werden. Zusammengenommen und verallgemeinert laufen sie auf die Einsicht hinaus, dass nur durch eine Pluralität von «situiertem Wissen» (Haraway 1988) ein besseres Verständnis von Unterdrückung und damit ein genaueres Bild unserer Gesellschaft erreicht werden kann.

Die Gefahr einer Überbetonung von Macht und Konflikt

Weil die Standpunkttheorie zeigt, dass die Privilegierung von unterdrücktem Wissen dabei hilft, der Gefahr des falschen Universalismus zu entkommen, ist sie ein grundlegender Baustein meines Vorschlags, Identitätspolitik radikaldemokratisch zu konzeptualisieren. Eines meiner Kernargumente lautet ja, dass die Einspeisung von identitätspolitischem Wissen in den demokratischen Prozess dazu beiträgt, Diskriminierungsverhältnisse in politischen Institutionen adressierbar zu machen. Die Standpunkttheorie hilft nun zu verstehen, wieso dieses identitätspolitische Wissen mehr sehen kann als hegemoniale Perspektiven. Doch obwohl es der Standpunktheorie darum geht, die Produktion von Wissen zu verbessern, und nicht darum, Objektivität in einem Relativismus der Perspektiven aufzulösen, kann man nach dem bisher Gesagten doch den Eindruck haben, dass hier die oben beschriebene Gefahr eines Machtmissbrauchs lauert.

Diese Gefahr lässt sich besser verstehen, wenn man sich den kritischen Debatten über radikaldemokratische Theorie widmet. Denn dort wird radikale Demokratietheorie dafür kritisiert, Politik auf einen Kampf um Macht in Form von Protest und Aufstand zu reduzieren sowie dafür, unzureichende Konzepte von Normativität, Gemeinschaft, Deliberation, Konsens und politischen Institutionen zu haben (Arato 2013; Bergem/Bergem 2019; Herrmann/Flatscher 2020; Wiley 2002). Die Kritik trifft also dieselben Probleme, die auch in Bezug auf die Identitätspolitik diskutiert werden: Wie die radikale Demokratietheorie wird auch die Identitätspolitik dafür kritisiert, dass sie Intersubjektivität und den vernünftigen Diskurs durch Machtpolitik zerstöre – beispielsweise, indem sie Normen des ‹politisch Korrekten› durchsetze, die eine weitere Diskussion verhindern, oder indem sie Menschen durch ‹Cancel Culture› von Debatten ausschließe. Wenn sowohl die radikale Demokratietheorie als auch die Identitätspolitik dasselbe Problem haben – nämlich die Reduktion von Politik auf Macht, die Intersubjektivität und Vernunft blockiert und zu einer ausschließenden Interessenpolitik führen kann –, hilft die radikaldemokratische Interpretation der Identitätspolitik nicht weiter. Für die universalistischen Kritiker_innen der Identitätspolitik, wie Neiman (2023), Boehm (2022) oder Mounk (2023), wäre sie sogar eine Bestätigung ihrer Kritik.

Zur Verteidigung des radikaldemokratischen Ansatzes erläutere ich deshalb zunächst, warum radikale Demokratietheorie tatsächlich zu einer Überbetonung der Macht führen kann. Von einer solchen Spielart der radikalen Demokratietheorie grenze ich meine Interpretation dann im nächsten Abschnitt ab, um eine realistische Beschreibung des Verhältnisses von Macht und Vernunft zu erreichen. Das Problem besteht nämlich nach Christian Volk (Volk 2018: 11) darin, «dass das radikaldemokratische Denken ein zentrales Element der Demokratie, nämlich die Manifestation von Konflikten, überbetont und das zweite zentrale Element, nämlich das Postulat der Verständigung zwischen politischen Gegnern, begrifflich nicht richtig erfasst». Der unterentwickelte Begriff der Verständigung führt zu einer Reihe von Problemen, z. B. zu einem Mangel an normativen Kriterien zur Unterscheidung zwischen «progressiven und regressiven Formen des politischen Protests» und zu einer Tendenz zum Dezisionismus anstelle normativer Begründungen. Der Grund für diese Tendenz liegt in der Kritik an Universalismus, wie ich sie in diesem Kapitel und bei meiner Diskussion des Postfundamentalismus im ersten Kapitel rekonstruiert habe: Wenn traditionelle fundamentalistische und normative Theorien nicht nur an ihrem Ziel scheitern müssen, Normativität universell zu begründen, sondern schon der Versuch solcher universalistischen Begründungen zur Stabilisierung der Hegemonie führt, ist es verständlich, dass die radikale Demokratietheorie dazu neigt, sich nicht mit Fragen der intersubjektiven Rechtfertigung solcher universalistischer Normativität zu befassen. Vielmehr neigt sie dazu, sich auf die in sozialen Bewegungen formulierte Normativität zu verlassen, ohne sie weiter zu hinterfragen (Volk 2018: 14). Wenn sich Protestbewegungen aber ein solches anti-normatives Verständnis von radikaler

Demokratietheorie zu eigen machen und danach handeln, ist ihre emanzipatorische Ausrichtung in Gefahr. Es kann dazu führen, dass sie sich von verständigungsorientiertem Handeln abwenden, weniger selbstkritisch und dafür selbstgerechter werden, was ihre starre Opposition gegenüber etablierten Institutionen und anderen Bewegungen zementiert (Volk 2018: 15). So könnte die folgende Beschreibung der Konsequenzen einer solchen Überbetonung von Macht innerhalb der radikalen Demokratietheorie auch in einem gängigen Debattenbeitrag zu finden sein, in dem die Auswirkungen essentialistischer Identitätspolitik kritisiert werden: «Durch die Überbetonung der Notwendigkeit der Konfrontation [im politischen Aktivismus, K. S.] droht die Auseinandersetzung mit gegnerischen Positionen zu einem bloßen Ritual der Selbstvergewisserung und Selbststabilisierung zu verkommen, und die emanzipatorischen politischen Praktiken innerhalb von Bewegungen sind gefährdet» (Volk 2018: 12).

Teilweise kann diese Kritik aus der radikaldemokratischen Theorie heraus beantwortet werden, weil sie auch die Bezüge auf eine universelle demokratische Normativität in identitätspolitischen Forderungen betont. Innerhalb der radikalen Demokratietheorie gibt es eine lange kritische Diskussion bezüglich der normativen Grundlagen und ihrem Verhältnis zu politischen Institutionen – eine Diskussion, zu der auch ich beigetragen habe, indem ich für eine normative und institutionalistische Interpretation argumentiert habe (siehe Schubert 2018, 2020a, 2021 und für einen Überblick Ramin et al. 2023). Doch selbst bei einer solchen wohlwollenden Lesart bleibt bis jetzt unklar, wie genau, auf welcher Grundlage und von wem entschieden werden kann, was als demokratisierende Politik zählt.

Im Folgenden erörtere ich deshalb, wie Standpunkttheorien dabei helfen können, die radikaldemokratische Interpretation von Identitätspolitik vor diesen Problemen zu bewahren. Sie zeigen, dass intersubjektives Verstehen und Objektivität im politischen Konflikt über Ausschlüsse aus dem Diskurs eine zentrale Rolle spielen, und helfen so, das Verhältnis der Pole Macht und Vernunft realistisch zu beschreiben. Ein solche Interpretation ermöglicht auch eine Unterscheidung zwischen Identitätspolitik, die entscheidend für die Demokratisierung der Demokratie ist, und exkludierender Interessenpolitik.

Partikularistischer Universalismus

Die Standpunkttheorie hilft, besser zu verstehen, wie Identitätspolitik auf die Demokratisierung der Demokratie hinwirkt, indem sie verdeutlicht, dass intersubjektive Verständigung durch die Privilegierung unterdrückter Standpunkte nicht ausgeschaltet wird, sondern sie vielmehr auf diese angewiesen ist. Durch die gegenseitige Ergänzung von radikaler Demokratietheorie und Standpunkttheorie ergibt sich ein dynamisches Modell von Demokratisierung als Oszillieren zwischen Macht und Vernunft bzw. Partikularismus und Universalismus. Dieses Modell präzisiert das im vorherigen Kapitel eingeführte Konzept der konstruktivistischen Identitätspolitik bezüglich der Spannung von Macht und Vernunft. Es vermeidet das konventionelle Modell der Objektivität und seinen falschen Universalismus genauso wie eine Überbetonung von Macht und Konflikt.

Ich werde dieses Modell mithilfe von vier Punkten erläutern: erstens dem Unterschied zwischen einer Perspektive und einem Standpunkt; zweitens der Zentralität von Theorien für die Entwicklung von Standpunkten, die intersubjektive Verständigung als Vermittlung zwischen Partikularität und Universalität ermöglichen; drittens von Demokratisierung als einer Frage der Kommunikation und des Lernens; und viertens der gleichzeitigen Bedeutung von Machtpolitik, um einen vernünftigen Wandel herbeizuführen.

Perspektiven und Standpunkte. Eine Perspektive soll hier verstanden werden als ein spezifischer Blickwinkel, der mit einer sozialen Position verbunden ist, während ein Standpunkt Arbeit und Entwicklung zu seiner Herausbildung erfordert. Ein Standpunkt ist keine «zugeschriebene Position […], die unterdrückte Gruppen automatisch beanspruchen können. Vielmehr ist ein Standpunkt eine Errungenschaft, etwas, für das unterdrückte Gruppen kämpfen müssen» (Harding 2004: 8). Der Begriff ist nicht «einfach ein anderes Wort für Blickwinkel oder Perspektive» (ebd.). Auch wenn diese Definition der Begriffe nicht allgemein von Standpunkttheoretiker_innen geteilt wird und viele Perspektive und Standpunkt synonym verwenden, ist der systematische Unterschied – teilweise mit anderen Begriffen – für alle relevant. Demnach ist ein Standpunkt in keiner Weise gegeben, sondern das Ergebnis der sozialen Wissensproduktion durch gemeinsame Diskurse. Philosophischer ausgedrückt: Standpunkte sind eine Sache der Intersubjektivität. Die Konstruktion eines Standpunkts erfordert spezifische politische und kulturelle Techniken und Methoden. Eine solche Methode ist beispielsweise das, was Catherine MacKinnon (1991: 83–105) als «consciousness raising» bezeichnet: der Erfahrungsaustausch zwischen Mitgliedern unterdrückter Gruppen – in diesem Fall Weiße Frauen der Mittelschicht –, der die notwendige Voraussetzung für die Entwicklung eines kritischen Bewusstseins der Mitglieder der Gruppe ist. *Consciousness raising* ist deshalb notwendig, weil hegemoniale Denk- und Wahrnehmungsformen so stark sein können, dass sie die epistemischen Fähigkeiten unterdrückter Subjekte derart deformieren, dass sie ihre Unterdrückung oft nicht wahrnehmen. So ließe sich sagen, dass viele Frauen in den 50er und 60er Jahren die Rolle als Hausfrau weniger kritisch wahrgenommen haben, als nach dem Aufkommen von Debatten um unbezahlte Haus- und Sorgearbeit (Schlagwort: «Lohn für Hausarbeit») ab den 1970er Jahren.

Indem die Schaffung einer gemeinsamen Kultur zur Wertschätzung der eigenen Eigenschaften beiträgt, die ansonsten gesamtgesellschaftlich abgewertet werden, fördert sie die Entwicklung kritischer Standpunkte. Patricia Hill Collins zeigt, dass Schwarze Frauen den Unterdrückungsstrukturen, mit denen sie konfrontiert sind, widerstehen, indem sie «auf einer schwarzen weiblichen Selbstdefinition [bestehen], die die Macht von Schwarzen Frauen und ihre

Rolle als menschliche Subjekte anerkennt» (Collins 1986: 17) und dabei oft genau die «Aspekte des Verhaltens Schwarzer Frauen kultiviert, die als besonders bedrohlich für das Weiße Patriarchat angesehen werden» (Collins 1986: 17). Eine solche Kultur ermutigt Schwarze Frauen, «ihr Durchsetzungsvermögen [*assertiveness*] und ihre Frechheit [*sassiness*] zu schätzen und diese Qualitäten weiterhin zu nutzen, um zu überleben und die harten Umstände zu überwinden, die das Leben so vieler Schwarzer Frauen prägen» (Collins 1986: 18). In ähnlicher Weise funktionieren die Gender-Performances von schwulen Dragqueens und Tunten, da sie den homophoben Diskurs, der sie als zu weiblich diskriminiert, scheinbar bestätigen und sich dadurch aneignen (Butler 1995; Halperin 2012). Eine solche widerständige Kultur, die sich nicht an Diskriminierung und Stereotypisierung anpasst, sondern sie sich neu aneignet, um die eigene Identität der unterdrückten Gruppe zu verstärken, ist eine wichtige Voraussetzung für die Entwicklung von Standpunkten. Dies wiederum ließe sich als Antwort auf die zeitgenössische Kritik verstehen, dass Identitätspolitik eine Kultur der individuellen Unterdrückungsbehauptungen fördern würde. Wenn Aussagen über die eigene soziale Position und Unterdrückung tatsächlich nur individuelle Behauptungen sind, ohne dass sie in soziale Standpunkte eingebettet sind, handelt es sich nicht um Identitätspolitik.

Partikularität und Universalität. Wie können aber solche identitätspolitischen Subkulturen mehr sein als Blasen ohne kommunikative Verbindung zur Mehrheitsgesellschaft? Wie kann die Partikularität des Standpunkts mit der Universalität demokratischer Normen verbunden werden? Diese Fragen sind entscheidend, sowohl um zu verstehen, wie Identitätspolitik einen «positionalen Fundamentalismus» (Hark/Villa 2020, Vorwort) vermeiden kann, als auch dafür, klare Konzepte von Objektivität und Konsens unter radikaldemokratischen Prämissen zu entwickeln. Die Antwort darauf ist die akademische Produktion von Wahrheit: Die Definition eines Standpunkts beinhaltet nicht nur intersubjektiven Diskurs und kulturelle Konstruktion auf der Grundlage der Erfahrungen unterdrückter

Gruppen, sondern auch die Forschung im Zusammenhang mit diesen minoritären Erfahrungen. So ist «ein Standpunkt eine Errungenschaft [...], *die erfordert, dass sowohl Wissenschaft als auch Politik* [...] innerlich miteinander verbunden sind, im Gegensatz zu der üblichen liberalen, empiristischen, aufklärerischen Sichtweise» (Harding 2004: 8, meine Kursivierung).

Dass es den Standpunkttheorien um wissenschaftliche Objektivität geht, wird besonders an einem Beispiel deutlich, das aus postfundamentalistischer Sicht etwas über das Ziel hinausschießt. Nancy Hartsock beschreibt im Rahmen ihres marxistisch-feministischen Ansatzes, dass die Unterdrückten mithilfe der Wissenschaft «*unter die Oberfläche* der sozialen Beziehungen» blicken könnten. Deren Standpunkt «entlarvt die *realen Beziehungen* zwischen den Menschen als unmenschlich» (Hartsock 1983: 285, meine Kursivierung) – sofern er von der marxistisch-feministischen Gesellschaftstheorie geschult ist. Aus der in diesem Buch vertretenen postfundamentalistischen Perspektive wirft ein solches marxistisches Konzept von *Ideologie* im Gegensatz zur *objektiven Wahrheit* (der «realen Beziehungen») Einwände auf. Schließlich habe ich oben beschrieben, dass derart fundamentalistisch formulierte Ansprüche auf Objektivität und Universalität Gefahr laufen, zu einseitigen und ausschließenden Perspektiven zu führen. Das in diesem Kapitel diskutierte Problem der Universalität und Objektivität kann also auch im standpunktbezogenen Denken wieder auftauchen, und zwar insbesondere dann, wenn es sich auf eine universalistische Gesellschaftstheorie stützt, wie es im Falle von Hartsocks marxistisch-feministischem Ansatz der Fall ist.

Auch heutige marxistische Kritiker_innen der Identitätspolitik beziehen sich auf eine solche universalistische Epistemologie, um gegenwärtigen Formen der Identitätspolitik einen Mangel an objektiver Klassenanalyse zu attestieren (Schubert 2024b). Olúfẹ́mi Táíwò (2022) kritisiert sogar die popularisierten Versionen des Standpunktdenkens dafür, dass sie die revolutionäre Kraft der Linken zersetzen würden. Es ginge bei solcher Identitätspolitik nur noch darum, wer Zugang zu den Räumen hat, in denen Entscheidungen getroffen werden, und dass dort Vertreter_innen jeweiliger Gruppen für diese sprächen. Doch durch diesen Fokus auf den Zugang zu existierenden Räumen würde aus dem Blick geraten, dass eigentlich – metaphorisch gesprochen – das ganze Haus komplett neu gebaut werden müsse. Dahinter steht eine marxistische Gesellschaftstheorie, die universalistisch ist insofern sie für sich beansprucht, allen anderen erklären zu können, wie die Gesellschaft (das Haus) am besten aufgebaut werden sollte. Man kann also davon sprechen, dass ähnliche Fundamentalismen bzw. absolute Wahrheitsbehauptungen sowohl auf Seite der Standpunkttheorie als auch auf Seite ihrer universalistischen Kritiker_innen auftreten können, wenn sie jeweils einen besonderen Zugang zur Wahrheit für sich beanspruchen.

Ich denke sogar, dass hier eine gute Erklärung für das Abgleiten in einen positionalen Fundamentalismus liegt, das man im identitätspolitischen Aktivismus gelegentlich beobachten kann. Denn wenn sich Menschen hier auf die eigene Position beziehen, um ihre Behauptungen gegen Einsprüche zu immunisieren, dann tun sie dies mit einem mehr oder weniger expliziten Rückgriff auf Theorien, deren Interpretation ihrer eigenen Diskriminierungen und der zugrundeliegenden Strukturen sie so wiederum verabsolutieren. Wenn man sich sehr viel mit antirassistischer, queerer, oder antisemitismuskritischer Theorie beschäftigt hat und sich in entsprechenden identitätspolitischen Projekten engagiert, dann sieht man auch die entsprechenden Diskriminierungsstrukturen besser. Und aus diesem Fokus kann auch ein verabsolutierender Bezug rühren, und zwar sogar dann, wenn die Theorien selbst keine derart universalistischen Ansprüche haben, wie der feministische Marxismus Hartsocks. Der Bezug auf den Standpunkt wirkt dann auch als ein Mechanismus zur Herstellung von fundamentalistischen Geltungsansprüchen, ähnlich wie der Bezug auf Neutralität in der konventionellen Objektivität – wobei das natürlich keineswegs ein alternativloser Automatismus ist.

Die standpunkttheoretischen Konzepte des situierten Wissens und der starken Objektivität sind eine Reaktion auf diese Gefahr und ein Vorschlag zur Vermeidung von solchen Vereinseitigungen. Entscheidend ist demnach nicht nur die Pluralisierung der Wissensproduktion, die daraus folgt, dass «nur eine partielle Perspektive eine objektive Sichtweise verspricht» (Haraway 1988: 583). Sondern auch, die Konstruktionsprozesse der unterschiedlichen Formen situierten Wissens kontinuierlich zu kritisieren, da «es keine unmittelbare Perspektive der Unterworfenen gibt» (Haraway 1988: 586). Diese kritische Reflexion ist das Gegenteil des Essentialismus, der heute oft mit Identitätspolitik insgesamt assoziiert wird: «Die Suche nach einer solchen ‹vollständigen› und totalen Position ist die Suche nach dem fetischisierten perfekten Subjekt der oppositionellen Geschichte» (Haraway 1988: 586), das es nicht geben kann. Standpunktwissen gewinnt an Objektivität, wenn es reflektiert, dass «Subjekte des Wissens […] vielfältig, heterogen und widersprüchlich inkohärent sind» (Harding 1993: 65). Diese kritische Reflexion der Vielfältigkeit ermöglicht eine starke Objektivität im oben definierten Sinne. Dafür ist es auch nötig, dass ein gegenseitiges Lernen zwischen identitätspolitischen Standpunkten stattfindet, mit anderen Worten, dass Intersektionalität im Sinne einer Überlappung von Diskriminierungsstrukturen berücksichtigt wird.

Solcher Austausch und solches Lernen wird insbesondere durch wissenschaftliche Theoriebildung ermöglicht. Sie macht identitätspolitische Standpunkte darüber hinaus für die Mehrheitsgesellschaft verständlich. Während Standpunktwissen also aus den Erfahrungen spezifischer Gruppen konstruiert wird, zielt es dennoch auf Universalisierung ab; es kann und soll universell verstanden werden und es konkretisiert die universellen normativen Prinzipien von Freiheit und Gleichheit, indem es sichtbar macht, wo ihre hegemoniale Interpretation und praktische Umsetzung versagt. In diesem Sinne weist Harding darauf hin, dass «Frauen [nicht] die einzigen Produzentinnen feministischen Wissens sind» (Harding 1993: 67 f.), sondern auch Männer daran beteiligt sind und sein sollten. Das ist wichtig, weil es auch heißt, dass die Rede von Erkenntnisblockaden keine verallgemeinernde Aussage über alle möglichen Individuen ist. Mein Argument einer Notwendigkeit von Identitätspolitik zur

Korrektur von falscher Universalität bezieht sich entsprechend auf Wissensstrukturen, die soziale Wirkung entfalten, aber nicht die Erkenntnismöglichkeiten einzelner Individuen determinieren.[8] Dies ist auch eine entscheidende Klarstellung bezüglich der oben geschilderten Tendenz der radikaldemokratischen Theorie, Konflikt überzubetonen, wodurch die Bedeutung von Verständigung und Begründung aus dem Blick geraten kann. Ich werbe für ein Verständnis von radikaler Demokratie, bei dem die intersubjektive Arbeit an starker Objektivität in den Mittelpunkt der demokratisierenden Politik rückt, und das deshalb die oben skizzierte Einseitigkeit vermeidet.[9] Mit Laclau und Mouffe kann das als die Schaffung von «Äquivalenzketten» (Laclau/Mouffe 2000: 182) verstanden werden, durch die unterschiedliche kritische Projekte solidarisch zusammenwirken können.

Hier liegt auch der entscheidende Unterschied zwischen Identitätspolitik und einfacher oder auch exkludierender Interessenpolitik.[10] Solche Interessenpolitik basiert nicht auf der objektiven Analyse sozialer Unterdrückung, wie ich sie gerade beschrieben habe und kann deshalb auch keine universalisierbaren Forderungen formulieren. Mit anderen Worten: Wenn Gruppen Forderungen nicht auf Grundlage von tatsächlichen Diskriminierungsstrukturen aufstellen, dann ist es keine Identitätspolitik (siehe zur Begründung dieser engen Definition auch Kapitel 1). So bilden beispielsweise Weiße, die sich gegen «Rassismus gegen Weiße» einsetzen, oder die INCEL-Bewegung (Abkürzung für *involuntary celibate*, also ungewollt enthaltsam gegenüber Sex), in der sich Männer zusammentun, die sich von Frauen diskriminiert fühlen, jeweils keine Identitätspolitiken – weil es diese Diskriminierungen nicht gibt.

Kommunikation und Lernen. Das Wissen, das durch Standpunkte generiert wird, kann und sollte von allen gelernt und verstanden werden, unabhängig von ihrer sozialen Position. Dies erfordert ein hohes Maß an kritischer Reflexivität in Bezug auf das Zustandekommen aller situierten Wissensbestände, insbesondere derer von privilegierten Gruppen. Die heutigen epistemischen Ausschlüsse sind zumeist auf das Fehlen einer solchen kritischen Reflexivität seitens privilegierter Institutionen und Akteure zurückzuführen, die die Situiertheit ihres eigenen Wissens ausblenden können, indem sie sich auf das konventionelle Konzept der Objektivität beziehen. Der «Gottes-Trick» wirkt als epistemische Privilegienverteidigung. Deshalb «fordert [die Standpunkttheorie] die Mitglieder dominanter Gruppen heraus, sich ‹fit› zu machen, um sich an kollaborativen, demokratischen und gemeinschaftlichen Projekten mit marginalisierten Menschen zu beteiligen. Solche Projekte erfordern, dass man lernt, marginalisierten Menschen aufmerksam zuzuhören; [...] es erfordert eine kritische Untersuchung der dominanten institutionellen Überzeugungen und Praktiken, die sie systematisch benachteiligen; es erfordert eine kritische Selbstbeobachtung, um herauszufinden, wie man unwissentlich an ihrer Benachteiligung beteiligt ist» (Harding 1993: 68).

Während sich die feministischen und postkolonialen Standpunkttheorien der 1980er und 1990er Jahre darauf konzentrierten, das privilegierte Wissen unterdrückter Gruppen zu konzeptualisieren, um neue Konzepte der Objektivität und des intersubjektiven Verstehens zu erarbeiten, erforscht eine neue Generation von Standpunkttheoretiker_innen die epistemischen Einschränkungen sowohl der privilegierten Gruppen als auch der sie unterstützenden sozialen Institutionen. Schlüsselwerke dieser neuen Generation von Standpunkttheorien sind Miranda Frickers Arbeit zu epistemischer Ungerechtigkeit (2007), Charles Mills (1997, 2007) Arbeit zu Weißem Unwissen, sowie José Medinas (2013) Arbeit zum epistemischen Widerstand.[11] Diese Arbeiten zeigen auf, welche «dominanten institutionellen Überzeugungen und Praktiken» der Ignoranz überwunden werden müssen, um eine Demokratisierung der Demokratie durch starke Objektivität zu ermöglichen.

Fricker (2007, deutsch 2023) unterscheidet zwei verschiedene Arten von epistemischer Ungerechtigkeit: «testimoniale Ungerechtigkeit» und «hermeneutische Ungerechtigkeit». Testimoniale Ungerechtigkeit beschreibt, wenn Sprechende wegen Vorurteilen nicht als glaubwürdig eingestuft werden. Sie behindert den Austausch von Wissen und Kritik und führt so zu falschen Überzeugungen auf Seiten der Zuhörenden. Diese falschen Überzeugungen wären durch unvoreingenommenes Zuhören vermeidbar. Somit ist testimoniale Ungerechtigkeit nicht nur für die Sprechenden problematisch, sondern sie schadet auch dem gesellschaftlichen Wissen insgesamt, weil sich falsche Überzeugungen festsetzen können (Fricker 2016: 162). Wenn testimoniale Ungerechtigkeit strukturell und anhaltend ist, zum Beispiel durch ihre Einschreibung in soziale Institutionen, kann sie zu hermeneutischer Marginalisierung führen. Hermeneutische Marginalisierung beschreibt die Situation, in der soziale Gruppen einen unterschiedlich großen Beitrag zu dem gemeinsamen Pool von Konzepten leisten, die wir verwenden können, um über unsere sozialen Erfahrungen zu kommunizieren (ebd.: 163). Wenn Mitglieder von unterdrückten Gruppen Mitgliedern dominanter Gruppen ihre sozialen Erfahrungen erklären, kann es deshalb sein, dass ihre Erfahrungen aufgrund des Mangels an gemeinsamen Konzepten nicht verstanden werden. Die Ungerechtigkeit, die aus diesem Nicht-Verstehen resultiert, nennt Fricker hermeneutische Ungerechtigkeit. Hermeneutische Ungerechtigkeit ist also die Institutionalisierung von hermeneutischer Marginalisierung aufgrund testimonialer Ungerechtigkeit.

Die Stabilisierung des Rassismus ist ein typischer Fall von epistemischer Ungerechtigkeit in all ihren verschiedenen Formen. Mills bezeichnet diese epistemische Ungerechtigkeit als Weißes Unwissen bzw. Ignoranz [*white ignorance*], «eine systemische, gruppenbasierte Fehlerkenntnis [*miscognition*]» (Mills 2007: 13), die «falsche Überzeugungen und das Fehlen wahrer Überzeugungen» (ebd.: 16) mit sich bringt und aus rassistischen Wahrnehmungen, der Ideologie der Weißen Vorherrschaft und rassistischen Erzählungen innerhalb des kollektiven Gedächtnisses resultiert. Mills teilt hier das Ziel früherer Standpunkttheorien, mittels epistemischer Kritik starke Objektivität zu erreichen: «Die Erfassung einer Epistemologie des Unwissens ist für mich eine Vorstufe zur Neuformulierung einer Epistemologie, die uns wirkliches Wissen liefert» (ebd.). Medina (2016: 183) unterscheidet darüber hinaus zwei verschiedene Formen des Unwissens, die den Rassismus stützen: Während *race*-bezogene [*racial*] Unsensibilität bereits aus «grundlegendem Unwissen [*ignorance*]» folgt, wird sie meist durch «aktive Ignoranz [*ignorance*]» verstärkt.[12] Aktive Ignoranz beinhaltet eine Reihe von Widerständen gegen das Wissen marginalisierter Gruppen. Das Ergebnis bezeichnet Medina als Meta-Ignoranz: «Race-bezogen [*racially*] unsensible Menschen dieser Art sind [...] *betäubt gegenüber ihrer eigenen Betäubung*, d. h. unfähig, darauf zu reagieren oder auch nur zu erkennen, wie sie betäubt worden sind» (ebd., kursiv im Original). Meist geht sie mit einer weiteren Form des Widerstands einher, der aktiven Meta-Ignoranz, die sich gegen «epistemische Reibung» (ebd.: 184) wehrt, also gegen die Interaktion mit anderen Perspektiven, die die Meta-Ignoranz mildern könnten.

Das Herausstellen der epistemischen Defizite von sozialen Institutionen und privilegierten Gruppen ist ein wichtiges Element der radikaldemokratischen Interpretation von Identitätspolitik: Identitätspolitik bietet intersubjektives Wissen über spezifische Diskriminierungen, was einen Beitrag zu einer starken objektiven Wahrheit leistet. Und als solche kann das identitätspolitische Wissen anerkannt und sinnvoll in demokratische Aushandlungen und Prozesse eingebracht werden. Exkludierende Interessenpolitik – insbesondere von rechten, nationalistischen, maskulinistischen und neuerdings auch trans-exklusiven radikalfeministischen Gruppen – vertritt dagegen Identitätsvorstellungen, die auf aktiver (Meta-)Ignoranz gegenüber objektiven Diskriminierungen anderer Gruppen beruhen.

Vernunft und Macht. Die Diskussion bis hier hat gezeigt, dass Identitätspolitik auf der Grundlage von Standpunkten eine Sache der Vernunft und des Wissens ist, und nicht von reinen Machtkämpfen. Es geht darum, epistemische Defizite wie Ignoranz, Unsensibilität und Taubheit zu beheben. Zu diesem Zweck ist es von entscheidender Bedeutung, einen gleichberechtigten Zugang zu sozialen und politischen Institutionen zu gewährleisten, damit die Aushandlungsprozesse dort zu starker Objektivität führen können.

Mit anderen Worten: Um starke Objektivität zu erreichen, ist es notwendig, die Demokratie zu demokratisieren. Die epistemischen Blockaden, die durch soziale Unterdrückungssysteme wie Rassismus, Antisemitismus, Sexismus, Homo- und Transphobie und kapitalistische Ideologie entstehen, verhindern jedoch in vielen Fällen, dass nicht-hegemoniale Stimmen gehört werden.

Um einen politischen und epistemischen Wandel zu fördern, ist es deshalb nicht ausreichend, die objektiven Mängel der derzeitigen hegemonialen Institutionen akademisch zu erfassen, zu analysieren und integrativere Institutionen vorzuschlagen.[13] Der Grund dafür ist, dass politische Institutionen nicht in erster Linie aus einer vernünftigen Übereinkunft heraus entstanden sind, sondern auch das Ergebnis historischer Machtkämpfe sind. Die radikale Demokratietheorie sieht Protest und zivilen Ungehorsam außerhalb des institutionalisierten Diskurses als zentrales Mittel zur Demokratisierung, gerade wegen der relativen politischen Ohnmacht der Vernunft allein (Celikates 2016, 2021). Um diesen Prozess zu verstehen, ist ein historisches und dialektisches Modell von Macht und Vernunft nötig: Bestehende Regime werden stets durch Protest herausgefordert – Jacques Rancière (2002) bezeichnet erstere wegen ihrer ausschließenden Wirkung insgesamt als «Polizei», und nur deren Herausforderung als «Politik». Protest überschreitet dabei die hegemonialen Standards der vernünftigen Deliberation, weil diese Standards nicht universell sind, sondern dominante Gruppen durch hermeneutische Ungerechtigkeit privilegieren. Folglich ist Protest zwar in politische Machtkämpfe verwickelt, die konfrontative und nicht-diskursive Formen annehmen können (d. h. beispielsweise Ablehnung von gegebenen Debattenräumen, De-Platforming, Demonstrationen oder ziviler Ungehorsam), wird aber von einer starken Objektivität geleitet, die durch Vernunft entwickelt wird. Diese Vernunft stützt sich auf die universalistischen Normen der Demokratie und konkretisiert diese innerhalb der jeweiligen Auseinandersetzung. Dadurch wird sie von einigen Mitgliedern oder Institutionen der sozialen Hegemonie verstanden und übernommen. Dies ist umso wahrscheinlicher, je mehr es identitätspolitischen Projekten gelingt, Allianzen durch «Äquivalenzketten» zu bilden (Laclau/Mouffe 2000: 182).

Durch eine Kombination aus Macht und Vernunft kann sich der unterdrückte Standpunkt langsam in das hegemoniale Wissen und die Institutionen, die es aufrechterhalten (die «Polizei»), einschreiben und deren Mängel korrigieren. Die partikularistische Kritik des identitätspolitischen Standpunkts führt so zu einer umfassenderen Verwirklichung der universellen demokratischen Forderungen nach Freiheit und Gleichheit innerhalb der sozialen und politischen Institutionen. Wenn minoritäre Diskurse bereits eine breitere gesellschaftliche Unterstützung und ein breiteres Verständnis erreicht haben, aber immer noch im Wesentlichen umstritten sind, wie in den meisten zeitgenössischen liberalen westlichen Demokratien, nimmt die Machtpolitik oft die Form des Kampfes um den Zugang zu Institutionen und Diskursen an. Ein Beispiel dafür sind unter anderem Förderprogramme zum Nachteilsausgleich, Diversitätsquoten oder De-Plattformierung (der Entzug von medialen Plattformen oder Auftrittsmöglichkeiten) von Vertreter_innen des dominanten Diskurses, was gemeinhin als ‹Cancel Culture› bezeichnet wird. Diese Mechanismen können notwendig sein, um trotz des Widerstands aktiv ignoranter Subjekte «epistemische Reibung» – das Zusammenkommen und gegenseitige Hinterfragen unterschiedlicher Perspektiven bzw. Standpunkte – zu erzeugen, da ein «unsensibles Individuum externe Hilfe» benötigt (Medina 2016: 184 f.). Diese «Hilfe» ist eine Frage der Macht und nicht nur der Vernunft, denn Vernunft allein ist aufgrund der oben ausgeführten epistemischen Einschränkungen, die mit einer privilegierten Position einhergehen können, von begrenztem Nutzen. Dennoch ist es von zentraler Bedeutung, dass diese Machtpolitik nicht funktionieren kann, ohne von der Vernunft gestützt zu werden, ohne also zu höheren Rationalitätsstandards zu führen, die die universalistischen demokratischen Prinzipien spezifizieren und konkretisieren. Sie findet nur dann auch Unterstützung bei Mitgliedern der privilegierten Gruppen, wenn sie vernünftig in dem Sinne ist, dass sie sich (implizit oder explizit) auf den gemeinsamen Pool universalistischer demokratischer Werte bezieht sowie auf intersubjektive Verständigung abzielt.[14]

Wo eine solche Entwicklung noch am Anfang steht, können Kritiker_innen der Identitätspolitik die universelle Vernunft für sich reklamieren und von identitätspolitischen Gruppen fordern, sie mögen sich doch bitte vernünftig verhalten, während sie selbst die deliberativen und kommunikativen Standards systematisch missachten. Ein Beispiel dafür ist Wolfgang Thierses (2021) raunender Meinungsbeitrag in der FAZ, den ich oben schon angesprochen hatte und in dem er Vertreter_innen der Identitätspolitik im Allgemeinen vorwirft, Diskussionen zu verweigern und gegenteilige Ansichten zu diskreditieren. Thierse tritt hingegen als mahnend-vernünftige Stimme auf und appelliert an den Wert des Gemeinsamen, der Selbsthinterfragung und des vernünftigen Austauschs – wobei sein Text gerade vom Unwillen (bzw. der Unfähigkeit) geprägt ist, selbst diesen Ansprüchen zu genügen und identitätspolitischen Kritiken zuzuhören, ohne sie hyperbolisch zur Bedrohung der Demokratie zu stilisieren. Thierses Text ist damit ein Kondensat der hier geschilderten epistemologischen Problematik. Denn wer, wie Thierse, so überzeugt ist, selbst auf der Seite der Vernunft zu stehen, verweigert es, sich mit identitätspolitischen Positionen als ebenbürtige Standpunkte auseinanderzusetzen. Er ignoriert damit aktiv die Erkenntnisse zu gesellschaftlicher Unterdrückung, die bei ausreichender Konsensorientierung, d. h. der Bereitschaft, sich epistemischen Reibungen auszusetzen, um eigene Ignoranz zu überwinden, für jeden verfügbar sind. Thierses Text ist deshalb Ausdruck der verbreiteten «aktiven Meta-Ignoranz», die nur durch eine Kombination aus Macht und Vernunft durchbrochen werden kann.

Kontinuierliche Demokratisierung

Die radikaldemokratische und standpunkttheoretische Interpretation von Identitätspolitik zeigt, dass partikularistische Identitätspolitiken für die Demokratisierung der Demokratie notwendig sind. Denn durch die kommunikative Unterbrechung gesellschaftlicher Hegemonien stellen Identitätspolitiken den Raum für Deliberation überhaupt erst her. Dies ist sowohl eine Frage der Vernunft als auch der Macht, da starke Objektivität intersubjektiv verständliches Wissen über soziale Unterdrückung hervorbringt, wobei das Verstandenwerden oft Machtmittel – wie Protest und De-Platforming – erfordert, um Strukturen der epistemischen Ignoranz zu durchbrechen.

Da der normative Standard der Gleichheit und Freiheit aber nie für alle abschließend realisiert werden kann, weil Institutionen immer spezifische Ausschlüsse produzieren, werden auch konkretisierende Interpretationen der Vernunft weiterhin umstritten sein. Deshalb ist Demokratisierung ein dynamischer Prozess, der nicht zum Stillstand kommt. Das bedeutet auch, dass die Spannung zwischen den beiden Polen Partikularität und Universalität bzw. Macht und Vernunft nicht aufgelöst werden kann. Das ständige Oszillieren zwischen Partikularismus und Universalismus ist ein notwendiges Merkmal der Demokratisierung durch Identitätspolitik. Eine Interpretation der Identitätspolitik sollte dem Rechnung tragen, anstatt zu versuchen, den Streit um Vernunft durch einen Rückfall in konventionellen Universalismus aufzulösen, wie es die heutigen Kritiker_innen der Identitätspolitik tun. Genauso wenig darf die Spannung auf die Seite der Partikularität hin aufgelöst werden, wie es die Betonung von Kontingenz und Macht in der radikalen Demokratietheorie auf den ersten Blick nahelegen könnte – und wie es praktisch durch exkludierende Interessenspolitiken geschieht.

Natürlich ist nicht jede Identitätspolitik gleichermaßen demokratisierend. Der Begriff ist also kein Freibrief für jede identitätspolitische Praxis. Während nationalistische, rechte oder trans-exklusive radikalfeministische Forderungen als Formen ausschließender Interessenpolitik kategorisiert werden können, die sich dem demokratischen Universalismus widersetzen, ist in anderen Fällen die Unterscheidung zwischen demokratisierender Identitätspolitik und exkludierender Interessenpolitik umstrittener.[15] Dies ist jedoch kein Problem der radikaldemokratischen Interpretation von Identitätspolitik, sondern bestätigt sie vielmehr. Identitätspolitik als Oszillieren zwischen Partikularismus und Universalismus zu konzeptualisieren, impliziert bereits, dass die Diskussionen und Kämpfe innerhalb der Identitätspolitik darüber, was demokratisierend ist, weitergehen werden und dass sich bestimmte identitätspolitische Praktiken als falsch erweisen können. Ein Großteil der reichhaltigen theoretischen Debatten über Identitätspolitik, die Teil der identitätspolitischen Vernunft sind, befasst sich mit dem Problem, wie exkludierende von emanzipativen Formen der Identitätspolitik unterschieden werden können.[16] Die Normativität, die von der radikaldemokratischen und standpunkttheoretischen Interpretation der Identitätspolitik artikuliert wird, bestätigt und präzisiert diese identitätspolitischen Diskussionen: Identitätspolitik ist demokratisierend, wenn sie auf Gleichheit und Freiheit für alle hinarbeitet, was bedeutet, dass innerhalb identitätspolitischer Projekte auf intersektionale und inklusive statt auf naturalisierende und essentialistische Ansätze hingearbeitet wird. Das drängende Problem der zeitgenössischen Debatte ist jedoch nicht die manchmal schwierige Bewertung spezifischer identitätspolitischer Praktiken, sondern die falsch-universalistische Ablehnung der Identitätspolitik als Ganzes.

Deshalb ist es, um den Diskurs um Identitätspolitik weiterzubringen, von zentraler Bedeutung, zu betonen, dass Identitätspolitik *im Allgemeinen* für die Demokratisierung notwendig ist. Dies ermöglicht eine weitere Untersuchung der demokratisierenden Potentiale verschiedener Formen von Identitätspolitik. Während eine solche Untersuchung unumgänglich ist, um nicht auf die Seite der Partikularität zurückzufallen, indem schlicht alle Identitätspolitiken ohne Differenzierung – also ohne die Kritik durch Vernunft –, unterstützt werden, besteht auch die Gefahr, in eine universalistische Kritik zurückzufallen. Eine enge Definition dessen, wie demokratisierende Identitätspolitik auszusehen hat, bedeutet, die Privilegierung von partikularem Wissen abzulehnen, indem man sie durch eine universalistische politische Theorie beurteilt. Dies würde die zentrale Einsicht des radikaldemokratischen und standpunkttheoretischen Ansatzes zur Identitätspolitik missachten, nämlich dass das, was die normativen demokratischen Prinzipien von Gleichheit und Freiheit konkret bedeuten, einer kontinuierlichen Aktualisierung durch identitätspolitische Praxis bedarf. Mit anderen Worten: Bewertungen von verschiedenen konkreten Formen von Identitätspolitik sollten dem ständigen Oszillieren zwischen Partikularismus und Universalismus Rechnung tragen. Dies bedeutet anzuerkennen, dass identitätspolitisches Wissen eine ‹stärkere› Objektivität als hegemoniales Wissen erreichen kann, sowie eine epistemische Bescheidenheit zu üben, die die eigene Verstrickung in das hegemoniale Wissen berücksichtigt.

5

Progressive und regressive Identitätspolitik

Die Frage, wann Identitätspolitik in Regression umschlägt, treibt die aktuelle wissenschaftliche und politische Diskussion um. Während einige Abhandlungen versuchen, progressive und regressive Aspekte zu unterscheiden (z.B. Susemichel/Kastner 2018), kommen die meisten zu dem Schluss, dass Identitätspolitik, auch wenn sie progressive Absichten verfolge, strukturell regressiv sei (z. B. Feddersen/Gessler 2021; l'Amour laLove 2017; Neiman 2023) – wofür sie sich meist auf einer Reihe medial skandalisierter Fälle beziehen.

Demgegenüber besteht der grundsätzliche Ansatz dieses Buches darin, das Phänomen der Identitätspolitik zunächst einmal demokratietheoretisch einzuordnen und zu untersuchen. Dies führt zu einem abstrahierenden Blick auf Identitätspolitik, bei dem es mehr um das Gesamtphänomen als um einzelne Praktiken und Forderungen geht. Die zentrale These lautet, dass Identitätspolitik *grundsätzlich und insgesamt* notwendig für die Demokratisierung der Demokratie ist. Denn sie generiert erst diejenigen Identitäten und Standpunkte, von denen aus strukturelle Diskriminierungs- und Ausschlussverhältnisse mit starker Objektivität kritisiert werden können. Die Notwendigkeit, diese abstrakte und grundlegende These gut zu begründen, ergibt sich aus der aktuellen Debatte, in der genau gegenteilig argumentiert wird – nämlich: dass Identitätspolitik insgesamt schädlich für die Demokratie sei, weil sie Gemeinschaft, Vernunft und Solidarität zersetze.

Diese grundlegende These impliziert aber nicht, dass alle Praktiken und Forderungen, die in der öffentlichen Debatte als Identitätspolitik identifiziert werden, tatsächlich progressiv und im Sinne jener zentralen These zu verstehen sind. Der Markenkern der kritischen Debatte um Identitätspolitik besteht ja gerade in der Behauptung, dass diese von vielen regressiven Praktiken und Forderungen geprägt sei. Und dabei bringt die Debatte auch tatsächlich immer wieder problematische Aspekte ans Licht. Die radikaldemokratietheoretische Interpretation der Identitätspolitik sagt also ausdrücklich nicht, dass alle diese kritisierten Praktiken *a priori* als progressiv und demokratisierend aufgefasst werden sollten.

Deshalb werde ich in diesem Kapitel Maßstäbe zur Unterscheidung von progressiver und regressiver Identitätspolitik vorschlagen. Vorher ist es aber nötig, kurz die Prämissen der Diskussion solcher Maßstäbe zu erläutern.

Realismus. Wie im dritten Kapitel ausgeführt, gehört der Bezug auf eine eigene und geteilte Identität zu den Prozessen der politischen Konstruktion dieser Identität. Demokratietheoretisch herausgezoomt besteht die Funktion der Identitätspolitik *insgesamt* in der kreativen und transformativen Konstruktion von Identitäten. Doch dies bedeutet nicht, dass dabei nicht auch auf essentialisierte Identitäten zurückgegriffen wird. Im vierten Kapitel zur Frage des Partikularismus und Universalismus habe ich geschildert, dass ein erkenntnisbezogener Vorbehalt gegenüber hegemonialen Wissensarten und eine Privilegierung identitätspolitischer Standpunkte insgesamt vernünftig ist, um den demokratischen Universalismus zu konkretisieren. Dieses Standpunktdenken geht aber sowohl auf der Seite der Sender_innen (also der Seite der Identitätspolitik) als auch auf der der Empfänger_innen (also der privilegiert Positionierten, die der identitätspolitischen Forderung gegenüber responsiv sind) mit der Gefahr des «positionalen Fundamentalismus» (Speck/Villa Braslavsky 2020: 15) einher, durch den auch Unvernünftiges durchgesetzt werden kann. In Bezug auf diese Probleme habe ich auch gezeigt, dass sich gelungene Identitätspolitik – sowohl theoretisch und normativ als auch empirisch – dadurch auszeichnet, diese Schließungsdynamiken kontinuierlich zu kritisieren. Diese Selbstkritik ist gerade ein Kern des Begriffs der Identitätspolitik. Insofern ist für die Beurteilung von identitätspolitischen Projekten weniger relevant, dass einzelne regressive Praxen bzw. Forderungen vorkommen (und auch wiederkehren).[1] Denn dies ist realistischerweise zu erwarten, und gehört gewissermaßen zum identitätspolitischen Geschäft dazu. Der Anspruch, solche Regression müsse komplett vermieden werden, geht dementsprechend mit einer grundsätzlichen Ablehnung von Identitätspolitik einher, verhindert dadurch Demokratisierungen und führt zu einer Aufrechterhaltung ungerechtfertigter Privilegien. Diese Einsicht – demokratisierenden Fortschritt kann es nicht ohne Reibungsverluste in Gestalt regressiver Praxen und Forderungen geben – gehört zu einer realistischen Beschreibung der Identitätspolitik. Deshalb ist es auch eine Schieflage der identitätspolitikkritischen Debatten, ständig (die gleichen) Einzelfälle zu skandalisieren (siehe dazu Daub 2022). Wichtiger ist, ob es insgesamt eine Kultur der Kritik solcher Praxen und Forderungen gibt.

Epistemischer Vorbehalt. Das Geschäft der abstrakten Beurteilung identitätspolitischer Praktiken und Forderungen sollte wegen der im letzten Kapitel ausgeführten Kritik am Konzept der konventionellen Objektivität und dem damit verbundenen falschen Universalismus mit Vorsicht genossen werden. Weil wir uns aus der gesellschaftlichen Situiertheit unserer je eigenen Position schlecht lösen können und privilegierte Positionen mit blinden Flecken in Bezug auf Diskriminierungen einhergehen, ist die Gefahr groß, identitätspolitischen Projekten gegenüber überkritisch eingestellt zu sein. Die geschilderte öffentliche Diskurssituation, in der Identitätspolitik überwiegend als strukturell regressiv dargestellt wird, zeigt, dass dies keine abstrakte Gefahr ist, sondern der Normalfall der mehrheitsgesellschaftlichen Diskussion um Identitätspolitik der letzten Jahre. Hier wird Identitätspolitik aus einer solchen privilegierten Perspektive abgecancelt, anstatt sich mit den jeweils vorgebrachten

Argumenten ernsthaft auseinanderzusetzen – der oben angesprochen Text von Wolfgang Thierse (2021) ist eine idealtypische Ausführung dessen. Natürlich muss sich diese Kritik der mehrheitsgesellschaftlichen Debatte insgesamt an Einzelfällen messen bzw. messen lassen. Denn wenn die in der überwiegenden Anzahl diskutierten Einzelfälle tatsächlich so regressive Praktiken und Forderungen dominierten, wie in der Debatte behauptet, dann würde die Kritik an den blinden Flecken der Mehrheitsgesellschaft wie bestenfalls plausible, aber letztlich bloß theoretische Gedankenblasen verpuffen, die aber mit der realen identitätspolitischen Praxis wenig zu tun hätten.

Um dieser Befürchtung effektiv entgegenzutreten, müsste eine repräsentative Vielzahl an diskutierten Beispielen für regressive Identitätspolitik untersucht und dabei gezeigt werden, welche Diskursstruktur zu ihrer Skandalisierung führt. Eine solche Untersuchung hat kürzlich Adrian Daub (2022) vorgelegt und gezeigt, dass die in der Debatte immer wieder behandelten Fälle Auslassungen und Verzerrungen enthalten. Dies bestätigt also, dass es angebracht ist, bei der Beurteilung spezifischer identitätspolitischer Praxen und Forderung eine gewisse Zurückhaltung, Vorsicht und Skepsis gegenüber der eigenen Beurteilungsposition einzunehmen.

Gut begründete Zurückhaltung – wie ich sie gerade erläutert habe – bedeutet selbstredend nicht, dass Bewertungen und Beurteilungen unmöglich oder grundsätzlich falsch wären. Das wäre eine *carte blanche* für alle möglichen (selbsternannten) Identitätspolitiken, auch wenn sie in Fundamentalismus und Relativismus enden. Für die Beurteilung von Identitätspolitiken lassen sich aus den Argumentationen der vergangenen Kapitel Maßstäbe ableiten, die ich im Folgenden skizzieren möchte. Sie geben einerseits Orientierung, führen also nicht in Relativismus. Andererseits sind sie abstrakt genug formuliert, sodass sie den epistemischen Vorbehalt nicht konterkarieren. Die Maßstäbe sollen zur Unterscheidung von progressiven und regressiven identitätspolitischen Praktiken und Forderungen dienen. Wie in den vorangegangenen Kapiteln ausgeführt, ist das Kernargument des Buches, dass Identitätspolitik insgesamt demokratisierend ist. Gleichzeitig gehören aber die beschriebenen Schließungstendenzen ebenfalls dazu. Von regressiver Identitätspolitik kann man sprechen, wenn diese Schließungsdynamiken dominant sind; dadurch kann sich der identitätspolitische Charakter (Umgang mit objektiver Diskriminierung, Orientierung an universellen Werten) auch so weit auflösen, dass es eigentlich präziser wäre, gar nicht mehr von Identitätspolitik, sondern von exkludierender Interessenpolitik zu sprechen. Um aber nicht zu weit vom Vokabular der öffentlichen Debatte abzudriften, spreche ich auch von progressiver und regressiver Identitätspolitik. Es gibt drei Arten von Maßstäben, die ich im Folgenden beschreibe: die universalistische Orientierung an demokratischen Grundwerten im Raster der Normativität; die Praxis der selbstreflexiven Kritik im Raster der Prozeduralität; und eine intersektionale Ausrichtung im Raster der Gruppendefinition.

Freiheit und Gleichheit

Zum ersten Maßstab: Freiheit und Gleichheit sind seit der demokratischen Revolution demokratische Grundwerte. Sie können als universell geltend verstanden werden, weil sie zumindest als abstrakte Werte in westlichen Demokratien als grundlegend anerkannt sind.[2] Identitätspolitik ist aber nötig, um diese abstrakten Werte in Bezug auf spezifische Verhältnisse, Strukturen und Situationen zu konkretisieren. Viele identitätspolitische Forderungen beziehen sich unmittelbar auf diese Werte und fordern sie ein. Aber auch wenn es keinen direkten Bezug gibt, liegen sie progressiven identitätspolitischen Forderungen implizit zugrunde. Dies ist immer dann der Fall, wenn Diskriminierungs- und Ausschlussverhältnisse der Mehrheitsgesellschaft angeklagt werden – denn die normative Forderung dahinter ist die gleichberechtigte Teilnahme. So klagt beispielsweise der Slogan «Black Lives Matter» an, dass das Leben von Schwarzen Menschen weniger geschützt wird als das Leben von Weißen Menschen.

Wenn sich allerdings Forderungen nicht gegen die Mehrheitsgesellschaft, sondern gegen (andere) Minderheiten richten und auf deren Benachteiligung hinwirken, folgen sie keiner demokratischen, sondern vielmehr einer anti-demokratischen Normativität, und sind deshalb regressiv. Weil sie so ein zentrales Kriterium für Identitätspolitik nicht erfüllen, nenne ich solche Praktiken exkludierende Interessenpolitik (und nicht regressive Identitätspolitik). Exkludierende Interessenpolitik ist ein weites Feld. Darunter fallen typische nationalistische Schließungspolitiken, wie das Anliegen von Rechtspopulisten, Menschen aus einem imaginierten wahren deutschen Volk auszuschließen. Exkludierende Interessenpolitik gibt es aber auch in demjenigen Feld, das typischerweise als Identitätspolitik identifiziert wird. Einerseits gibt es ein grundsätzliches Potential für solche benachteiligenden Ausschlüsse in der Identitätspolitik, weil Identitätskonstruktionen auch essentialistische Elemente beinhalten können und weil Standpunktargumentationen fundamentalistisch gewendet werden können – das habe ich oben als Realismus bezeichnet. Deshalb ist es so wichtig, dass Identitätspolitik dieses Potential immer im Blick behält und eindämmt. Aus diesem Grund nenne ich ständige kritische Reflexion als einen weiteren Maßstab für progressive Identitätspolitik; diesen erläutere ich weiter unten. Andererseits gibt es aber auch ganze durch Essentialismus und Fundamentalismus ‹gekippte› Gruppen, deren Politik in erster Linie auf die Benachteiligung anderer abzielt.

Ein aktuelles Beispiel für ins Regressive ‹gekippte›, ehemalige Identitätspolitik ist der sogenannte transexkludierende radikale Feminismus (abgekürzt TERF).[3] TERF-Aktivismus zielt darauf ab, Trans*-Frauen aus der Gruppe der Frauen auszuschließen. Trans*-Frauen sind Frauen, denen bei der Geburt das männliche Geschlecht zugewiesen wurde. Sie waren bzw. sind massiven Diskriminierungen ausgesetzt, die nun langsam abgebaut werden. Es ist ein Menschenrecht, frei von staatlichen Eingriffen nach seiner eigenen Geschlechtsidentität leben zu können. Staat, Medizin und Psychologie sollten Menschen nicht diktieren, wer sie sind – das ist ein selbstverständlicher Grundsatz im liberalen Staat. Dieses Recht wird bzw. wurde Trans*-Personen lange verweigert. Beispielsweise sah das Transsexuellengesetz in Deutschland vor, dass Trans*-Personen sich sterilisieren lassen müssen, wenn sie ihren Geschlechtseintrag (ihr ‹rechtliches Geschlecht›, das etwa im Ausweis steht) ändern wollen – bis das Bundesverfassungsgericht das im Jahr 2011 verboten hat. Noch bis November 2024 ist die Änderung des Geschlechtseintrags nicht möglich, ohne demütigende Gutachten von Psycholog_innen dafür einzuholen, bei denen Menschen detaillierte Auskunft über ihr Sexualleben geben müssen. Diese entwürdigende Praxis wird durch das im Frühjahr 2024 verabschiedete Selbstbestimmungsgesetz abgeschafft, sodass Menschen ihren Geschlechtseintrag ohne staatlich vorgegebene psychologische Pathologisierung und Demütigung ändern können. TERFs wenden sich mit aller Kraft gegen die Verbesserung der Menschenrechtslage durch das Selbstbestimmungsgesetz in Deutschland und ähnliche Reformen in anderen Ländern. Die Debatte dazu wird teilweise regelrecht hasserfüllt geführt. Das ursprünglich feministische Ziel der radikalen Feministinnen, der Schutz von Frauen vor Sexismus und der Kampf gegen das Patriarchat, wurde zunehmend überlagert vom einzigen Ziel, Trans*-Frauen aus der Gruppe der Frauen auszuschließen und die Einschränkungen ihrer Menschenrechte aufrecht zu erhalten.[4] Dieser normative Kipppunkt markiert den Übergang von Identitätspolitik, die sich an universalistischen demokratischen Werten orientiert, hin zu exkludierender Interessenpolitik.[5]

Selbstreflexive Kritik

Freiheit und Gleichheit für alle ist der normative Horizont der Demokratie, auf den sich Identitätspolitik bezieht. Das ist der grundlegende Wertemaßstab, auf den sie abzielt und an dem sie sich messen lassen muss. Doch schon die Vorbemerkungen zum Realismus (Identitätspolitik hat essentialistische und fundamentalistische Tendenzen) und zum epistemischen Vorbehalt (es ist schwer, zu erkennen, was eine angemessene Interpretation von

Gleichheit und Freiheit ist) hat gezeigt: Dieser Maßstab allein ist nur von begrenztem Nutzen, um identitätspolitische Projekte zu beurteilen. Denn er ist schnell selbst umstritten – wie das Beispiel der TERFs zeigt, die meine Beschreibung ihrer Politik selbstredend rundheraus ablehnen würden und sich selbst als die eigentlichen Verfechterinnen der universellen Menschenrechte ansehen.[6]

Die Umstrittenheit setzt aber noch tiefer an: Sie beginnt schon auf einer abstrakteren Ebene des Spannungsverhältnisses verschiedener Ideen der Gleichheit und Freiheit. Gleichheit kann einerseits als Angleichung und Integration verstanden werden, was in der Forderung nach gleichen Rechten mündet. Dieses weit verbreitete Gleichheitsverständnis geht oft mit einer spezifisch eingeschränkten liberalen Toleranz einher – wie etwa der, dass Schwule im Privaten machen sollen, was sie wollen, solange sie damit nicht die Öffentlichkeit behelligen. Auf der anderen Seite wird Gleichheit als Anerkennung unterschiedlicher Besonderheiten verstanden und geht dann meist mit einer kritischen Haltung gegenüber geltenden Normen einher. Ein solches Gleichheitsverständnis kann begründen, warum beispielsweise ‹provozierende› Gender-Performances oder Räume sinnvoll sind, die nur für bestimmte Minderheiten geöffnet sind (Zeiten im Schwimmbad für Trans*-Personen oder eine nur für People of Color geöffnete Ausstellung). Diese beiden Gleichheitsvorstellungen können soziologisch einem konservativen und einem progressiven Lager zugerechnet werden (Mau et al. 2023: 173–185). Ich habe Identitätspolitik im Kapitel 3 als eine Konstruktion von Besonderheiten beschrieben, weshalb es bei Identitätspolitik in diesem Sinne grundsätzlich eher um Gleichheit als um Anerkennung von Besonderheit geht. Allerdings spielen beide Gleichheitsverständnisse auch innerhalb identitätspolitischer Diskussionen eine Rolle. Tatsächlich ist die feministische, queere und antirassistische Identitätspolitik ein kontinuierlicher Streit zwischen der Betonung von gleichen Rechten und der eigenen Besonderheit.

Auch der Freiheitsbegriff ist umstritten. Hier findet sich die Spannung zwischen einem negativen bzw. sozialen Freiheitsbegriff, der in der aktuellen Debatte gegen Identitätspolitik ins Spiel gebracht wird, wie ich in Kapitel 2 analysiert habe, und einem kritischen Freiheitsbegriff, bei dem es um die Veränderung von Normen geht. Einerseits gibt es also auch hier eine politische Grundverortung der Freiheitsbegriffe – sowohl der negative als auch der soziale Freiheitsbegriff wird tendenziell von konservativer, der kritische von progressiver Seite angeführt. Andererseits sind der negative und soziale Freiheitsbegriff zentrale normative Pfeiler der demokratischen Tradition (siehe Kapitel 1) und werden entsprechend regelmäßig auch innerhalb identitätspolitischer Diskussionen angeführt. Insbesondere der negative Freiheitsbegriff ist ein wichtiger Bezug, um normierenden Vereinheitlichungen (durch Essentialismus und Fundamentalismus) innerhalb von Identitätspolitik entgegenzuwirken.

Weil die Verständnisse von Freiheit und Gleichheit umstritten sind, ist es notwendig, diesen substanziellen Maßstab durch einen prozeduralistischen Maßstab zu ergänzen – also einen, bei dem es mehr um die Abläufe als um die Inhalte geht. Dieser Maßstab ist die Praxis der selbstreflexiven Kritik. Identitätspolitik ist dann (langfristig) demokratisierend, wenn sie in der Lage ist, ihren eigenen (potenziellen) Essentialismus und Fundamentalismus selbstkritisch zu reflektieren. Wenn ich gerade festgestellt habe, dass die Diskussion zwischen verschiedenen normativen Begriffen für die Identitätspolitik prägend ist, dann ist das einerseits eine Beschreibung, andererseits verbirgt sich dahinter aber schon der prozeduralistische Bewertungsmaßstab: Wenn Identitätspolitik diese Diskussionen (weiterhin) offenhält, bewahrt sie sich die Fähigkeit zur selbstreflexiven Kritik.

Sie braucht dafür sowohl offene interne Diskussionsstrukturen als auch eine gewisse Offenheit für Kritik von außen, insbesondere (aber nicht nur) von anderen identitätspolitischen Projekten. Da viele Menschen zu mehreren identitätspolitischen Gruppen gehören, lässt sich beides oft nicht genau trennen. Ein Beispiel für solche Kritik von außen sind Vorwürfe gegenüber der schwulen Identitätspolitik, dass diese vor allem die Interessen von bürgerlichen Weißen

Schwulen aus der Mittel- und Oberschicht vertrete, die relativ angepasst leben wollten und dabei all diejenigen queeren Menschen, die nicht in dieses Bild passten, ausschließe. Wenn sich in einer solchen Situation die Fronten verhärten und berechtigte Kritik abgeschmettert wird, ist das ein Zeichen, dass Identitätspolitik in exkludierende Interessenpolitik kippt. Die Grenze ist hier aber graduell. Gerade weil Ansprüche umstritten sind, und weil es unterschiedliche identitätspolitische Untergruppen mit unterschiedlichen Diskriminierungserfahrungen, Identitäten und politischen Forderungen geben kann, ist es wiederum schwierig zu beurteilen, wann Kritik aus guten Gründen abgelehnt wird und wann eine problematische Verhärtung und Schließung dafür ursächlich ist. Ältere Schwule haben beispielsweise oft eine andere Agenda als jüngere, die sich teilweise eher als queer identifizieren und darauf hinwirken, schwule Räume zu öffnen. Diese Öffnungsforderung scheint auf den ersten Blick klar auf der Seite der selbstreflexiven Kritik verortet. Doch es kann berechtigte Diskussionen darüber geben, ob es nicht auch schädlich für die identitätspolitische Funktion von schwulen Orten ist, sie einem liberalen Begriff von ‹queer› folgend für alle zu öffnen.[7]

Wegen dieser grundsätzlichen Problematik der Bewertung konkreter Fragen eignet sich der Maßstab der selbstreflexiven Kritik besser für eine Bewertung auf einer abstrakten Ebene, wo sowohl zeitlich als auch in Bezug auf die identitätspolitische Gruppe herausgezoomte Beschreibungen im Zentrum stehen. So lässt sich beispielsweise für das Feld der LSBTIQ*-Identitätspolitiken (lesbisch, schwul, bisexuell, transgeschlechtlich, intersexuell, queer) *insgesamt* eine hohe selbstreflexive kritische Diskursivität feststellen. Es gibt sowohl innerhalb der mit diesen Identitätspolitiken verbundenen wissenschaftlichen Diskussionen und den politischen Repräsentationsorganisationen als auch in und zwischen den jeweiligen Communities durchgehend kritische Diskussionen bezüglich der Art und Weise, wie Identitäten verstanden werden und ob dies zu problematischen Ausschlussverhältnissen führen kann. Solche Diskussionen gehören zur DNA dieser Identitätspolitiken – und gleiches gilt für die langen Traditionen der antirassistischen, antisemitismuskritischen, feministischen und klassenbezogenen Identitätspolitiken.

Im Gegensatz dazu steht wiederum der TERF-Aktivismus, dem solche kritische Selbstreflexivität nicht mehr zugeschrieben werden kann. Erstens werden die Debatten dort überwiegend unwissenschaftlich geführt. Zwar ist beispielsweise die TERF-Vordenkerin Kathleen Stock Wissenschaftlerin, aber gar nicht auf Geschlechterfragen spezialisiert. Sie hat ihre Professur für philosophische Ästhetik 2021 aufgegeben und sich einer Art anti-woken Gegenuniversität angeschlossen (Palmer 2021), die bis jetzt nur virtuell existiert, auf deren Website sie allerdings nicht (mehr) gelistet ist.[8] Die Organisationen von TERFs sind zweitens oft Briefkastenorganisationen, die nur mit dem Ziel des Aktivismus gegen die geschlechtliche Selbstbestimmung agieren, aber keine Foren für einen offenen Diskurs bieten, wie die etablierten LSBTIQ*-Organisationen. Zuletzt ist die TERF-Community überwiegend im Netz aktiv und betreibt dort, insbesondere auf X, Hetzkampagnen gegen geschlechtliche Selbstbestimmung.[9]

Intersektionale Ausrichtung

Eine intersektionale Ausrichtung ist der dritte Maßstab zur Beurteilung von Identitätspolitiken. Dieser Maßstab ist eine Konkretisierung des Vorangegangenen. Intersektionalität bezeichnet die Überschneidung und Wechselwirkung verschiedener Diskriminierungsformen. Es ist heute ein zentrales Schlagwort der Debatten um Diversitätspolitik, die aus der Professionalisierung und Institutionalisierung von identitätspolitischen Projekten hervorgegangen sind. Dabei geht es darum, zu erkennen, dass Individuen nicht nur aufgrund eines einzelnen Merkmals, wie Geschlecht oder ethnischer Herkunft, benachteiligt werden können, sondern dass sich unterschiedliche Diskriminierungserfahrungen überlagern und verstärken können.[10]

Wegen dieser Mehrdimensionalität von Diskriminierung wird in der sozialwissenschaftlichen und diversitätspolitischen Diskussion gefordert, dass Diversität nicht nur in Bezug auf einzelne Merkmale gefördert werden sollte, sondern dass ein ganzheitlicher, alle Merkmale und deren Wechselwirkungen umfassender Ansatz notwendig ist. Aus den beiden vorangegangenen Maßstäben ergibt sich eine grundsätzliche Relevanz einer intersektionalen Ausrichtung: Die normative Grundorientierung ist Gleichheit und Freiheit für alle; und die kritische Reflexion fokussiert darauf, genau solche Ausschlüsse und Lücken der Identitätspolitik zu thematisieren, die entstehen, wenn Mehrfachdiskriminierung übersehen wird.

Eine intersektionale Identitätspolitik ist allerdings schon für sich ein spannungsreicher Begriff. Denn bei Identitätspolitik geht es darum, dass der hegemoniale Diskurs von einem partikularen Standpunkt aus kritisiert wird. Bei Intersektionalität geht es aber um alle möglichen Diskriminierungen. So verstanden setzt die Norm der Intersektionalität implizit einen problematischen universellen Standpunkt voraus, von dem aus alle Diskriminierungen angegangen werden könnten. Dieser Universalismus erscheint allerdings bei Diversitätspolitik weniger problematisch zu sein, wenn man diese so deutet, dass sie den jeweils aktuell erreichten Stand der allgemeinen Institutionalisierung von Anti-Diskriminierungsbemühungen reflektiert – also das, was die Gesellschaft bereits von Identitätspolitiken gelernt hat. Dies ist die Seite des Universellen, die durch unterschiedliche partikulare Identitätspolitiken etwas verbessert wurde. Hier ist der Maßstab der Intersektionalität angemessen, weil möglichst alle Diskriminierungsformen behandelt werden sollten.

Doch schon in der praktischen Umsetzung von Diversitätspolitik gelingt Intersektionalität nur bedingt, weil sie mit institutionell nur schwer zu bewältigenden Komplexitätssteigerungen einhergeht. Mit anderen Worten: In der konkreten Umsetzung von Diversitätsmaßnahmen können Organisationen kaum alle möglichen Wechselwirkungen berücksichtigen, weil das zu einer unübersichtlichen Individualisierung führen würde, was wiederum in einem Spannungsverhältnis zum Maßstab der Gleichbehandlung steht.

Zudem sind die Organisationen der politischen Gruppenrepräsentation, wie beispielsweise Verbände oder Beauftragte in Institutionen, meist aus der (identitätspolitischen) Vertretung und Thematisierung der Anliegen einer spezifischen Gruppe erwachsen. Insofern Ressourcen – sowohl monetär als auch bezüglich Thematisierungschancen – begrenzt sind, wird auf die Forderung nach einer mehrdimensionalen Ausweitung des Diversitätsverständnisses von etablierten Repräsentant_innen spezifischer Gruppen, wie beispielsweise Gleichstellungsbeauftragten, teilweise zurückhaltend bis abweisend reagiert.

Im Falle allgemeiner Institutionen (wie staatlichen Stellen oder Unternehmen) ist der Maßstab der Intersektionalität für Diversitätspolitik trotz der Umsetzungsprobleme angebracht. Denn hier geht es darum, Diversität im Allgemeinen zu fördern. Ihr Auftrag besteht in dem Versuch, eine möglichst universelle Position zu vertreten. Und das Konzept der Intersektionalität dient dazu, dies besser zu erreichen, damit die Instrumente und Maßnahmen der Diversität nicht an Identitätsgrenzen Halt machen. Bei Identitätspolitik verhält es sich jedoch anders. Sie kritisiert die hegemonialen Diskurse und etablierten Institutionen von einem partikularen Standpunkt aus und wirkt so auf einen langsamen Wandel derselben hin. Ihre normativ universalistische Ausrichtung an den Werten der Gleichheit und Freiheit bedeutet nicht, dass sie sich um alle Diskriminierungsformen gleichermaßen kümmern müsste; dadurch würde sie ihre Besonderheit verlieren. Ihr besonderer, also partikularer Standpunkt ist es aber erst, was sie für die Kritik an den hegemonialen Diskursen und etablierten Institutionen notwendig macht. Eine gewisse Geschlossenheit und Konzentration auf eine Identität gehört zur Identitätspolitik deshalb notwendig dazu. Identitätspolitik muss also auch ausschließen.

Hieraus resultiert die Frage, welche Ausschlüsse angemessen sind und welche nicht. Bei der Beantwortung dieser Frage kann der Maßstab der intersektionalen Ausrichtung helfen. Er ist schwächer als vollständige Intersektionalität, die gar keine Ausschlüsse erlauben würde. Intersektionale Ausrichtung bedeutet dann, die Pluralität der Mehrfachdiskriminierungen, die mit einer Hauptidentität einhergehen können, mit zu reflektieren, damit sie nicht zu einem ‹inneren Universalismus› führen, also einer Machtkonzentration bei einer bestimmten Untergruppe, die sich anschickt, für die Hauptgruppe zu sprechen. Eine intersektionale Ausrichtung verhindert insbesondere, dass identitätspolitische Projekte durch *elite capture* (wie in Kapitel 3 diskutiert) nur von einer anderweitig privilegierten Untergruppe dominiert werden. Beispiele für eine gelungene intersektionale Korrektur finden sich in verschiedenen Identitätspolitiken. Der westliche Feminismus etwa war in den 70ern überwiegend von Weißen Frauen aus der Mittelschicht dominiert und thematisiert heute meist die Intersektion von sexistischer, rassistischer und klassenbezogener Diskriminierung. Auch bezüglich des Antirassismus gibt es Debatten zur besseren Berücksichtigung von Geschlecht und Klasse, und in den lesbischen und schwulen Identitätspolitiken fand ein Wandel hin zu queerer Politik statt, die eine Pluralität von Sexualitäten und Geschlechtsidentitäten einschließt.

Eine intersektionale Korrektur kann auch zu einer Generierung neuer identitätspolitischer Projekte führen. So liegt es beispielsweise nahe, den Schwarzen Feminismus als eine eigenständige Identitätspolitik zu begreifen, weil es hier eine eigenständige Community mit umfangreicher Wissens- und Kulturproduktion zu der spezifischen Identität gibt. Und aus den gleichen Gründen kann man auch innerhalb der queeren bzw. LSBTIQ* Community die unterschiedlichen Subgruppen als eigenständige Identitätspolitiken begreifen – insbesondere die wiederum in sich ausdifferenzierten lesbischen und schwulen Identitätspolitiken sowie die sich in den letzten Jahren stark entwickelte und wiederum intern differenzierte Trans*- und Non-Binary-Identitätspolitik. Diese Abgrenzungen sind nicht klar zu treffen – und das ist auch gar nicht nötig. Es geht nur darum, zu verstehen, dass eine intersektionale Ausrichtung einerseits einen sinnvollen Maßstab zur Bewertung der demokratisierenden Funktion von Identitätspolitiken darstellt, dieser aber andererseits auch begrenzt ist, weil Identitätspolitiken sich nicht um alles kümmern können – sie sind keine allgemeine Diversitätspolitik. Deutlich sollte auch sein, dass die Generierung neuer identitätspolitischer Gruppen aus intersektionalen Auseinandersetzungen kein Problem ist – es ist keine skandalisierbare ‹Spaltung› –, sondern eine in der Identitätspolitik angelegte Dynamik, die der Standpunktbildung und damit der Demokratisierung nützt.

Rück- und Ausblick

Mögliche Einwände

Ich habe in den drei Hauptkapiteln gezeigt, dass Identitätspolitik wichtig für die Demokratie ist. Denn sie ist notwendig, um die Demokratie besser zu verwirklichen, also noch demokratischer zu machen. Das erste Kapitel hat den identitätspolitikkritischen Diskurs analysiert, der Identitätspolitik als eine Freiheitseinschränkung beschreibt. Dafür habe ich die dort zugrunde gelegten Freiheitsbegriffe kritisiert. Das zweite Kapitel hat ein neues Verständnis der Funktion von Identitätspolitik entwickelt: Sie schreibt Menschen nicht auf Identitäten fest, sondern schafft neue Identitäten und ermöglicht so Transformationen und die Entwicklung neuer Standpunkte. Das dritte Kapitel hat gezeigt, warum die Einbeziehung solcher Standpunkte notwendig ist, um die herrschenden Normen und Institutionen zu kritisieren, aber dabei üblicherweise nicht zu einer relativistischen Machtpolitik bzw. einem positionalen Fundamentalismus führt.

Zum Schluss werde ich nun noch einige Einwände diskutieren, die man gegen die Thesen des Buches vorbringen könnte.

Unterkomplexe Gegenüberstellungen. Ich spreche im Buch zur Beschreibung der sozialen Welt oft in einfachen Gegenüberstellungen: Unterdrückte/Privilegierte, Inklusion/Exklusion, minoritär/hegemonial. Das kann mit Fug und Recht als unterkomplex kritisiert werden. Denn die Welt ist selbstredend komplexer: Nur wenige Menschen, die wir mit Identitätspolitik üblicherweise assoziieren, sind durch Diskriminierung vollkommen ausgeschlossen. ‹Die Hegemonie› gibt es so nicht, sondern politische Institutionen und Diskurse sind von vielen, unterschiedlichen und oft divergierenden Ideen und Interessen geprägt. Wer eigentlich privilegiert ist, erscheint dabei oft nicht (mehr) so klar. Jemand mag beispielsweise Schwarz sein und gleichzeitig aus der deutschen Oberschicht kommen, dann ist die erfahrene rassistische Diskriminierung ganz anders als bei einem Schwarzen Geflüchteten, der sich ohne Papiere in Deutschland aufhält – und dabei wohl einen der wenigen Fälle darstellt, bei dem von quasi vollkommenem Ausschluss gesprochen werden kann. Und im Vergleich mit einem verarmten und schlecht ausgebildeten Weißen Arbeiter wird der Schwarze aus der Oberschicht wohl trotz des Rassismus insgesamt privilegierter sein. Die Komplexität der Welt unterläuft also einfache Gegenüberstellungen.

Es gibt mehrere Antworten auf diese Problematik. Die wichtigste liegt im Hinweis, dass einzelne Identitätspolitiken jeweils auf bestimmte Diskriminierungen fokussieren. Für diese bestimmten Diskriminierungen, also beispielsweise Sexismus, lässt sich in solchen Gegenüberstellungen sprechen. Hier wird ein soziales Verhältnis isoliert. Es ist richtig zu sagen, dass Frauen (immer noch) diskriminiert werden. Diese Aussage wird nicht durch den Hinweis darauf widerlegt, dass viele Untergruppen von Frauen wesentlich privilegierter als bestimmte Untergruppen von Männern sind. Weil solche Gegenüberstellungen aber für alle unterschiedlichen Identitätspolitiken aus ihren jeweiligen Standpunkten heraus für ihre jeweiligen Diskriminierungsverhältnisse zutreffen, lässt sich verallgemeinernd darüber sprechen. Die hier vorgelegte Theorie der demokratisierenden Funktion von Identitätspolitik generalisiert die Standpunkte unterschiedlicher Identitätspolitiken deshalb in der Aussage, dass es bei Identitätspolitik im Allgemeinen um die Inklusion von vormals Ausgeschlossenen bzw. den Abbau von ungerechtfertigten Privilegien geht. Von Unterdrückten/Privilegierten, Inklusion/Exklusion, minoritär/hegemonial zu sprechen ist also immer eine Abstraktion – tatsächlich gibt es nur spezifische und partielle Ausschlussverhältnisse, aber (fast) keine totalen.

Dass die Welt komplexer ist als binäre Unterscheidungen zwischen Unterdrückten und Privilegierten, wissen zweitens auch die jeweiligen Identitätspolitiken selbst. Deshalb dreht sich so viel der identitätspolitischen Debatten um die Definition und Transformation von Identität und die Frage, wer innerhalb der jeweiligen Identitätspolitik – oft durch andere, überlagernde Diskriminierungsverhältnisse – ein- oder ausgeschlossen wird. Die Stichworte zu diesen Fragen waren: Selbstreflexive Kritik und Intersektionalität. Die hier vorgelegte Demokratietheorie der Identitätspolitik berücksichtigt die Komplexität der Welt, indem sie beschreibt und bewertet, wie Identitätspolitiken mit ihr umgehen. Dabei bleibt das im letzten Abschnitt beschriebene Spannungsverhältnis zwischen Identitätspolitik und Intersektionalität bestehen. Es besteht darin, dass Identitätspolitiken einerseits intersektional ausgerichtet sein sollten, also interne Diskriminierungen vermeiden müssten, sich aber auch nicht gleichermaßen um alle Diskriminierungen kümmern können. Dies ist aber kein Problem auf der Ebene der Theorie, denn eine Theorie sollte nicht real vorhandene Spannungsverhältnisse wegmoderieren, sondern sie verständlicher machen.

Die dritte Antwort liegt in dem Hinweis, dass die Ebene der Vermittlung der unterschiedlichen Anti-Diskriminierungspolitiken die politischen Institutionen sind, nicht die einzelnen Identitätspolitiken. Mit anderen Worten: Identitätspolitik hat nicht die Aufgabe, selbst die Problematik der komplexen Welt zu lösen. Identitätspolitik ist die kontinuierliche Kritik an jeweils spezifischen Ausschlussverhältnissen von hegemonialen Diskursen und herrschenden Institutionen. Identitätspolitiken konstruieren partikulare Standpunkte, von denen aus sie den in diesen Institutionen realisierten Universalismus kritisieren und weiter konkretisieren. Die verschiedenen Identitätspolitiken speisen also ihre Standpunkte ein und wirken so auf inklusivere Institutionen hin – bezogen auf ihre Identitäten. Weil es aber eine Vielzahl von Identitätspolitiken gibt, die jeweils ihre Standpunkte einbringen, findet die Vermittlung dann in der Sphäre der allgemeinen Diskurse und der institutionalisierten Politik statt. Oft schließen sich dazu verschiedene Identitätspolitiken in solidarischen Bündnissen zusammen bzw. lassen ihre Forderungen in Parteien einfließen, um ihnen gebündelt mehr Gewicht zu geben. Diese Vermittlung (sowohl in den solidarischen Bündnissen als auch auf der Ebene der institutionalisierten Politik) kann selbstredend nie abgeschlossen sein, sie ist immer vorläufig und wird immer wieder neue Ausschlüsse produzieren. Vermittlung sollte auch nicht so verstanden werden, als wären die Institutionen eine Art rationaler Schiedsrichter, bei dem alle ihre Anliegen vortrügen und der dann einen Kompromiss herstellt. Vielmehr stellen die Hegemonie und ihre Institutionen ein komplexes Kräfteverhältnis dar, ein ständiges Zerren, Ziehen, und Ringen, bei dem sich zwar Vernunftmaßstäbe durchsetzen können, es aber dennoch keine zentrale Steuerung gibt. Diese Einsicht gehört zum epistemischen Vorbehalt, den ich beschrieben habe, als es darum ging, wie Identitätspolitiken beurteilt werden können. Es gibt keinen universellen Standpunkt der Vermittlung. Deshalb kann die Demokratietheorie der Identitätspolitik diese Vermittlung nicht vorwegnehmen, sondern muss sich darauf beschränken, abstrakt zu beschreiben, wie Identitätspolitiken einen Beitrag zu spezifischen Demokratisierungen leisten.

Demokratie- und Freiheitsverständnis. Ein weiterer, damit verwandter Einwand könnte sein, dass meine Beschreibung von Demokratie einseitig sei und das meiste dessen, was wir normalerweise unter Demokratie verstehen, auslasse. Der Fokus auf Diskriminierung und damit verbundene – abzubauende – Privilegien zeichne demnach ein Bild von Politik als reinem Nullsummenspiel, bei dem es klare Gewinner und Verlierer gebe, aber nicht das vom Konzept der sozialen Freiheit beschriebene kooperative Handeln, in welchem die Situation für alle verbessert werde. Und tatsächlich spielt sich ja – glücklicherweise – ein Großteil der politisch-gesellschaftlichen Aushandlungsprozesse in Deutschland in einem weitgehend kooperations- und konsensorientierten Modus ab. Dass ich die diesem Modus zugrundeliegenden Institutionen und Normen auch als Sedimentation vergangener Machtkämpfe beschreibe und nicht in erster Linie als Resultat von vernünftiger Einsicht, bedeutet keineswegs eine Ablehnung oder Distanzierung von ihnen. Vielmehr unterstreicht dieser Gedanke, wie grundsätzlich brüchig und schützenswert ein solch befriedeter Politikmodus ist – was angesichts des Erstarkens der AfD eine konkrete Aktualität hat. Der Fokus der radikalen Demokratietheorie liegt nicht auf diesem demokratischen Tagesgeschäft, sondern auf den Lücken und Ausschlüssen, die es lässt bzw. produziert. Bei struktureller Diskriminierung und Identitätspolitik geht es um Grenzkonflikte am Rand der Demokratie, weil es um die Einschränkung bzw. Ausweitung des *demos* selbst geht. Das Buch fokussiert also diesen spezifischen – aber grundlegenden – Aspekt von Demokratie und nicht die Bereiche und Institutionen, die sich *grosso modo* als eingespieltes kooperatives Handeln beschreiben lassen. Und in dem Bereich, der dem kooperativen Handeln im Rahmen der sozialen Freiheit quasi vorgeschaltet ist, ist Freiheit ein Nullsummenspiel, das heißt, Demokratisierung bedeutet auch eine Einschränkung ungerechtfertigter Privilegien. Dies dient aber der Verbesserung des kooperativen Handelns auf der Ebene der etablierten politisch-gesellschaftlichen Aushandlungsprozesse, also der besseren Realisierung sozialer Freiheit.

Identitätspolitik und Ökonomie. Einer der zentralen Einwände gegen Identitätspolitik wird von linker Seite formuliert, und zwar sowohl durch die kritische bzw. materialistische Theorie als auch von nationalistischen Linkspopulist_innen wie Sarah Wagenknecht: Identitätspolitik, so der Vorwurf, stehe in einem Konflikt mit ökonomischer Umverteilungspolitik und sei deshalb einer der Gründe dafür, warum der Kapitalismus nicht (mehr) erfolgreich bekämpft oder zumindest eingepfercht werden könne. Diesem wichtigen Thema – dem Verhältnis von Identitätspolitik und politischer Ökonomie – habe ich kein eigenes Kapitel gewidmet, obgleich ich es in meiner Auseinandersetzung mit Nancy Fraser schon diskutiert habe (siehe Kapitel 3). Dies liegt im Ansatz des Buches begründet: Es geht mir um die generelle Rolle von Identitätspolitiken in der

Demokratie und wie sie zu deren Erweiterung beitragen kann. Klassenpolitik ist dabei eine Identitätspolitik unter vielen. Kurz: Das Buch spricht auch über Ökonomie als sozialen Konflikt, aber eingebettet in die demokratietheoretische Analyse. Diejenigen Prozesse, die ich bezüglich der Identitätspolitik im Allgemeinen identifiziere, haben bei der Klassenpolitik schon früher als bei anderen Identitätspolitiken eingesetzt: Die gemeinsame Bewusstwerdung und Kulturproduktion der Arbeiterklasse, ihre Organisation, darauffolgender Protest und gesellschaftlicher Kampf, und die daraus folgende Umgestaltung der politischen Institutionen und der die Gesellschaft konstituierenden Normen. Gelandet sind wir beim (immer umkämpft gebliebenen) Kompromiss der sozialen Marktwirtschaft, der allerdings durch Neoliberalismus und Finanzialisierung unter erheblichen Druck geraten ist. Heute hat die Ungleichheit der Vermögen in Deutschland erschreckende Ausmaße angenommen und gefährdet den gesellschaftlichen Zusammenhalt fundamental. Die Reichsten 1% der Deutschen besitzen etwas über ein Drittel des Gesamtvermögens und damit mehr als 90% der Bevölkerung zusammen (Schröder et al. 2020: 515). Es gibt in der gesamten westlichen Welt keine starke linke Politik, die sich dem entfesselten Kapitalismus entgegenstellt, um die dadurch verursachten Erosionen der Demokratie – insbesondere das Erstarken rechtsautoritärer Kräfte – aufzuhalten. Doch dies liegt nicht an anderen Identitätspolitiken.

Tatsächlich könnte eine neue ökonomiefokussierte Identitätspolitik bei der dafür notwendigen Mobilisierung helfen. Dabei müsste es um ein neues gemeinsames Bewusstsein der riesigen Mehrheit aller sehr unterschiedlichen ausgebeuteten Menschen gehen, damit sie zusammen gegen die extreme ökonomische Ungleichheit vorgehen können. Dies war beispielsweise im Motto von Occupy Wallstreet ausgedrückt: «We are the 99%». Doch wie viele andere Bewegungen konnte auch diese nicht die Breite der ausgebeuteten Menschen erreichen, sondern wurde überwiegend von der Schicht progressiver Jüngerer mit Hochschulbildung getragen. Eine ökonomiefokussierte Identitätspolitik wird aber nicht durch andere

Identitätspolitiken verhindert, sondern durch verschiedene Faktoren und Entwicklungen, die sich in der Diagnose einer «demobilisierten Klassengesellschaft» (Dörre 2019) zusammenfassen lassen. Sie erklärt, warum es so schwer ist, die in unterschiedlichen Umständen Ausgebeuteten zusammenzubringen. Zentral sind dafür die mit dem Neoliberalismus einhergehende Finanzialisierung, Deregulierung und die Schwächung der Gewerkschaften, die zusammen mit einer globalisierenden Transformation der Arbeit einhergehen, durch die sich die traditionelle Arbeiterklasse aufgelöst hat und durch «multiple Ungleichheiten» (Duvet in Dörre 2019: 13) abgelöst wurde. Dieser Wandel der Hegemonie hin zum Neoliberalismus wurde auch von sozialdemokratischen Parteien vorangetrieben, prominente Namen sind Schröder, Blair und Clinton. Heute existieren neue Klassenstrukturen und die große ökonomische Ungleichheit wird mehrheitlich als Problem wahrgenommen. Jedoch führt dies nicht zu einer entsprechenden politischen Mobilisierung und Repräsentation. Deshalb ist die Konstruktion neuer Klassenidentitäten im Sinne der konstruktivistischen Identitätspolitik notwendig, in deren Zentrum ein «remaking of class» (Candeias 2019: 9) stünde.

Mau et al. (2023) haben die Einstellung zu Ungleichheit empirisch untersucht und stützen dabei die Diagnose einer demobilisierten Klassengesellschaft. Es gibt demnach eine paradoxe Konstellation von großer Unzufriedenheit mit Ungleichheit, die durch «eine relative Zufriedenheit mit der eigenen Lage, durch Meritokratieglauben, moralisierte Anspruchskonkurrenz und individuelle Investitionsstrategien konterkariert wird» (Mau et al. 2023: 111). Insgesamt gibt es deshalb eine Verschiebung von vertikalen Klassenkämpfen hin zu «horizontalen Konkurrenzkämpfen, individualisierten Statusstrategien und moralischen Abgrenzungen nach unten» (Mau et al. 2023: 116), die solidarische Klassenpolitik lähmen. Um mit dieser Lage umzugehen, ist es notwendig, verschiedene unter Ungleichheit leidende Gruppen zusammenzubringen. Dies gelingt nicht durch eine Rückkehr zu klassischer Klassenpolitik, die auf Industriearbeiter fokussiert, sondern nur durch die

Integration der verschiedenen, teils durch Identitätspolitiken vertretenen Gruppen, mithin durch intersektionale Klassenpolitik (Candeias 2019: 7).

Solche intersektionale Klassenpolitik (Bohrer 2018, 2019) steht nicht in einem Gegensatz zur Identitätspolitik. Im Gegenteil: Zwar ist richtig, dass identitätspolitische Projekte auch in einer kapitalistisch eingemeindeten Art und Weise auftreten können, wie von Fraser (2017) mit ihrer Diagnose des «progressiven Neoliberalismus» kritisiert. Doch dies liegt nicht in ihrer Grundstruktur begründet und ist nach den im letzten Abschnitt vorgeschlagenen Maßstäben kritikwürdig. Tatsächlich gibt es eine Reihe von Gründen, warum die oft diskutierte Spaltung von Klassenpolitik und Identitätspolitik nicht aufrechterhalten werden kann (siehe dazu auch Schubert 2024b). Einerseits gibt es auf der Ebene der Analyse ein gegenseitiges Bedingungsverhältnis von ökonomischer Ausbeutung und identitätspolitischen Diskriminierungsformen, das insbesondere bezüglich des Rassismus und Sexismus, aber auch bezüglich Queerfeindlichkeit in der Literatur gut dokumentiert ist (zu letzterem Chitty 2020). Die kapitalistische Akkumulation beruht auch auf diesen Diskriminierungsformen, die günstige bzw. kostenlose Arbeit zur Verfügung stellen. So lässt sich die Entwicklung des Kapitalismus nur verstehen, wenn man die Ausbeutung unbezahlter Hausfrauenarbeit berücksichtig, wie der marxistische Feminismus gezeigt hat (Federici 1975, 2012; Hartmann 1979). Genauso fundamental für den Kapitalismus ist die auf Rassismus und Kolonialismus beruhende Ausbeutung nicht-Weißer Menschen und die Landnahme von ihnen (Anghie 2005; Jenkins/Leroy 2021; Robinson 2000). Entsprechend richten sich andererseits die identitätspolitischen Projekte selbst immer auch gegen ökonomische Ungleichheit, die mit den jeweiligen Diskriminierungsformen zusammenhängen (Combahee River Collective 1979). Ein Beispiel dafür sind antirassistische und postkoloniale Kämpfe, die auf die Wiederherstellung ökonomischer Gerechtigkeit abzielen (Darity et al. 2023). Und auch für den Feminismus ist der Kampf gegen ökonomische Ungleichbehandlung nach wie vor ein zentrales Thema (Beier et al.

2018; Scheele/Wöhl 2018). Insgesamt heißt das: Die notwendige neue Politisierung von Ausbeutung und Kapitalismus wird es nicht gegen Identitätspolitik geben, sondern nur als eine neue intersektionale Spielart von klassenbezogener Identitätspolitik.

Fortschritt oder Regression?

Dieses Buch lobt Identitätspolitik, weil sie den demokratischen Fortschritt vorantreibt. Identitätspolitik hilft dabei, Stück für Stück das Versprechen der Demokratie auf Gleichheit und Freiheit für alle zu realisieren. Doch dass Identitätspolitik grundsätzlich diese demokratisierende Funktion hat, bedeutet noch nicht, dass sie darin auch erfolgreich ist. Weil ich mich im Vorangegangenen auf die Analyse dieser demokratisierenden Funktion konzentriert habe, könnte – so ein weiterer möglicher Einwand – es so wirken, als befänden wir uns mithilfe der Identitätspolitik auf einem kontinuierlichen (wenn auch beschwerlichen) Weg zur immer weiteren Vervollständigung der Demokratie.

Doch leider ist Fortschritt nicht so linear. Im Gegenteil: Die Geschichte ist von vielfachem Rückschritt – von Regression – geprägt (zur philosophischen Analyse von Fortschritt und Regression siehe jüngst Jaeggi 2023; zur Möglichkeit von Fortschritt Allen 2016). Es spricht vieles dafür, dass wir uns gerade in einer Phase neuer Regression befinden. In der westlichen Welt erstarken rechtspopulistische Kräfte und versuchen – oft erfolgreich – die Demokratie von innen auszuhöhlen. Schon aus der Opposition treiben sie den politischen Diskurs nach rechts und erschweren so demokratische Politik. Wenn Rechtspopulisten an die Macht kommen, stürzen sie sich auf den Rückbau identitätspolitischer Errungenschaften und errichten neue ausschließende und diskriminierende Maßnahmen. Im Mittelpunkt steht dabei der Rückbau der Rechte von Migrant_innen, Frauen und queeren Menschen und effektiv – wenn auch nicht rhetorisch – von armen Menschen. Die «große Regression» (Geiselberger 2017) hat auf sie unmittelbare Auswirkungen. Die Rechten waren entsprechend schon lange Vorreiter der Anti-Identitätspolitik. Dass sie jetzt bei Wahlen so erfolgreich sind, liegt auch daran, dass die Anti-Identitätspolitik in der Mitte der Gesellschaft Verbreitung fand. Auch dadurch wurden diskriminierende Positionen salonfähig und der Widerstand gegen rechts geschwächt. Umso wichtiger ist es heute, dass Identitätspolitik auch von der Breite der Gesellschaft offensiv gelobt wird.

Durch das Erstarken der AfD in Deutschland ist die rechte Gefahr auch hierzulande konkret geworden. Lange Zeit herrschte die Stimmung, dass es rechte Regierungen zwar in anderen Demokratien geben könne, aber Deutschland als eine Art Erinnerungskulturweltmeister durch die Lehren aus der Nazizeit dagegen gefeit sei. Es ist gut, dass das Bewusstsein für die reale Möglichkeit des Rückbaus des demokratischen Charakters unseres Staates in der breiten Mitte der Gesellschaft angekommen zu sein scheint – zumindest lassen sich die breiten Demonstrationen Anfang 2024 nach dem Rechtsradikalen-Treffen zu Deportationsplänen so interpretieren. Es ist diese breite Mitte der anständigen Demokraten, die maßgeblich dafür ist, wie sich unser Land weiterentwickelt. Ich hoffe, dass dieses Buch dazu beiträgt, dass sie ins Lob der Identitätspolitik einstimmen.

Dank

Dieses Buch wäre nicht möglich gewesen ohne viele engagierte Diskussionen mit Kolleg_innen und Studierenden in einer Reihe von Forschungskontexten: der Bremen International Graduate School of Social Sciences, dem Seminar für Wissenschaftliche Politik der Universität Freiburg, dem Centre Marc Bloch (Berlin), dem Zentrum für interdisziplinäre Forschung (Bielefeld), dem Weizenbaum Institut (Berlin), dem Freiburg Institute of Advanced Studies, dem Lehrbereich Theorie der Politik der Humboldt-Universität zu Berlin und einer Vielzahl weiterer Orte, an denen ich für Vorträge, Kolloquium oder Konferenzen eingeladen war. All meinen Gesprächspartner_innen, insbesondere denjenigen, die frühere Textversionen kritisch kommentiert haben, möchte ich von Herzen danken. Weil alles andere den Rahmen sprengen würde, beschränke ich mich hier mit persönlichen Danksagungen auf diejenigen Personen, die mich unmittelbar bei der Veröffentlichung des Buches unterstützt haben.

Ich bedanke mich herzlich bei Dirk Setton, Felix Neubauer und Claire Zander vom Verlag C.H.Beck für die ausgezeichnete Zusammenarbeit und das gründliche Lektorat. Durch ein erstes Lektorat hat mich Niklas Kehrle als studentischer Mitarbeiter unterstützt, wofür ich mich sehr bedanke. Christian Volk von der Humboldt-Universität zu Berlin gilt mein besonderer Dank für seine wertvolle Unterstützung. Schließlich möchte ich Helge Schwiertz danken, dass er mir die Nutzung unseres gemeinsam verfassten Fachartikels als Grundlage für Kapitel 3 gestattet hat.

Für seine unermüdliche Beratung in allen Designfragen und dafür, dass das Leben mit ihm am schönsten ist, danke ich Taskin.

Quellen- und Lektürehinweise

Die Hauptkapitel dieses Buchs basieren auf schon veröffentlichten Fachartikeln.

Kapitel 2:

Schubert, Karsten (2020): «Political Correctness» als Sklavenmoral? Zur politischen Theorie der Privilegienkritik. In: Leviathan 48(1), S. 29–51. https://doi.org/10.5771/0340-0425-2020-1-29.

Schubert, Karsten (2020): Umkämpfte Kunstfreiheit – ein Differenzierungsvorschlag. In: Zeitschrift für Menschenrechte (2), S. 195–204.

Schubert, Karsten (2023): In Ruhe gelassen werden: Das Zusammenspiel von negativer und sozialer Freiheit in der Kritik an Identitätspolitik. In: Saam, Nicole J./Bielefeldt, Heiner (Hrg.): Sozialtheorie. Bielefeld: transcript, S. 149–158. https://doi.org/10.14361/9783839461884-013.

Kapitel 3:

Schubert, Karsten/Schwiertz, Helge (2021): Konstruktivistische Identitätspolitik: Warum Demokratie partikulare Positionierung erfordert. In: Zeitschrift für Politikwissenschaft 31(4), S. 565–593. https://doi.org/10.1007/s41358-021-00291-2.

Schubert, Karsten (2022): Eine Sache der Eliten? Identitätspolitik zwischen demokratischer Repräsentation und elite capture. In: Bundeszentrale für Politische Bildung (Hrg.): Repräsentation – Identität – Beteiligung: Zum Zustand und Wandel der Demokratie. Bonn: Bundeszentrale für politische Bildung, S. 292–314.

Kapitel 4:

Schubert, Karsten (2023): Identity Politics and the Democratization of Democracy: Oscillations between Power and Reason in Radical Democratic and Standpoint Theory. In: Constellations (online first), S. 1–17. https://doi.org/10.1111/1467-8675.12715.

Wer an dem Verhältnis von Identitätspolitik und digitaler Kommunikation/Social Media Interesse hat, kann hier weiterlesen: Schubert, Karsten (2023): Demokratisierung durch Filter Bubbles. Affordanzen der Schließung und Öffnung. In: Jung, Simone/Kempf, Victor (Hrg.): Entgrenzte Öffentlichkeit: Debattenkulturen im politischen und medialen Wandel. Bielefeld: transcript, S. 123–139. https://doi.org/10.14361/9783839463352-007.

Und wer sich für die politischen Auseinandersetzungen um Identitätspolitik in der Sphäre der Wissenschaft interessiert, wird hier fündig: Schubert, Karsten (2023): Zwei Begriffe der Wissenschaftsfreiheit: Zum Verhältnis von Wissenschaft und Politik. In: Zeitschrift für Praktische Philosophie 10(1), S. 39–78. https://doi.org/10.22613/zfpp/10.1.2.

Zur Unterscheidung von Identitätspolitik und Diversitätspolitik wird bald folgender Beitrag erscheinen: Schubert, Karsten (2024): Diversitätspolitik / Identitätspolitik. In: Hilgendorf, Eric/Zabel, Benno (Hrg.): Praktische Philosophie, Ethik und Recht. Eine interdisziplinäre Debatte. Stuttgart: utb.

Viele Beiträge zur herausfordernden Weiterentwicklung der radikalen Demokratietheorie, um damit die gegenwärtige politische Lage besser zu verstehen, finden sich hier: Ramin, Lucas von/Schubert, Karsten/Gengnagel, Vincent/Spoo, Georg (Hrg.) (2023): Transformationen des Politischen. Radikaldemokratische Theorien für die 2020er Jahre. Bielefeld: transcript.

Literaturverzeichnis

Allen, Amy (2008): The Politics of Our Selves: Power, Autonomy, and Gender in Contemporary Critical Theory. New York: Columbia Univ. Press.

Allen, Amy (2016): The End of Progress: Decolonizing the Normative Foundations of Critical Theory. New York: Columbia Univ. Press. https://doi.org/10.7312/alle17324.

Althusser, Louis (2010): Ideologie und ideologische Staatsapparate. Hamburg: VSA Verlag.

Ambos, Kai (2020): Freiheit im politischen Meinungskampf: Der EGMR urteilt zu BDS. In: Verfassungsblog. https://verfassungsblog.de/freiheit-im-politischen-meinungskampf/ (29.5.2024).

Ambos, Kai (2024): Scharfgestellte Staatsräson: Zum Umgang deutscher Sicherheitsbehörden mit dem Berliner «Palästina-Kongress». In: Verfassungsblog. https://verfassungsblog.de/scharfgestellte-staatsrason/ (27.5.2024).

Ambos, Kai/Barskanmaz, Cengiz/Bönnemann, Maxim/Fischer-Lescano, Andreas/Goldmann, Matthias/Mangold, Anna Katharina et al. (2023): Die Implementation der IHRA-Arbeitsdefinition Antisemitismus ins deutsche Recht – eine rechtliche Beurteilung. In: Verfassungsblog. https://verfassungsblog.de/die-implementation-der-ihra-arbeitsdefinition-antisemitismus-ins-deutsche-recht-eine-rechtliche-beurteilung/ (24.2.2024).

Ambos, Kai/Barskanmaz, Cengiz/Frankenberg, Günter/Goldmann, Matthias/Mangold, Anna Katharina/Markard, Nora et al. (2024): Antidiskriminierungsklauseln im Zuwendungs- und Förderungsrecht: Rechtliche Überlegungen. In: Verfassungsblog. https://verfassungsblog.de/antidiskriminierungsklauseln-im-zuwendungs-und-forderungsrecht/ (27.5.2024).

Amlinger, Carolin/Nachtwey, Oliver (2022): Gekränkte Freiheit: Aspekte des libertären Autoritarismus. Berlin: Suhrkamp.

Anderson, Elizabeth (2013): The Imperative of Integration. Princeton: Princeton University Press.

Anghie, Antony (2005): Imperialism, Sovereignty, and the Making of International Law, Bd. 37. Cambridge: Cambridge University Press.

Arato, Andrew (2013): Political Theology and Populism. In: Social Research 80(1), S. 143–172.

Arendt, Hannah (2022): Elemente und Ursprünge totaler Herrschaft: Antisemitismus, Imperialismus, totale Herrschaft. 24. Auflage. München: Piper.

Arzt, Clemens (2023): Pro-Palästina als unmittelbare Gefahr? Zur Aushöhlung des Versammlungsrechts in aufgeheizten Zeiten. In: Verfassungsblog. https://verfassungsblog.de/pro-palastina-als-unmittelbare-gefahr/ (27.5.2024).

Auer, Katrin (2002): «Political Correctness» – ideologischer Code, Feindbild und Stigmawort der Rechten. In: Österreichische Zeitschrift für Politikwissenschaft 31(3), S. 291–303. https://doi.org/10.15203/ozp.808.vol31iss3.

Baddiel, David (2021): Jews Don't Count: How Identity Politics Failed One Particular Identity. London: TLS Books.

Balibar, Étienne (2012): Gleichfreiheit: Politische Essays. Berlin: Suhrkamp.

Becker-Schmidt, Regina/Knapp, Gudrun-Axeli (2023): Feministische Theorien zur Einführung. 8., unveränderte Auflage. Hamburg: Junius.

Beier, Friederike/Yashodhara Haller, Lisa/Haneberg, Lea (Hrg.) (2018): Materializing feminism: Positionierungen zu Ökonomie, Staat und Identität. Münster: UNRAST.

Beigang, Steffen/Fetz, Karolina/Kalkum, Dorina/Otto, Magdalena (2017): Diskriminierungserfahrungen in Deutschland. Antidiskriminierungsstelle des Bundes.

Beiner, Ronald (2018): Dangerous Minds: Nietzsche, Heidegger, and the Return of the Far Right. Philadelphia: University of Pennsylvania Press.

Beljan, Magdalena (2014): Rosa Zeiten? Eine Geschichte der Subjektivierung männlicher Homosexualität in den 1970er und 1980er Jahren der BRD. Bielefeld: transcript.

Bergem, Ingeborg M./Bergem, Ragnar M. (2019): The Political Theology of Populism and the Case of the Front National. In: Philosophy & Social Criticism 45(2), S. 186–211. https://doi.org/10.1177/0191453718803412.

Bergermann, Ulrike (2020): Zur Normalisierung von Beißreflexen, Antigender und guten Argumenten. Zeitschrift für Medienwissenschaft, GAAAP_The Blog. https://zfmedienwissenschaft.de/online/zur-normalisierung-von-beiss-reflexen-antigender-und-guten-argumenten (20.5.2024).

Berlant, Lauren/Warner, Michael (1998): Sex in Public. In: Critical Inquiry 24(2), S. 547–566.

Berlin, Isaiah (2002): Two Concepts of Liberty. In: Hardy, Henry/Harris, Ian (Hrg.): Liberty. Oxford: Oxford Univ. Press., S. 166–217. https://doi.org/10.1093/019924989X.003.0004.

Bethke, Shoko (2022): Bezahlung von Kita-Erzieher:innen: Wenig Lohn für wichtige Arbeit. In: Die Tageszeitung: taz (Ausgabe vom 20. April 2022). https://taz.de/!5849596/ (15.4.2024).

Biebricher, Thomas (2005): Selbstkritik der Moderne. Frankfurt a. M.: Campus.

Biskamp, Floris (2017): Beissreflexe: Je böser, desto mehr freu'n sich die Leut'! Ruhrbarone. https://www.ruhrbarone.de/beissreflexe-je-boeser-desto-mehr-freun-sich-die-leut/144213/ (29.5.2024).

Biskamp, Floris (2020): Ich sehe was, was Du nicht siehst. Antisemitismuskritik und Rassismuskritik im Streit um Israel. In: PERIPHERIE – Politik, Ökonomie, Kultur 40(3–4), S. 426–440. https://doi.org/10.3224/peripherie.v40i3-4.12.

Bockwyt, Esther (2024): Woke: Psychologie eines Kulturkampfs. Neu-Isenburg: Westend.

Boehm, Omri (2022): Radikaler Universalismus: Jenseits von Identität. Berlin: Propyläen.

Bohrer, Ashley (2018): Intersectionality and Marxism: A Critical Historiography. In: Historical Materialism 26(2), S. 46–74. https://doi.org/10.1163/1569206X-00001617.

Bohrer, Ashley J. (2019): Marxism and Intersectionality: Race, Gender, Class and Sexuality Under Contemporary Capitalism. Bielefeld: transcript.

Bourdieu, Pierre (2023): Die feinen Unterschiede: Kritik der gesellschaftlichen Urteilskraft. 29. Auflage. Frankfurt am Main: Suhrkamp.

bpb (2018): Debatte Netzwerkdurchsetzungsgesetz (NetzDG). bpb.de. https://www.bpb.de/themen/medien-journalismus/netzdebatte/262660/debatte-netzwerkdurchsetzungsgesetz-netzdg/ (26.5.2024).

Brehm, Sharon S./Brehm, Jack Williams (1981): Psychological Reactance: A Theory of Freedom and Control. New York: Academic Press.

Brito Vieira, Mónica (2017a): Introduction. In: Brito Vieira, Mónica (Hrg.): Reclaiming Representation. New York, NY: Routledge, S. 1–21.

Brito Vieira, Mónica (Hrg.) (2017b): Reclaiming Representation. New York, NY: Routledge.

Brown, Wendy (1993): Wounded Attachments. In: Political Theory 21(3), S. 390–410.

Buchstein, Hubertus (2020): Buchforum: Radikale Demokratietheorien zur Einführung. Theorieblog. https://www.theorieblog.de/index.php/2020/10/buchforum-radikale-demokratietheorien-zur-einfuehrung/ (29.5.2024).

Bundesverfassungsgericht, 1 Senat (1958): Urteil des Ersten Senats vom 15. Januar 1958–1 BvR 400/51 –, Rn. 1–75. https://www.bverfg.de/e/rs19580115_1bvr040051.html (23.2.2024).

Butler, Judith (1995): Auf kritische Weise queer. In: Körper von Gewicht. Berlin: Suhrkamp, S. 293–319.

Butler, Judith (2005): Psyche der Macht: Das Subjekt der Unterwerfung. Frankfurt a. M.: Suhrkamp.

Butler, Judith (2011): Das Unbehagen der Geschlechter. Frankfurt a. M.: Suhrkamp.

Cammann, Alexander (2020): Politisches Kabarett: Das Debakel. In: Die Zeit (Ausgabe vom 12. August 2020). https://www.zeit.de/2020/34/politisches-kabarett-lisa-eckhart-festival-hamburg-literatur/komplettansicht (2.10.2020).

Candeias, Mario (2019): Vorwort: Wozu Klassenpolitik- und Analyse? In: Candeias, Mario/Dörre, Klaus/Goes, Thomas (Hrg.): Demobilisierte Klassengesellschaft und Potenziale verbindender Klassenpolitik. Berlin: Rosa-Luxemburg-Stiftung, S. 7–10.

Castiglione, Dario/Pollak, Johannes (Hrg.) (2019): Creating Political Presence: The New Politics of Democratic Representation. Chicago, London: University of Chicago Press.

Catlin, Jonathon (2023): Antisemitism and Racism ‹after Auschwitz›: Adorno on the ‹Hellish Unity› of Permanent Catastrophe›. In: Stoetzler, Marcel (Hrg.): Critical Theory and the Critique of Antisemitism. London u. a.: Bloomsbury Academic, S. 203–230.

Celikates, Robin (2016): Democratizing Civil Disobedience. In: Philosophy & Social Criticism 42(10), S. 982–994. https://doi.org/10.1177/019145371663856 2.

Celikates, Robin (2019): Moralischer Fortschritt, soziale Kämpfe und Emanzipationsblockaden: Elemente einer Kritischen Theorie der Politik. In: Bohmann, Ulf/Sörensen, Paul (Hrg.): Kritische Theorie der Politik. Berlin: Suhrkamp Verlag, S. 397–425.

Celikates, Robin (2021): Radical Democratic Disobedience. In: Scheuerman, William E. (Hrg.): The Cambridge Companion to Civil Disobedience. Cambridge: Cambridge University Press, S. 128–152. https://doi.org/10.1017/9781108775748.006.

Celikates, Robin/Kreide, Regina/Wesche, Tilo (Hrg.) (2015): Transformations of Democracy: Crisis, Protest and Legitimation. London: Rowman & Littlefield.

Cheyette, Bryan (2018): Postcolonialism and the Study of Anti-Semitism. In: The American Historical Review 123(4), S. 1234–1245. https://doi.org/10.1093/ahr/rhy028.

Chitty, Christopher (2020): Sexual Hegemony: Statecraft, Sodomy, and Capital in the Rise of the World System. Durham: Duke University Press.

Collins, Patricia Hill (1986): Learning from the Outsider Within: The Sociological Significance of Black Feminist Thought. In: Social Problems 33(6), S. 14–32. https://www.jstor.org/stable/800672.

Combahee River Collective (1979): A Black Feminist Statement. In: Eisenstein, Zillah R. (Hrg.): Capitalist patriarchy and the case for Socialist feminism. New York, N. Y.: Monthly Review Press, S. 210–218.

Constant, Benjamin (1819): The Liberty of Ancients Compared with that of Moderns.

Crenshaw, Kimberlé Williams (2008): Mapping the Margins: Intersectionality, Identity Politics, and Violence Against Women of Color. In: Bailey, Alison/Cuomo, Chris J. (Hrg.): The Feminist Philosophy Reader. Boston: McGraw-Hill, S. 279–308.

Darity, William A./Mullen, A. Kirsten/Hubbard, Lucas (Hrg.) (2023): The Black Reparations Project: A Handbook for Racial Justice. Oakland, California: University of California Press.

Daub, Adrian (2016): Mehr Tugendfuror wagen: Das Sprachspiel «Politische Korrektheit». Merkur. https://www.merkur-zeitschrift.de/2016/02/03/mehr-tugendfuror-wagen-das-sprachspiel-politische-korrektheit/ (29.5.2024).

Daub, Adrian (2022): Cancel Culture Transfer: Wie eine moralische Panik die Welt erfasst. Berlin: Suhrkamp.

Decker, Frank (2018): Was ist Rechtspopulismus? In: Politische Vierteljahresschrift 59(2), S. 353–369. https://doi.org/10.1007/s11615-018-0062-3.

Dei, George J. Sefa/Karumanchery, Leeno Luke/Karumanchery-Luik, Nisha (2004): Playing the Race Card: Exposing White Power and Privilege. New York, Oxford: Lang.

Der Spiegel (2018): Hochschule in Berlin: Angeblich sexistisches Gedicht wird doch übermalt. In: DER SPIEGEL (Ausgabe vom 23. Januar 2018). https://www.spiegel.de/lebenundlernen/uni/berlin-alice-salomon-hochschule-laesstgomringer-gedicht-entfernen-a-1189437.html (2.10.2020).

Deutscher Bundestag (2019): Bundestag verurteilt Boykottaufrufe gegen Israel. https://www.bundestag.de/dokumente/textarchiv/2019/kw20-de-bds-642892 (3.10.2020).

DeZIM (2023): Rassismus und seine Symptome. Bericht des Nationalen Diskriminierungs- und Rassismusmonitors.

Diehl, Paula (2019): Interdisziplinarität, Politische Repräsentation und das Imaginäre: Plädoyer für eine neue Perspektive der politischen Kulturforschung. In: Lietzmann, Hans J./Diehl, Paula/Bergem, Wolfgang (Hrg.): Politische Kulturforschung reloaded. Bielefeld: transcript, S. 39–57.

Disch, Lisa (2011): Toward a Mobilization Conception of Democratic Representation. In: American Political Science Review 105(1), S. 100–114. https://doi.org/10.1017/S0003055410000602.

Disch, Lisa (2015): The «Constructivist Turn» in Democratic Representation: A Normative Dead-End? In: Constellations 22(4), S. 487–499. https://doi.org/10.1111/1467-8675.12201.

Disch, Lisa/Sande, Mathijs van de/Urbinati, Nadia (Hrg.) (2019): The Constructivist Turn in Political Representation. Edinburgh: Edinburgh University Press.

Distelhorst, Lars (2021): Kulturelle Aneignung. Hamburg: Edition Nautilus.

Dorn, Thea (2019): Die Rache der Gekränkten. Süddeutsche.de. https://www.

sueddeutsche.de/leben/kommentar-gesellschaft-zersplittert-1.4358812 (6.9.2023).
Dörre, Klaus (2019): Umkämpfte Globalisierung und Soziale Klassen. 20 Thesen für eine demokratische Klassenpolitik. In: Candeias, Mario/Dörre, Klaus/Goes, Thomas (Hrg.): Demobilisierte Klassengesellschaft und Potenziale verbindender Klassenpolitik. Berlin: Rosa-Luxemburg-Stiftung, S. 11–56.
Dovi, Suzanne (2012): Political Representation. In: Edward N. Zalta (Hrg.): The Stanford Encyclopedia of Philosophy. Summer 2012. https://plato.stanford.edu/entries/political-representation/.
Dr. Oetker (1954): Werbefilm «Wenn mans eilig hat» mit Frau Renate 1954 – YouTube. https://www.youtube.com/watch?v=pRHb4k9p7Ek (15.4.2024).
Dryzek, John S./Niemeyer, Simon (2008): Discursive Representation. In: American Political Science Review 102(4), S. 481–493. https://doi.org/10.1017/S0003055408080325.
Du Bois, William Edward Burghardt (1935): Black Reconstruction: An Essay Toward a History of the Part Which Black Folk Played in the Attempt to Reconstruct Democracy in America, 1860–1880. New York: Harcourt Brace.
Du Bois, William Edward Burghardt (2007): The Souls of Black Folk. Oxford: Oxford University Press.
Duggan, Lisa (2002): The New Homonormativity. In: Castronovo, Russ/Nelson, Dana D./Pease, Donald E./Dayan, Joan/Flores, Richard R. (Hrg.): Materializing Democracy. Duke University Press, S. 175–194. https://doi.org/10.1215/9780822383901-007.
Edthofer, Julia (2015): Gegenläufige Perspektiven auf Antisemitismus und antimuslimischen Rassismus im post nationalsozialistischen und postkolonialen Forschungskontext. In: Österreichische Zeitschrift für Soziologie 40(2), S. 189–207. https://doi.org/10.1007/s11614-015-0164-8.
Europa Verlag (2024): Generation Krokodilstränen. https://www.europa-verlag.com/Buecher/6685/GenerationKrokodilstrnen.html (15.4.2024).
European Legal Support Center (ELSC) (2023): Suppressing Palestinian Rights Advocacy through the IHRA Working Definition of Antisemitism. Violating the Rights to Freedom of Expression and Assembly in the European Union and the UK. https://res.cloudinary.com/elsc/images/v1685978238/The-Practice-of-Suppressing-Palestinian-Rights-Advocacy-FINAL-PP/The-Practice-of-Suppressing-Palestinian-Rights-Advocacy-FINAL-PP.pdf (16.5.2024).
Erdl, Marc Fabian (2004): Die Legende von der Politischen Korrektheit: Zur Erfolgsgeschichte eines importierten Mythos. Bielefeld: transcript.
Fallon, Katy/Christides, Giorgos/Busch, Julian/Emmanouilidou, Lydia (2023): Greek Shipwreck: Hi-Tech Investigation Suggests Coastguard Responsible for Sinking. In: The Guardian (Ausgabe vom 10. Juli 2023). https://www.the-

guardian.com/global-development/2023/jul/10/greek-shipwreck-hi-tech-investigation-suggests-coastguard-responsible-for-sinking (17.6.2024).

Feddersen, Jan/Gessler, Philipp (2021): Kampf der Identitäten: Für eine Rückbesinnung auf linke Ideale. Berlin: Ch. Links Verlag.

Federici, Silvia (1975): Wages Against Housework. Bristol: Falling Wall Press.

Federici, Silvia (2012): Caliban und die Hexe: Frauen, der Körper und die ursprüngliche Akkumulation. Wien: Mandelbaum.

Feldstein, Richard (1997): Political Correctness: A Response from the Cultural Left. Minneapolis: Univ. of Minnesota Press.

Flügel-Martinsen, Oliver (2020): Radikale Demokratietheorien zur Einführung. Hamburg: Junius.

Foroutan, Naika (2019): Die postmigrantische Gesellschaft: Ein Versprechen der pluralen Demokratie. Bielefeld: transcript.

Foucault, Michel (1973): Wahnsinn und Gesellschaft: Eine Geschichte des Wahns im Zeitalter der Vernunft. Frankfurt a. M.: Suhrkamp.

Foucault, Michel (1983): Der Wille zum Wissen: Sexualität und Wahrheit 1. Frankfurt a. M.: Suhrkamp.

Foucault, Michel (1989): Der Gebrauch der Lüste: Sexualität und Wahrheit 2. Frankfurt a. M.: Suhrkamp.

Foucault, Michel (1991): Die Ordnung des Diskurses. 9. Auflage. Frankfurt a. M.: Fischer.

Foucault, Michel (1994): Überwachen und Strafen: Die Geburt des Gefängnisses. Frankfurt a. M.: Suhrkamp.

Fraser, Nancy (1995): From Redistribution to Recognition? Dilemmas of Justice in a «Post-Socialist» Age. In: New Left Review (1/212), S. 68–93.

Fraser, Nancy (2013): A Triple Movement? In: New Left Review (81), S. 119–132.

Fraser, Nancy (2016): Contradiction of Capital and Care. In: New Left Review (100), S. 99–117.

Fraser, Nancy (2017): Vom Regen des progressiven Neoliberalismus in die Traufe des reaktionären Populismus. In: Geiselberger, Heinrich (Hrg.): Die große Regression: Eine internationale Debatte über die geistige Situation der Zeit. 2. Auflage. Berlin: Suhrkamp, S. 77–90.

Fraser, Nancy (2018): «Wir brauchen eine Politik der Spaltung». Interview mit Nils Markwardt. In: Philosophie Magazin (42), S. 66–71.

Fricker, Miranda (2007): Epistemic Injustice: Power and Ethics of Knowledge. New York: Oxford Univ. Press.

Fricker, Miranda (2016): Epistemic Injustice and the Preservation of Ignorance. In: Peels, Rik/Blaauw, Martijn (Hrg.): The Epistemic Dimensions of Ignorance. Cambridge: Cambridge University Press, S. 160–178.

Fricker, Miranda (2023): Epistemische Ungerechtigkeit: Macht und die Ethik des Wissens. München: C.H.Beck.

Friedländer, Saul/Frei, Norbert/Steinbacher, Sybille/Diner, Dan/Habermas, Jürgen (2022): Ein Verbrechen ohne Namen: Anmerkungen zum neuen Streit über den Holocaust. München: C.H.Beck.

Friedrich-Ebert-Stiftung (2023): Ergebniszusammenfassung der Mitte-Studie 2022/23. https://www.fes.de/referat-demokratie-gesellschaft-und-innovation/gegen-rechtsextremismus/mitte-studie-2023 (6.3.2024).

Fukuyama, Francis (2018a): Identity: The Demand for Dignity and the Politics of Resentment. New York: Farrar, Straus and Giroux.

Fukuyama, Francis (2018b): Against Identity Politics: The New Tribalism and the Crisis of Democracy. In: Foreign Affairs 97(5), S. 90–114.

Gäbler, Bernd (2017): AfD und Medien, Analyse und Handreichungen. OBS-Arbeitsheft 92. https://www.otto-brenner-stiftung.de/wissenschaftsportal/informationsseiten-zu-studien/studien-2017/afd-und-medien/.

Galston, William A. (2010): Realism in Political Theory. In: European Journal of Political Theory 9(4), S. 385–411. https://doi.org/10.1177/1474885110374001.

Geiselberger, Heinrich (Hrg.) (2017): Die große Regression: Eine internationale Debatte über die geistige Situation der Zeit. 2. Auflage. Berlin: Suhrkamp.

Geuss, Raymond (2010): Realismus, Wunschdenken, Utopie. In: Deutsche Zeitschrift für Philosophie 58(3), S. 419–429.

Geyer, Steven (2019): Letzte Worte zur «Umweltsau»: Fünf Lehren aus «Oma-Gate». Redaktionsnetzwerk Deutschland. https://www.rnd.de/politik/letzte-worte-zur-umweltsau-funf-lehren-aus-oma-gate-AE6TTHR2ZJA2RPGTH4UKKTOTCQ.html (24.2.2024).

Gilroy, Paul (1993): The Black Atlantic: Modernity and Double Consciousness. Cambridge, Mass.: Harvard Univ. Press.

Gilroy, Paul (1995): Roots and Routes: Black Identity as an Outernational Project. In: Harris, Herbert W./Blue, Howard C./Griffith, Ezra E. H. (Hrg.): Racial and Ethnic Identity: Psychological Development and Creative Expression. New York: Routledge, S. 15–30.

Gould, Deborah B. (2009): The Shame of Gay Prinde in Early AIDS Activism. In: Halperin, David M./Traub, Valerie (Hrg.): Gay Shame. Chicago: Univ. of Chicago Press., S. 221–255.

Graeber, David/Wengrow, David (2024): Anfänge: Eine neue Geschichte der Menschheit. Stuttgart: Klett-Cotta.

Groth, Klaus J. (1996): Die Diktatur der Guten: Political Correctness. München: Herbig.

Habermas, Jürgen (1992): Faktizität und Geltung: Beiträge zur Diskurstheorie des Rechts und des demokratischen Rechtsstaats. 2. Aufl. Frankfurt a. M.: Suhrkamp.

Habermas, Jürgen (1995a): Theorie des kommunikativen Handelns: Bd. 1: Handlungsrationalität und gesellschaftliche Rationalisierung, 2 Bände. Frankfurt a. M.: Suhrkamp.

Habermas, Jürgen (1995b): Theorie des kommunikativen Handelns: Bd. 2: Zur Kritik der funktionalistischen Vernunft, 2 Bände. Frankfurt a. M.: Suhrkamp.

Habermas, Jürgen (1996): Drei normative Modelle der Demokratie. In: Die Einbeziehung des Anderen: Studien zur politischen Theorie. Frankfurt a. M.: Suhrkamp, S. 277–292.

Haider, Asad (2018): Mistaken Identity: Race and Class in the Age of Trump. London: Verso.

Hall, Stuart (2016): Ideologie, Identität, Repräsentation. 5. Aufl. Hamburg: Argument-Verl.

Halperin, David M. (2012): How to Be Gay. Cambridge, Mass.: Belknap Press of Harvard Univ. Press.

Haraway, Donna (1988): Situated Knowledges: The Science Question in Feminism and the Privilege of Partial Perspective. In: Feminist Studies 14(3), S. 575–599.

Harding, Sandra G. (1993): Rethinking Standpoint Epistemology: What is «Strong Objectivity»? In: Alcoff, Linda/Potter, Elizabeth (Hrg.): Feminist Epistemologies. New York [u. a.]: Routledge, S. 49–82.

Harding, Sandra G. (2004): Introduction: Standpoint Theory as a Site of Political, Philosophic, and Scientific Debate. In: Harding, Sandra G. (Hrg.): The Feminist Standpoint Theory Reader: Intellectual and Political Controversies. New York, NY: Routledge, S. 1–15.

Hark, Sabine (2021): Gemeinschaft der Ungewählten: Umrisse eines politischen Ethos der Kohabitation: ein Essay. Berlin: Suhrkamp.

Hark, Sabine/Villa, Paula-Irene (2020): The Future of Difference: Beyond the Toxic Entanglement of Racism, Sexism and Feminism. London: Verso.

Hartmann, Heidi I. (1979): The Unhappy Marriage of Marxism and Feminism: Towards a More Progressive Union. In: Capital & Class 3(2), S. 1–33. https://doi.org/10.1177/030981687900800102.

Hartsock, Nancy C. M. (1983): The Feminist Standpoint: Developing the Ground for a Specifically Feminist Historical Materialism. In: Hintikka, Merril B./Harding, Sandra G. (Hrg.): Discovering Reality: Feminist Perspectives on Epistemology, Metaphysics, and Philosophy of Science. Dodrecht [u. a.]: Reidel, S. 283–310.

Hartsock, Nancy C. M. (2004): The Feminist Standpoint: Developing the Ground for a Specifically Feminist Historical Materialism. In: Harding, Sandra G. (Hrg.): The Feminist Standpoint Theory Reader: Intellectual and Political Controversies. New York, NY: Routledge, S. 35–54.

Haslanger, Sally (2013): Liberatory Knowledge and Just Social Practices. In: APA Newsletter on Philosophy and Law 12(2), S. 6–11. https://doi.org/https://dspace.mit.edu/handle/1721.1/95998.

Haunss, Sebastian (2012): Von der sexuellen Revolution zur Normalität: Das Ende der zweiten deutschen Schwulenbewegung. In: Pretzel, Andreas/Weiß, Volker (Hrg.): Rosa Radikale: Die Schwulenbewegung der 1970er Jahre. Hamburg: Männerschwarm Verlag, S. 199–212.

Henning, Tim (2024): Wissenschaftsfreiheit und Moral. Berlin: Suhrkamp.

Heitmeyer, Wilhelm (Hrg.) (2015): Deutsche Zustände. 3. Aufl. Frankfurt am Main: Suhrkamp.

Herrmann, Steffen K./Flatscher, Matthias (Hrg.) (2020): Institutionen des Politischen. Baden-Baden: Nomos.

Hobbes, Thomas (2000): Leviathan: Erster und zweiter Teil. Stuttgart: Reclam.

Hong, Mathias (2018a): Holocaust, Meinungsfreiheit und Sonderrechtsverbot – BVerfG erklärt § 130 III StGB für verfassungsgemäß. In: Verfassungsblog. https://verfassungsblog.de/holocaust-meinungsfreiheit-und-sonderrechts-verbot-bverfg-erklaert-%c2%a7-130-iii-stgb-fuer-verfassungsgemaess/ (29.5.2024).

Hong, Mathias (2018b): Das NetzDG und die Vermutung für die Freiheit der Rede. In: Verfassungsblog. https://verfassungsblog.de/das-netzdg-und-die-vermutung-fuer-die-freiheit-der-rede/ (29.5.2024).

Honneth, Axel (2011): Das Recht der Freiheit: Grundriß einer demokratischen Sittlichkeit. Berlin: Suhrkamp.

Honneth, Axel (2015): Die Idee des Sozialismus: Versuch einer Aktualisierung. Berlin: Suhrkamp.

Honneth, Axel/Rancière, Jacques (2021): Anerkennung oder Unvernehmen? Eine Debatte. Berlin: Suhrkamp.

hooks, bell (1982): Ain't I a Woman: Black Women and Feminism. London: Pluto Press.

hooks, bell (1984): Feminist Theory: From Margin to Center. Boston: South End Press.

Horkheimer, Max (1937): Traditionelle und kritische Theorie. In: Zeitschrift für Sozialforschung 6(3), S. 245–294.

Hull, Gloria T. (Hrg.) (1982): All the Women Are White, All the Blacks Are Men, but Some of Us Are Brave: Black Women's Studies. New York, NY: Feminist Press.

Human Rights Watch (2024): Germany: British-Palestinian Doctor Denied Schengen Entry. https://www.hrw.org/news/2024/05/10/germany-british-palestinian-doctor-denied-schengen-entry (27.5.2024).

Ignatiev, Noel (1995): How the Irish became White. New York: Routledge.

Jaeggi, Rahel (2009): Was ist Ideologiekritik? In: Jaeggi, Rahel/Wesche, Tilo (Hrg.): Was ist Kritik? Frankfurt a. M.: Suhrkamp, S. 266–295.

Jaeggi, Rahel (2014): Kritik von Lebensformen. Berlin: Suhrkamp.

Jaeggi, Rahel (2023): Fortschritt und Regression. Berlin: Suhrkamp.

Jaeggi, Rahel/Wesche, Tilo (Hrg.) (2009): Was ist Kritik? Frankfurt a. M.: Suhrkamp.

James, C. L. R. (1989): The Black Jacobins: Toussaint l'Ouverture and the San Domingo Revolution. 2. ed., rev. New York: Vintage Books.

Jenkins, Destin/Leroy, Justin (Hrg.) (2021): Histories of Racial Capitalism. New York: Columbia University Press.

Johnson, Alan (Hrg.) (2024): Mapping the New Left Antisemitism: The Fathom Essays. London New York: Routledge, Taylor & Francis Group. https://doi.org/10.4324/9781003322320.

Jongen, Marc (2016): Man macht sich zum Knecht. In: Die Zeit (Ausgabe vom 25. Mai 2016). https://www.zeit.de/2016/23/marc-jongen-afd-karlsruhe-philosophie-asylpolitik/komplettansicht.

Kant, Immanuel (2003): Kritik der praktischen Vernunft. Hamburg: Meiner.

Kant, Immanuel/Niesen, Peter (2011): Zum ewigen Frieden und Auszüge aus der Rechtslehre. Berlin: Suhrkamp.

Kaufmann, Sebastian (2018): Nietzsche und die Neue Rechte: Auch eine Fortführung der Konservativen Revolution. In: Kaufmann, Sebastian/Sommer, Andreas Urs (Hrg.): Nietzsche und die Konservative Revolution. Berlin: de Gruyter, S. 591–620. https://doi.org/10.1515/9783110588118-027.

Keller, Reiner (2011): Wissenssoziologische Diskursanalyse: Grundlegung eines Forschungsprogramms. 3. Aufl. Wiesbaden: VS Verl. für Sozialwiss.

Kemper, Andreas (2014): Sarrazins Correctness: Zur Tradition der Menschen- und Bevölkerungskorrekturen. Münster: UNRAST.

Kemper, Andreas/Weinbach, Heike (2022): Klassismus: Eine Einführung. 5. Auflage. Münster: UNRAST.

Kempf, Victor (2019): Exodus oder dialektische Negation: Paradigmen der Kapitalismuskritik im Widerstreit. Wiesbaden: Springer. https://doi.org/10.1007/978-3-658-24458-3.

Kimmel, Michael S./Ferber, Abby L. (Hrg.) (2018): Privilege: A Reader. 4th ed. Boulder: Routledge.

Köhler, Andrea (2016): Hexenjagd auf dem Campus. In: Neue Zürcher Zeitung (Ausgabe vom 20. Juni 2016). https://www.nzz.ch/meinung/political-correctness-in-den-usa-hexenjagd-auf-dem-campus-ld.90416 (29.5.2024).

Küpper, Beate/Klocke, Ulrich/Hoffmann, Lena-Carlotta (2017): Einstellungen gegenüber lesbischen, schwulen und bisexuellen Menschen in Deutschland. Ergebnisse einer bevölkerungsrepräsentativen Umfrage. Baden-Baden: Nomos.

Kymlicka, Will (1996): Multicultural Citizenship: A Liberal Theory of Minority Rights. Oxford: Oxford University Press.

l'Amour laLove, Patsy (Hrg.) (2017): Beissreflexe: Kritik an queerem Aktivismus, autoritären Sehnsüchten, Sprechverboten. Berlin: Querverlag.

Laclau, Ernesto (2000a): Identity and Hegemony: The Role of Universality in the Constitution of Political Logics. In: Butler, Judith/Laclau, Ernesto/ Žižek, Slavoj: Contingency, Hegemony, Universality: Contemporary Dialogues on the Left. London: Verso, S. 44–89.

Laclau, Ernesto (2000b): Structure, History, and the Political. In: Butler, Judith/Laclau, Ernesto/ Žižek, Slavoj: Contingency, Hegemony, Universality: Contemporary Dialogues on the Left. London: Verso, S. 281–307.

Laclau, Ernesto (2002): Emanzipation und Differenz. Wien: Turia + Kant.

Laclau, Ernesto/Mouffe, Chantal (2001): Hegemonie und radikale Demokratie: Zur Dekonstruktion des Marxismus. 2., durchges. Aufl. Wien: Passagen.

Latour, Bruno (1988): The Pasteurization of France. Cambridge, Mass [u. a.]: Harvard Univ. Press.

Latour, Bruno (2007): Reassembling the Social: An Introduction to Actor-Network-Theory. Oxford: Oxford Univ. Press.

Laufenberg, Mike (2022): Queere Theorien zur Einführung. Hamburg: Junius.

Laufenberg, Mike/Trott, Ben (Hrg.) (2023): Queer Studies: Schlüsseltexte. Berlin: Suhrkamp.

Lawler, Steph (2014): Identity: Sociological Perspectives. 2. ed. Cambridge: Polity Press.

Lefort, Claude (1990): Die Frage der Demokratie. In: Rödel, Ulrich (Hrg.): Autonome Gesellschaft und libertäre Demokratie. Frankfurt a. M.: Suhrkamp, S. 281–297.

Lefort, Claude/Gauchet, Marcel (1990): Über die Demokratie: Das Politische und die Instituierung des Gesellschaftlichen. In: Rödel, Ulrich (Hrg.): Autonome Gesellschaft und libertäre Demokratie. Frankfurt a. M.: Suhrkamp, S. 89–122.

Lepold, Kristina (2021): Ambivalente Anerkennung. Frankfurt: Campus Verlag.

Lepold, Kristina/Martinez Mateo, Marina (2021): Critical Philosophy of Race: Ein Reader. Berlin: Suhrkamp.

Lilla, Mark (2017a): Das Scheitern der Identitätspolitik. Trumps Amerika: Lehren für die Linke. In: Blätter für deutsche und internationale Politik (1/2017). https://www.blaetter.de/ausgabe/2017/januar/das-scheitern-der-identitaetspolitik.

Lilla, Mark (2017b): The Once and Future Liberal: After Identity Politics. New York: HarperCollins.

Lindner, Urs (2024): Postkolonialismus und Shoah-Forschung: Wege aus der

Dichotomie. In: Die Tageszeitung: taz (Ausgabe vom 2. April 2024). https://taz.de/!5998108/ (25.5.2024).

Locke, John (2020): Zwei Abhandlungen über die Regierung. 16. Auflage. Frankfurt am Main: Suhrkamp.

Loick, Daniel (2024): Die Überlegenheit der Unterlegenen: Eine Theorie der Gegengemeinschaften. Berlin: Suhrkamp.

Lorey, Isabell (2020): Demokratie im Präsens: Eine Theorie der politischen Gegenwart. Berlin: Suhrkamp.

LSVD (2020): Diskriminierungserfahrungen von LSBTI in Deutschland. LSVD. https://www.lsvd.de/de/ct/2614-Diskriminierungserfahrungen-von-LSBTI-in-Deutschland (15.4.2024).

Lukács, Georg (1968): Geschichte und Klassenbewusstsein. In: Geschichte und Klassenbewusstsein: Frühschriften II. Neuwied; Berlin: Luchterhand, S. 161–518.

Lukianoff, Greg/Haidt, Jonathan (2015): How Trigger Warnings Are Hurting Mental Health on Campus. The Atlantic. https://www.theatlantic.com/magazine/archive/2015/09/the-coddling-of-the-american-mind/399356/ (29.5.2024).

MacKinnon, Catharine A. (1991): Toward a Feminist Theory of the State. Cambridge, Mass.: Harvard Univ. Press.

Magid, Shaul (2023): The Necessity of Exile: Essays from a Distance. Brooklyn: Ayin Press.

Marchart, Oliver (2011): Die politische Differenz. Zum Denken des Politischen bei Nancy, Lefort, Badiou, Laclau und Agamben. Berlin: Suhrkamp.

Marchart, Oliver (2013): Das unmögliche Objekt: Eine postfundamentalistische Theorie der Gesellschaft. Berlin: Suhrkamp.

Marguier, Alexander/Krischke, Ben (Hrg.) (2023): Die Wokeness-Illusion: Wenn Political Correctness die Freiheit gefährdet. Freiburg/Basel/Wien: Herder.

Martinez Mateo, Marina (2018): Politik der Repräsentation. Wiesbaden: Springer.

Marx, Karl (1844): Zur Judenfrage. In: Ruge, Arnold/Marx, Karl (Hrg.): Deutsch-Französische Jahrbücher: 1ste und 2te Lieferung. Paris: Büro der Jahrbücher, S. 182–214.

Marx, Karl/Engels, Friedrich (1988): Band 8. In: Werke. 8., überarb. Aufl. Berlin: Dietz.

Marx, Karl/Engels, Friedrich (2012): Das Kommunistische Manifest. München: C.H.Beck.

Mau, Steffen (2021): «Wut kann Impulse setzen, aber keine Probleme bearbeiten» Steffen Mau, im Interview mit Nils Markwardt. https://www.philomag.de/artikel/steffen-mau-wut-kann-impulse-setzen-aber-keine-probleme-bearbeiten (26.2.2024).

Mau, Steffen/Lux, Thomas/Westheuser, Linus (2023): Triggerpunkte: Konsens und Konflikt in der Gegenwartsgesellschaft. Berlin: Suhrkamp.

Maurice, Emma Powys (2020): JK Rowling Banned from Bookshelves to Create a «Safe Space for the Trans Community». In: PinkNews (Ausgabe vom 16. September 2020). https://www.pinknews.co.uk/2020/09/16/jk-rowling-book-bookstore-banned-harry-potter-rabble-australia-troubled-blood/ (2.10.2020).

McIntosh, Peggy (1988): White Privilege and Male Privilege: A Personal Account of Coming to See Correspondences Through Work in Women's Studies. Center for Research on Women, Wellsley College.

McWhorter, John H. (2021): Woke Racism: How a New Religion Has Betrayed Black America. New York: Portfolio/Penguin.

McWhorter, Ladelle (2016): Where Do White People Come from? A Foucaultian Critique of Whiteness Studies. In: Philosophy & Social Criticism 31(5–6), S. 533–556. https://doi.org/10.1177/0191453705055488.

Medina, José (2013): The Epistemology of Resistance: Gender and Racial Oppression, Epistemic Injustice, and Resistant Imaginations. Oxford: Oxford University Press.

Medina, José (2016): Ignorance and Racial Insensitivity. In: Peels, Rik/Blaauw, Martijn (Hrg.): The Epistemic Dimensions of Ignorance. Cambridge: Cambridge University Press, S. 178–202.

Mendel, Meron (Hrg.) (2023): Singularität im Plural: Kolonialismus, Holocaust und der zweite Historikerstreit. Weinheim Basel: Beltz Juventa.

Menke, Christoph (2015): Kritik der Rechte. Berlin: Suhrkamp.

Merkel, Wolfgang (2017): Die populistische Revolte. In: Kulturpolitische Mitteilungen II/2017(157), S. 53–56.

Merone, Lea/Tsey, Komla/Russell, Darren/Nagle, Cate (2022): Sex Inequalities in Medical Research: A Systematic Scoping Review of the Literature. In: Women's Health Reports 3(1), S. 49–59. https://doi.org/10.1089/whr.2021.0083.

Meyer, Wolfgang (2021): 19.5.1987: In Bayern wird ein AIDS-Test für Homosexuelle angeordnet. swr.online. https://www.swr.de/swr2/leben-und-gesellschaft/1951987-in-bayern-wird-ein-aids-test-fuer-homosexuelle-angeordnet-100.html (13.6.2023).

MIDEM (2018): Migration und Populismus: Jahresbericht 2018. Dresden.

Mignolo, Walter (2011): The Darker Side of Western Modernity: Global Futures, Decolonial Options. Durham: Duke University Press.

Mills, Charles W. (2005): «Ideal Theory» as Ideology. In: Hypatia 20(3), S. 165–184.

Mills, Charles Wade (1997): The Racial Contract. Ithaca: Cornell University Press.

Mills, Charles Wade (2007): White Ignorance. In: Tuana, Nancy/Sullivan, Shannon (Hrg.): Race and Epistemologies of Ignorance. Albany: State University of New York Press, S. 11–38.

Mohanty, Chandra (1988): Under Western Eyes: Feminist Scholarship and Colonial Discourses. In: Feminist Review 30(1), S. 61–88. https://doi.org/10.1057/fr.1988.42.

Monroy, Matthias (2024): Amnesty besorgt über Repression gegen Palästina-Solidarität. In: nd (Ausgabe vom 15. Mai 2024). https://www.nd-aktuell.de/artikel/1182157.amnesty-international-amnesty-besorgt-ueber-repression-gegen-palaestina-solidaritaet.html (27.5.2024).

Montanaro, Laura (2012): The Democratic Legitimacy of Self-Appointed Representatives. In: The Journal of Politics 74(4), S. 1094–1107. https://doi.org/10.1017/S0022381612000515.

Montanaro, Laura (2019): Who Counts as a Democratic Representative?: On Claims of Self-Appointed Representation. In: Castiglione, Dario/Pollak, Johannes (Hrg.): Creating Political Presence: The New Politics of Democratic Representation. Chicago, London: University of Chicago Press, S. 187–203.

Mouffe, Chantal (2008): Das demokratische Paradox. Wien: Turia + Kant.

Mouffe, Chantal (2009): Über das Politische: Wider die kosmopolitische Illusion. Frankfurt a. M.: Suhrkamp.

Mounk, Yascha (2023): The Identity Trap: A Story of Ideas and Power in Our Time. New York: Penguin Press.

Müller, Jan-Werner (2019): «Das wahre Volk» gegen alle anderen: Rechtspopulismus als Identitätspolitik. In: Aus Politik und Zeitgeschichte 69(9–11), S. 18–24.

Muñoz, José Esteban (2009a): Cruising Utopia: The Then and There of Queer Futurity. New York/London: New York Univ. Press.

Muñoz, José Esteban (2009b): Disidentifications: Queers of Color and the Performance of Politics. 6. Auflage. Minneapolis: University of Minnesota Press.

Näsström, Sofia (2011): Where Is the Representative Turn Going? In: European Journal of Political Theory 10(4), S. 501–510. https://doi.org/10.1177/1474885111417783.

Neiman, Susan (2020): Von den Deutschen lernen: wie Gesellschaften mit dem Bösen in ihrer Geschichte umgehen können. München: Hanser Berlin.

Neiman, Susan (2023): Links ist nicht woke. 2. Aufl. Berlin: Hanser.

Neiman, Susan/Wildt, Michael (2022): Historiker streiten: Gewalt und Holocaust – die Debatte. Berlin: Propyläen.

Neue deutsche Medienmacher*innen/Goldmann, Fabian (2022): Welche Gesellschaft soll das abbilden? Mangelnde Vielfalt in Rundfunkräten und was dagegen hilft. https://mediendiversitaet.de/fileadmin/user_upload/20220803_Studie_Rundfunkraete_NdM.pdf (3.7.2024).

Neuhouser, Frederick (2000): Foundations of Hegel's Social Theory: Actualizing Freedom. Cambridge: Harvard Univ. Press.

Nicholson, Linda J. (2008): Identity Before Identity Politics. Cambridge: Cambridge University Press. https://doi.org/10.1017/CBO9780511551956.

Nietzsche, Friedrich (1999): Zur Genealogie der Moral. In: Jenseits von Gut und Böse / Zur Genealogie der Moral: Kritische Studienausgabe, Bd. 5. Berlin: de Gruyter, S. 245–412.

Nolte, Paul (2012): Was ist Demokratie? Geschichte und Gegenwart. München: Beck.

Nussbaum, Martha C. (2002): Konstruktionen der Liebe, des Begehrens und der Fürsorge: Drei philosophische Aufsätze. Stuttgart: Reclam.

Ogden, Lesley Evans (2021): How Gender Bias Has Shaped Reproductive Biology. In: BioScience 71(3), S. 216–222. https://doi.org/10.1093/biosci/biaa172.

Palmer, Ewan (2021): Anti-Woke University of Austin Hires Professor Accused of Tranpshobia. Newsweek. https://www.newsweek.com/austin-university-woke-kathleen-stock-transphobic-1647282 (15.4.2024).

Peels, Rik/Blaauw, Martijn (Hrg.) (2016): The Epistemic Dimensions of Ignorance. Cambridge: Cambridge University Press.

Philp, M. (2012): Realism without Illusions. In: Political Theory 40(5), S. 629–649. https://doi.org/10.1177/0090591712451723.

Plehwe, Dieter/Walpen, Bernhard (1999): Wissenschaftliche und wissenschaftspolitische Produktionsweisen im Neoliberalismus: Beiträge der Mont Pelerin Society und marktradikaler Think Tanks zur Hegemoniegewinnung und -erhaltung. In: Prokla. Zeitschrift für kritische Sozialwissenschaft 29(115), S. 203–235.

Pluckrose, Helen/Lindsay, James (2022): Zynische Theorien: Wie aktivistische Wissenschaft Race, Gender und Identität über alles stellt – und warum das niemandem nützt. München: C.H.Beck.

Preston, Keith (2014): Nietzsche the Visionary. Affirmative Right. https://affirmativeright.blogspot.com/2014/10/nietzsche-visionary.html (24.3.2024).

Pretzel, Andreas/Weiß, Volker (Hrg.) (2012): Rosa Radikale: Die Schwulenbewegung der 1970er Jahre. Hamburg: Männerschwarm Verlag.

Pretzel, Andreas/Weiß, Volker (Hrg.) (2013): Zwischen Autonomie und Integration: Schwule Politik und Schwulenbewegung der 1980er und 1990er Jahre. Hamburg: Männerschwarm Verlag.

Rabe, Jens-Christian (2020): Debatte um Eckhart und Nuhr: Worum es wirklich geht. In: Süddeutsche Zeitung (Ausgabe vom 14. August 2020). https://www.sueddeutsche.de/kultur/lisa-eckhart-dieter-nuhr-debatte-humor-1.4998485 (3.10.2020).

Ramin, Lucas von/Schubert, Karsten/Gengnagel, Vincent/Spoo, Georg (Hrg.)

(2023): Transformationen des Politischen. Radikaldemokratische Theorien für die 2020er Jahre. Bielefeld: transcript.
Rancière, Jacques (2002): Das Unvernehmen: Politik und Philosophie, Bd. 1588. Frankfurt a. M.: Suhrkamp.
Rawls, John (1979): Eine Theorie der Gerechtigkeit. Frankfurt a. M.: Suhrkamp.
Rawls, John (1998): Politischer Liberalismus. Frankfurt a. M.: Suhrkamp.
Rawls, John (2007): Gerechtigkeit als Fairneß: Ein Neuentwurf. 2. Auflage. Frankfurt a. M.: Suhrkamp.
Rehberg, Peter (2018): Hipster Porn. Berlin: b-books.
Robinson, Cedric J. (2000): Black Marxism: The Making of the Black Radical Tradition. Chapel Hill, N.C: University of North Carolina Press.
Rossi, Enzo (2019): Being Realistic and Demanding the Impossible. In: Constellations 26(4), S. 638–652. https://doi.org/10.1111/1467-8675.12446.
Rothberg, Michael (2009): Multidirectional Memory: Remembering the Holocaust in the Age of Decolonization. Stanford, California: Stanford University Press.
Rousseau, Jean-Jacques (2004): Vom Gesellschaftsvertrag oder Grundsätze des Staatsrechts. Stuttgart: Reclam.
Saar, Martin (2007): Genealogie als Kritik: Geschichte und Theorie des Subjekts nach Nietzsche und Foucault. Frankfurt: Campus.
Saar, Martin (2013): Die Immanenz der Macht: Politische Theorie nach Spinoza. Berlin: Suhrkamp.
Saar, Martin (2020): Das Trauma des Werdens – Nietzsche gegen die Identität. In: Jensen, Anthony K./Santini, Carlotta (Hrg.): Nietzsche on Memory and History. De Gruyter, S. 159–174. https://doi.org/10.1515/9783110671162-010.
Sarrazin, Thilo (2010): Deutschland schafft sich ab: Wie wir unser Land aufs Spiel setzen. München: Dt. Verl.-Anst.
Sarrazin, Thilo (2014): Der neue Tugendterror: Über die Grenzen der Meinungsfreiheit in Deutschland. 2. Aufl. München: Dt. Verl.-Anst.
Saward, Michael (2006): The Representative Claim. In: Contemporary Political Theory 5(3), S. 297–318. https://doi.org/10.1057/palgrave.cpt.9300234.
Saward, Michael (2010): The Representative Claim. Oxford: Oxford University Press.
Saward, Michael (2014): Shape-Shifting Representation. In: American Political Science Review 108(4), S. 723–736. https://doi.org/10.1017/S0003055414000471.
Saward, Michael (2017): Performative Representation. In: Brito Vieira, Mónica (Hrg.): Reclaiming Representation. New York, NY: Routledge, S. 75–94.
Scheele, Alexandra/Wöhl, Stefanie (2018): Feminismus und Marxismus. Weinheim Basel: Beltz Juventa.

Schröder, Carsten/König, Johannes/Bartels, Charlotte/Göbler, Konstantin/Grabka, Markus M./König, Johannes (2020): MillionärInnen unter dem Mikroskop: Datenlücke bei sehr hohen Vermögen geschlossen – Konzentration höher als bisher ausgewiesen. DIW Wochenbericht 29/2020.

Schubert, Karsten (2018): Freiheit als Kritik: Sozialphilosophie nach Foucault. Bielefeld: transcript.

Schubert, Karsten (2019): The Democratic Biopolitics of PrEP. In: Gerhards, Helene/Braun, Kathrin (Hrg.): Biopolitiken – Regierungen des Lebens heute. Wiesbaden: Springer VS, S. 121–153. https://doi.org/10.1007/978-3-658-25769-9_5.

Schubert, Karsten (2020a): Institutionalisierung der Freiheit im Recht: Foucault und die postmarxistische Rechtskritik. Institutionen des Politischen. Baden-Baden: Nomos, S. 351–378. https://doi.org/10.5771/9783748904618-351.

Schubert, Karsten (2020b): «Political Correctness» als Sklavenmoral? Zur politischen Theorie der Privilegienkritik. In: Leviathan 48(1), S. 29–51. https://doi.org/10.5771/0340-0425-2020-1-29.

Schubert, Karsten (2021): Der letzte Universalismus. Foucaults Freiheitsdenken und die Begründung von radikaler Demokratie im Postfundamentalismus. Das Politische (in) der Politischen Theorie. Nomos, S. 43–58. https://doi.org/10.5771/9783748927907-43.

Schubert, Karsten (2022): New Era of Queer Politics? PrEP, Foucauldian Sexual Liberation, and the Overcoming of Homonormativity. In: Body Politics 8 (2020)(12), S. 214–261. https://doi.org/10.22032/dbt.51653.

Schubert, Karsten (2023a): Zwei Begriffe der Wissenschaftsfreiheit: Zum Verhältnis von Wissenschaft und Politik. In: Zeitschrift für Praktische Philosophie 10(1), S. 39–78. https://doi.org/10.22613/zfpp/10.1.2.

Schubert, Karsten (2023b): Identity Politics and the Democratization of Democracy: Oscillations Between Power and Reason in Radical Democratic and Standpoint Theory. In: Constellations, online first, S. 1–17. https://doi.org/10.1111/1467-8675.12715.

Schubert, Karsten (2023c): Demokratisierung durch Filter Bubbles. Affordanzen der Schließung und Öffnung. In: Jung, Simone/Kempf, Victor (Hrg.): Entgrenzte Öffentlichkeit: Debattenkulturen im politischen und medialen Wandel. Bielefeld: transcript Verlag, S. 123–139. https://doi.org/10.14361/978 3839463352-007.

Schubert (2024a): Sexuelle und geschlechtliche Selbstbestimmung als Menschenrecht. Bundeszentrale für politische Bildung. http://www.bpb.de/internationales/weltweit/menschenrechte/231493/sexuelle-selbstbestimmung.

Schubert, Karsten (2024b, im Erscheinen): Diversitätspolitik / Identitätspolitik. In: Hilgendorf, Eric/Zabel, Benno (Hrg.): Praktische Philosophie, Ethik und Recht. Eine interdisziplinäre Debatte. Stuttgart: utb.

Schubert, Karsten/Schwiertz, Helge (2021): Konstruktivistische Identitätspolitik: Warum Demokratie partikulare Positionierung erfordert. In: Zeitschrift für Politikwissenschaft 31(4), S. 565–593. https://doi.org/10.1007/s41358-021-00291-2.

Schutzbach, Franziska (2018): Die Rhetorik der Rechten: Rechtspopulistische Diskursstrategien im Überblick. Zürich: Xanthippe.

Schutzbach, Franziska (2020): Was steckt hinter der Pranger-Kultur? In: Republik. https://www.republik.ch/2020/08/14/was-steckt-hinter-der-pranger-kultur (29.5.2024).

Schwiertz, Helge (2019): Migration und radikale Demokratie: Politische Selbstorganisierung von migrantischen Jugendlichen in Deutschland und den USA. Bielefeld: transcript.

Schwiertz, Helge (2021): Political Subjectivation and the In/Visible Politics of Migrant Youth Organizing in Germany and the United States. In: International Political Sociology 15(3), S. 397–414. https://doi.org/10.1093/ips/olab016.

Schwiertz, Helge (2022): Radical Democratic Theory and Migration: The Refugee Protest March as a Democratic Practice. In: Philosophy & Social Criticism 48(2), S. 289–309. https://doi.org/10.1177/0191453721996398.

Shapiro, Ben (2022): Der autoritäre Terror: Wie Cancel Culture und Gutmenschenentum den Westen verändern. Mit einem Vorwort von Jan Fleischhauer. Deutsche Erstausgabe. München: LMV.

Sparrow, Jeff (2018): Trigger Warnings: Political Correctness in the Age of Trump. Brunswick, Victoria: Scribe Publications.

Speck, Sarah/Villa Braslavsky, Paula-Irene (2020): Das Unbehagen mit den Gender Studies. In: Open Gender Journal 4. https://doi.org/10.17169/ogj.2020.141.

Spivak, Gayatri Chakravorty (1988): Subaltern Studies. Deconstructing Historiography. In: Guha, Ranajit/Spivak, Gayatri Chakravorty (Hrg.): Selected Subaltern Studies. Delhi: Oxford University Press, S. 3–32.

Stahl, Titus (2013): Immanente Kritik: Elemente einer Theorie sozialer Praktiken. Frankfurt: Campus.

Statistisches Bundesamt (2024a): Gender Pay Gap. https://www.destatis.de/DE/Themen/Arbeit/Verdienste/Verdienste-GenderPayGap/_inhalt.html (15.4.2024).

Statistisches Bundesamt (2024b): Korrektur: Gender Care Gap 2022: Frauen leisten 44,3% (alt: 43,8%) mehr unbezahlte Arbeit als Männer. Pressemitteilung Nr. 073 vom 28. März 2024. https://www.destatis.de/DE/Presse/Pressemitteilungen/2024/02/PD24_073_63991.html (17.6.2024).

Stegemann, Bernd (2023): Identitätspolitik. Berlin: Matthes & Seitz Berlin.

Streeck, Wolfgang (2017): Die Wiederkehr der Verdrängten als Anfang vom Ende des neoliberalen Kapitalismus. In: Geiselberger, Heinrich (Hrg.): Die große Regression: Eine internationale Debatte über die geistige Situation der Zeit. 2. Auflage. Berlin: Suhrkamp, S. 253–275.

Strenger, Carlo (2015): Zivilisierte Verachtung: Eine Anleitung zur Verteidigung unserer Freiheit. Berlin: Suhrkamp.

Sullivan, Shannon (2014): Good White People: The Problem with Middle-Class White Anti-Racism. Albany: State University of New York Press.

Supik, Linda (2005): Dezentrierte Positionierung: Stuart Halls Konzept der Identitätspolitiken. Bielefeld: transcript.

Susemichel, Lea/Kastner, Jens (2018): Identitätspolitiken: Konzepte und Kritiken in Geschichte und Gegenwart der Linken. Münster: UNRAST.

Táíwò, Olúfẹ́mi O. (2022): Elite Capture: How the Powerful Took over Identity Politics (and Everything Else). London: Pluto Press.

Taylor, Charles (1992): Negative Freiheit? Zur Kritik des neuzeitlichen Individualismus. Frankfurt a. M.: Suhrkamp.

Terkessidis, Mark (2000): Vertretung, Darstellung, Vorstellung: Der Kampf der MigrantInnen um Repräsentation. transversal. https://transversal.at/transversal/0101/terkessidis/de (29.5.2024).

Thierse, Wolfgang (2021): Wie viel Identität verträgt die Gesellschaft? In: Frankfurter Allgemeine Zeitung (Ausgabe vom 22. Februar 2021). https://www.faz.net/aktuell/feuilleton/debatten/wolfgang-thierse-wie-viel-identitaet-vertraegt-die-gesellschaft-17209407.html (7.6.2021).

Thompson, Edward P. (1966): The Making of the English Working Class. New York: Vintage Books.

Toole, Briana (2019): From Standpoint Epistemology to Epistemic Oppression. In: Hypatia 34(4), S. 598–618. https://doi.org/10.1111/hypa.12496.

Toole, Briana (2021): Recent Work in Standpoint Epistemology. In: Analysis 81(2), S. 338–350. https://doi.org/10.1093/analys/anab026.

Toole, Briana (2022): Demarginalizing Standpoint Epistemology. In: Episteme 19(1), S. 47–65. https://doi.org/10.1017/epi.2020.8.

Tuana, Nancy/Sullivan, Shannon (Hrg.) (2007): Race and Epistemologies of Ignorance. Albany: State University of New York Press.

Tuschhoff, Christian (2019): «Wie Demokratien sterben»: Amerikanische Politik in der Ära von Präsident Donald Trump. In: Politische Vierteljahresschrift 60(2), S. 357–384. https://doi.org/10.1007/s11615-019-00168-8.

Ullrich, Peter (2019): Gutachten zur «Arbeitsdefinition Antisemitismus» der International Holocaust Remembrance Alliance. RLS Papers 2/2019.

Ullrich, Peter/Arnold, Sina/Danilina, Anna/Holz, Klaus/Jensen, Uffa/Seidel, Ingolf/Weyand, Jan (Hrg.) (2024): Was ist Antisemitismus? Begriffe und Definitionen von Judenfeindschaft. Göttingen: Wallstein Verlag.

Unabhängiger Expertenkreis Antisemitismus (2018): Antisemitismus in Deutschland – aktuelle Entwicklungen.

Urbinati, Nadia (2019): Judgment Alone: Cloven Citizens in the Era of the Internet. In: Castiglione, Dario/Pollak, Johannes (Hrg.): Creating Political Presence: The New Politics of Democratic Representation. Chicago, London: University of Chicago Press, S. 61–85.

Valentini, Laura (2012): Ideal vs. Non-Ideal Theory: A Conceptual Map. In: Philosophy Compass 7(9), S. 654–664. https://doi.org/10.1111/j.1747-9991.2012.00500.x.

van Dyk, Silke (2019): Identitätspolitik gegen ihre Kritik gelesen. Für einen rebellischen Universalismus. In: Aus Politik und Zeitgeschichte 69(9–11), S. 25–32. http://www.bpb.de/apuz/286508/identitaetspolitik-gegen-ihre-kritik-gelesen-fuer-einen-rebellischen-universalismus.

van Dyk, Silke/Graefe, Stefanie (2019): Wer ist schuld am Rechtspopulismus? Zur Vereinnahmung der Vereinnahmungsdiagnose: eine Kritik. In: Leviathan 47(4), S. 405–427. https://doi.org/10.5771/0340-0425-2019-4-405.

Van Tongeren, Paul J. M. (2006): Nietzsche and Ethics. In: Ansell Pearson, Keith (Hrg.): A Companion to Nietzsche. Oxford: Blackwell, S. 389–403.

Villa Braslavsky, Paula-Irene (2020): Identitätspolitik. In: POP 9(1), S. 70–76. https://doi.org/10.14361/pop-2020-090111.

Volk, Christian (2018): On a Radical Democratic Theory of Political Protest: Potentials and Shortcomings. In: Critical Review of International Social and Political Philosophy 12(5), S. 1–23. https://doi.org/10.1080/13698230.2018.1555684.

Völkerling, Andrea (2024): Männliche Fachkräfte in der Kindertagesbetreuung. Deutscher Bildungsserver. https://www.bildungsserver.de/maennliche-fachkraefte-in-der-kita-8708-de.html (15.4.2024).

Voss, Pauline (2024): Generation Krokodilstränen: Über die Machttechniken der Wokeness. München: Europa Verlag.

Wagenknecht, Sahra (2021): Die Selbstgerechten: Mein Gegenprogramm – für Gemeinsinn und Zusammenhalt. Frankfurt: Campus Verlag.

Weber, Max (1904): Die «Objektivität» sozialwissenschaftlicher und sozialpolitischer Erkenntnis. In: Archiv für Sozialwissenschaft und Sozialpolitik 19(1), S. 22–87.

Weber, Max (2010): Politik als Beruf. 11., Aufl. (Neusatz auf Basis der Ausgabe von 1993). Berlin: Duncker & Humblot.

Weiß, Volker (2017): Die autoritäre Revolte: Die Neue Rechte und der Untergang des Abendlandes. Stuttgart: Klett-Cotta.

WELT (2024): Demo in Frankfurt: Hessischer Verwaltungsgerichtshof erlaubt Parole «From the river to the sea». DIE WELT. https://www.welt.de/politik/deutschland/article250703358/Demo-in-Frankfurt-Hessischer-Verwaltungsgerichtshof-erlaubt-Parole-From-the-river-to-the-sea.html (27.3.2024).

Wiley, James (2002): The Impasse of Radical Democracy. In: Philosophy &

Social Criticism 28(4), S. 483–488. https://doi.org/10.1177/019145370202800 4530.

Williams, Joanna (2022): How Woke Won: The Elitist Movement That Threatens Democracy, Tolerance and Reason. London: spiked.

Wilson, John K. (1995): The Myth of Political Correctness: The Conservative Attack on Higher Education. Durham, NC: Duke Univ. Press.

Wodak, Ruth (2023): Rechtspopulistische Diskursverschiebung. In: Aus Politik und Zeitgeschichte 43–45, S. 31–35. https://www.bpb.de/shop/zeitschriften/apuz/diskurskultur-2023/541849/rechtspopulistische-diskursverschiebungen/.

Young, Iris Marion (1997): Deferring Group Representation. In: Shapiro, Ian/Kymlicka, Will (Hrg.): Ethnicity and Group Rights. New York, NY: New York Univ. Press, S. 349–376.

Young, Iris Marion (2000): Inclusion and Democracy. Oxford: Oxford University Press.

Yuval-Davis, Nira (2001): Geschlecht und Nation. Emmendingen: Verl. Die Brotsuppe.

Zanghellini, Aleardo (2020): Philosophical Problems With the Gender-Critical Feminist Argument Against Trans Inclusion. In: SAGE Open 10(2), S. 1–14. https://doi.org/10.1177/2158244020927029.

Zeh, Miriam (2021): Lesen lockert. In: Republik. https://www.republik.ch/2021/06/01/lesen-lockert (15.9.2023).

Žižek, Slavoj (2017): The Courage of Hopelessness: Chronicles of a Year of Acting Dangerously. London: Allen Lane/Penguin Books.

Anmerkungen

Einleitung

1 Weitere identitätspolitische Themen sind u. a. Ableismus (also die Diskriminierung von Menschen mit Behinderung und chronischen Krankheiten), die Diskriminierung aufgrund von Religion und Weltanschauung, sowie Diskriminierung wegen des Alters.

1 Eine kleine Einführung in Identitätspolitik, Diskriminierung und Demokratie

1 Dieser Unterschied begründet auch, warum ich nur Identitätspolitik und nicht politischen Aktivismus als notwendig für die Demokratisierung der Demokratie erachte. Identitätspolitik ist das Mittel, mit dem auf den Ausschluss der Erfahrungen bestimmter Gruppen aus hegemonialen Wissensordnungen reagiert werden kann. Solchen Ausschluss gibt es bei allgemeinem politischem Aktivismus üblicherweise nicht. Weil hier nicht mit epistemischen Blockaden umgegangen werden muss, ist grundsätzlich auch vorstellbar, dass die politischen Inhalte durch reguläre politische Verfahren eingespeist werden. Deshalb beschreibe ich solchen Aktivismus nicht als notwendig für die Demokratisierung der Demokratie, obwohl er meist auch demokratisierend wirkt.

2 Dr. Oetker Werbespot von 1954, der eine «moderne» Frau darstellte, vgl. Dr. Oetker (1954).

3 Neue Forschung zur Geschichte der Aufklärung zeigt, dass die dort diskutierten Ideen von Freiheit, Gleichheit und Demokratie stark durch den Austausch mit indigenen Denkern beeinflusst waren, die die traditionellen europäischen Gesellschaften für ihre Ungleichheit, Unfreiheit und staatlichen Autoritarismus kritisierten, siehe dazu Graeber/Wengrow (2024).

4 Meine Lesart der radikalen Demokratietheorie stützt sich lose vor allem auf Claude Lefort (1990), Chantal Mouffe (2008, 2009), Ernesto Laclau

(2000a, 2000b, 2002), Mouffe und Laclau gemeinsam (2001) und Jacques Rancière (2002).

5 Vgl. Schwiertz (2019: 68 ff.), der diese Lücke als «demokratische Differenz» bezeichnet.

6 Zum Problem der Idealtheorie gibt es in der politischen Theorie und Philosophie eine umfangreiche Fachdiskussion, siehe dazu Galston (2010), Geuss (2010), Mills (2005), Philp (2012), Rossi (2019) und Valentini (2012).

7 Allerdings gibt es in der akademischen Diskussion eine lebhafte Diskussion um diese Gefahr des Relativismus in der radikalen Demokratietheorie. Ich kritisiere dabei selbst solche Interpretationen, die aus der grundsätzlichen Feststellung von Kontingenz und Konflikt ableiten, dass sich politische Theorie dem systematischen Begründen von normativen Wertungen und Vorschlägen für gute Institutionen enthalten sollte (Schubert 2020a, 2021). Instruktiv ist für diese Debatte auch Buchstein (2020), der den Einführungsband in die radikale Demokratietheorie von Flügel-Martinsen (2020) entsprechend kritisiert.

8 Insofern sollte der hier aufgemachte Gegensatz zu den liberalen und deliberativen Demokratietheorien auch nicht überbewertet werden. Sie liefern wichtige normative Begründungen, die über den Bezug auf die Grundwerte Gleichheit und Freiheit auch in die hier von mir vorgelegte Konzeption einfließen.

9 Eine diametral andere und von der wissenschaftlichen Debatte genauso losgelöste Strategie besteht darin, Foucault als einen Protoliberalen zu interpretieren und sich auf ihn zu beziehen, um die Machttechniken der ‹Woken› zu kritisieren, die dadurch «mit ihren eigenen Waffen [ge]schlagen» (Europa Verlag 2024) werden sollen, wie im Anti-Woke-Buch von Voss (2024), die auch im rechtskonservativen Nachrichtenportal NIUS auftritt.

10 Die Kritik an Foucault wird in ähnlich polemischer Weise von Pluckrose und Lindsay (2022) vorgebracht, die im Namen der liberalen Moderne gegen den «postmodernen» Einsatz für soziale Gerechtigkeit anschreiben.

11 Siehe Baddiels (2021) Monographie *Jews Don't Count* für eine Kritik an der Nichtbeachtung von Antisemitismus in identitätspolitischen Diskursen. Für eine detaillierte Untersuchung des Verhältnisses von Antisemitismus und Unterdrückung siehe Magid (2023, Kap. 7).

12 Selbstverständlich lassen sich weder jüdische noch muslimische bzw. palästinensische Identitätspolitiken auf diese beiden Theoriefamilien reduzieren. Aber man kann davon sprechen, dass diese Theorien einen motivationalen Teil von Identitätspolitiken bilden resp. zentrale Aspekte von ihnen zum Ausdruck bringen. Wichtig ist bei diesen Auseinandersetzungen auch, dass sie zu einem erheblichen Anteil von Menschen ausgefochten werden, die qua Identität gar nicht direkt betroffen sind, sondern sich für die jeweiligen

Seiten einsetzen. Gerade für das Überzeugen und Gewinnen solcher Allianzen sind die Theorien, die auf eine allgemeinverständliche Kommunikation der jeweiligen Problematik abzielen, besonders relevant.

13 Und auch Adorno formuliert kein ausschließendes Verständnis der Singularität des Holocaust sondern sieht ihn zusammen mit dem Kolonialismus und anderen Massengräueltaten als Teil der «permanenten Katastrophe» der kapitalistischen Moderne, vgl. Catlin (2023).

14 Natürlich ist auch die Bewertung dieser Beiträge als Teil von progressiven Identitätspolitiken eine Positionierung, die – wie die ganze vorgelegte These der demokratisierenden Funktion der Identitätspolitik – unter dem Vorbehalt der in Kapitel 4 diskutierten epistemischen Limitierungen steht.

2 Freiheitsverständnisse

1 In Bezug auf das N-Wort gibt es die etablierte (mittlerweile immer weniger kritisierte) Position, dass es nicht ausgeschrieben werden sollte, um rassistische Beleidigungen nicht ständig zu wiederholen, während dies für ‹Schwuchtel› und ‹Schlampe› nicht gilt.

2 In Deutschland ist dies ein Straftatbestand und damit einer der wenigen Fälle, in denen das Grundrecht der Meinungsfreiheit tatsächlich durch ‹PC› eingeschränkt ist – dazu im letzten Abschnitt mehr.

3 Dieser Befund lässt sich mit empirischen Studien anreichern, beispielsweise den Diagnosen in Heitmeyers ‹Deutschen Zuständen› zu einer neuen rohen Bürgerlichkeit, vgl. Heitmeyer (2015).

4 Der Privilegienbegriff ist deswegen tiefennietzscheanisch, weil er im Gegensatz zur nur auf die ‹Opfer› blickenden Gleichstellungspolitik auch die Profiteure der gesellschaftlichen Machtverhältnisse fokussiert: Wenn Gesellschaft, Nietzsche folgend, als ein Kampf um Macht verstanden werden kann, dann ist es illusorisch, die Benachteiligten besserzustellen, ohne dass die Privilegierten schlechter gestellt werden. Entsprechend liegt Foucaults nietzscheanische Machttheorie insbesondere aktuelleren Arbeiten zu Privilegien zugrunde, wie Dei et al. (2004), obwohl die Verbindung zwischen diesen beiden Feldern erstaunlich unterentwickelt ist, vgl. McWhorter (2016). Der Privilegienbegriff wurde seit den 1970ern insbesondere von Schwarzen Feministinnen in den USA benutzt (vgl. Hull 1982; McIntosh 1988; Kimmel/Ferber 2018), während die Ursprünge des Konzepts bis zu Du Bois (1935) zurückverfolgt werden können, der vom «public and psychological wage [Lohn, K. S.]» des Weißseins spricht.

5 Natürlich kann diese allgemeine Charakterisierung des Liberalismus nicht die nuancierten aktuellen Diskussionen innerhalb des politischen Liberalismus abbilden, in denen die Sozialität von Subjektivität insbesondere als Re-

aktion auf die breite Kritik am negativen Freiheitsbegriff teilweise berücksichtigt wurde; siehe zur Kritik Taylor (1992), Nussbaum (2002), Honneth (2011: 44–57); als liberale Reaktionen können u. a. Rawls (1998), Kymlicka (1996) und Anderson (2013) gelten. Als typologische Zusammenfassung des Problems des hegemonialen liberalen Freiheitsbegriffs aus der Perspektive der Macht- und Privilegienkritik ist diese Beschreibung dennoch korrekt.

6 Wobei eine solch summarische Analyse selbstredend den einzelnen Texten nicht gerecht werden kann. So spricht sich Neiman für Hoffnung, nicht aber für Optimismus aus und fordert durchaus strukturelle Umverteilung; doch ihr Plädoyer, vergangene Fortschritte anzuerkennen und daraus Hoffnung zu schöpfen, richtet sie gegen drastische (also realistische) Analysen der Persistenz von Herrschaftsverhältnissen.

7 Dies ist einer der wenigen Fälle, in denen Antisemitismusvorwürfe Gegenstand der öffentlichen ‹Cancel-Culture›-Debatte wurde. Üblicherweise wird das Vorgehen gegen Antisemitismus nicht mit diesem Begriff kritisiert.

8 Dass der Bundestag für dieses Vorgehen gegen BDS das Instrument des Beschlusses gewählt hat und kein Gesetz verabschiedet, ist konsequent, denn ein Gesetz in diesem Geiste wäre als Sonderrecht gegen eine bestimmte Meinung verfassungswidrig.

9 Auf diese Problematik hat 2021 eine große Gruppe von renommierten Antisemitismusexpert_innen mit der sogenannte Jerusalemer Erklärung zum Antisemitismus reagiert, um die Abgrenzung zwischen Antisemitismus und Nahostkonflikt genauer zu fassen, siehe https://jerusalemdeclaration.org/.

10 Vieldiskutierte Fälle sind Candice Breitz et al. (Bundeszentrale für politische Bildung), Nancy Fraser (Universität Köln), Mascha Gessen (Heinrich Böll Stiftung), Yanis Varoufakis (Deutschland), Oyoun (Land Berlin). Auffällig ist, dass linke Jüd_innen bei diesen Absagen überrepräsentiert sind. Die Liste ist wesentlich länger und umfasst auch viele weniger prominente Fälle. Natürlich kann jeder Einzelfall kontrovers diskutiert werden – und ich möchte mich hier ausdrücklich nicht auf eine eigene Bewertung dieser Fälle festlegen. Das ginge nur, wenn ich hier Einzelfälle ausführlich analysieren würde, was den Rahmen sprengen würde. Ich liste hier auch Fälle auf, die auf anderen Ebenen als der unmittelbar staatlichen liegen, weil die Funktion der Regulierung auf der staatlichen Ebene auch eine Einschränkung der Debatten auf den anderen Ebenen bewirkt.

11 Dies betrifft beispielsweise viele propalästinensische Demonstrationen kurz nach dem 7.10., den Palästina-Kongress in Berlin und die Räumungen des Protestcamps an der FU Berlin. Zur Kritik an den Grundrechtsverletzungen dabei siehe Ambos (2024) und Arzt (2023).

3 Identitätsverständnisse

1 Dieser und der nächste Abschnitt ist eine Überarbeitung von Teilen des gemeinsam mit Helge Schwiertz geschriebenen Artikels «Konstruktivistische Identitätspolitik» (2021).

2 Alle Übersetzungen fremdsprachiger Quellen durch K. S.

3 Daniel Loick (2024) hat kürzlich mit dem Konzept der «Gegengemeinschaften» einen weiteren beachtenswerten Vorschlag dazu gemacht, wie identitätspolitische Konstruktionsprozesse und die dadurch entstehende «Überlegenheit der Unterlegenen» verstanden werden können – allerdings ohne seine Überlegungen auf die aktuellen Debatten um Identitätspolitik zu beziehen (der Begriff ‹Identitätspolitik› kommt bemerkenswerterweise nur ein einziges Mal im ganzen Buch vor).

4 Im Artikel «Konstruktivistische Identitätspolitik» erläutern Helge Schwiertz und ich als weiteres Beispiel die identitätspolitische Subjektivierung in migrantischen Selbstorganisierungen (siehe dazu ausführlich Schwiertz 2019, 2021).

5 Siehe, insbesondere bei Bauchschmerzen mit diesem Schematismus, zur genauen kritischen Analyse der queeren und homonormativitätskritischen Position die abwägende und soziologisch sowie historisch genauer kontextualisierende Diskussion bei Laufenberg (2022).

6 Selbstverständlich ist dieser rechtliche und gesellschaftliche Fortschritt wichtig und richtig; er hat zu einer enormen Verbesserung der Lage von LSBTIQ* geführt, auch wenn die Rechte von LSTBIQ* nach wie vor stark umkämpft sind. Siehe dazu Schubert (2024a).

7 Um dem Einwand entgegenzuwirken, dass dies ja vielleicht für schwule Identitätspolitik zutreffe, aber nicht verallgemeinert werden könne: Zum einen wurde das Konzept nicht nur auf Basis schwuler Identitätspolitiken, sondern aus einem breiten Spektrum von Quellen entwickelt, u. a. der feministischen, postkolonialen und poststrukturalistischen Theorie. Zum anderen wurde das Konzept in dem Fachartikel von Helge Schwiertz und mir (2021) auch auf das weitere identitätspolitische Beispiel der Selbstorganisation von migrantisierten Jugendlichen angewendet, um seine Allgemeinheit zu zeigen. Der Vergleich der beiden Fälle zeigt dabei, dass identitätspolitische Konstruktionen sehr unterschiedliche Formen annehmen, die jedoch alle mit dem ausgearbeiteten Konzept beschrieben werden können. Im Feld der migrantischen Selbstorganisierungen im Rahmen politischer Gruppen geht es um Prozesse, in denen trotz einer großen Unterschiedlichkeit der Beteiligten eine gemeinsame politische Identität entwickelt wird. Auf dem weitergefassten Feld schwuler Kultur und Politik steht wiederum die Aushandlung unterschiedlicher politischer Strategien

im Mittelpunkt, die sich im Verlauf einer langen Geschichte herausgebildet haben.

4 Universalismus und Partikularismus

1 Siehe beispielsweise Fukuyama (2018b: 98); Mounk (2023: Kap. 4); Feddersen/Gessler (2021: 101); Neiman (2023); auch in populistischen Identitätspolitik- bzw. ‹Wokeness›-Kritiken finden sich Varianten solcherlei Argumente bzw. Versatzstücke davon, beispielsweise in Marguier/Krischke (2023: 11); Shapiro (2022: 49); Williams (2022: Kap. 11); Bockwyt (2024); McWhorter (2021).

2 Politiktheoretisch betrachtet gibt es hier also den für die Identitätspolitik-Kritik typischen Doppelbezug auf Liberalismus und Kommunitarismus bzw. negative Freiheit und soziale Freiheit, den ich in Kapitel 2 und 3 beschrieben habe.

3 Leser_innen, die daran interessiert sind, wie die Argumente des ersten und zweiten Abschnitts aus einem Zusammenspiel der radikalen Demokratietheorie und der Standpunkttheorie hergeleitet werden können, empfehle ich meinen Fachartikel dazu (2023b).

4 Siehe dazu auch van Dyk (2019), die von einem «rebellischen Universalismus» spricht.

5 Siehe dazu auch die jüngste Rekonstruktion der Argumente zur epistemischen Überlegenheit von identitätspolitischen Standpunkten und ihrer philosophischen Prämissen bei Loick (2024).

6 Siehe auch meine Ausführungen und die Endnote zur Problematik von Idealtheorie oben, S. 40 und 215.

7 Siehe zu einer Korrektur dieser traditionellen Auffassung der Wissenschaft auch die empirischen Untersuchungen der tatsächlichen Praxis von Wissenschaftler_innen, wie sie in den Science and Technology Studies durchgeführt wird, beispielsweise Latour (1988, 2007).

8 Dass es bei Identitätspolitik um Standpunkte von identitätspolitischen Communities und nicht in erster Linie um individuelle Perspektiven ihrer Mitglieder geht, ist auch der Grund, warum ich auf eine Schilderung meiner eigenen sozialen Position und der damit verbundenen Perspektive verzichte. Sie wäre für die Rekonstruktion wissenschaftlich formulierter identitätspolitischer Standpunkte und insbesondere für deren demokratietheoretische Einordnung schlicht zu wenig informativ, auch wenn meine Perspektive mein Schreiben natürlich beeinflusst, beispielsweise was die Beispielauswahl angeht. Dessen ungeachtet kann der Ausgang von individuellen Erfahrungen natürlich eine Methode auch der akademisch-identitätspolitischen Standpunktarbeit sein, wie es gerade im nordame-

rikanischen Raum vielfach Usus ist, aber das sind Stilfragen, keine Notwendigkeiten – und den Methoden der dieses Buch prägenden politischen Theorie eher fremd.

9 Damit kann dieses Buch auch als ein Debattenbeitrag zur radikalen Demokratietheorie selbst verstanden werden, die von der hier vorgeschlagenen Verbindung mit der Standpunktepistemologie einen (mit ihren Prämissen kompatiblen) Begriff der Objektivität gewinnen kann. Siehe dazu auch Schubert (2023b) und die Beschreibung der Problematik in Ramin et al. (2023).

10 Zur Erinnerung: Im ersten Kapitel habe ich einfache Interessenpolitik das übliche politische Tagesgeschäft der Interessenvertretung genannt, und exkludierende Interessenpolitik als alternativen Begriff für regressive Identitätspolitik vorgeschlagen, die zwar über einen Identitätsbezug funktioniert, aber nicht oder in verzerrter Weise auf objektiven Diskriminierungen beruht und selbst zu Ausschlüssen führt.

11 Siehe auch die Sammelbände Tuana/Sullivan (2007) und Peels/Blaauw (2016), sowie für die Beziehung zwischen den beiden Generationen von Standpunkttheorien Toole (2019).

12 Ich übersetze das englische Wort ‹ignorance› je nach Kontext mit Unwissen oder Ignoranz.

13 Dass dies nicht ausreicht, bedeutet nicht, dass es nutzlos sei. Im Gegenteil, es gibt äußerst wertvolle Arbeiten in der politischen Theorie, die Vorschläge für institutionelle Reformen zur Einbeziehung minoritärer Stimmen entwickeln, zum Beispiel Young (2000). Der radikaldemokratische Rahmen, den ich hier vorschlage, soll solche Arbeiten nicht ersetzen, sondern den Widerständen gegen solche Vorschläge besser Rechnung tragen.

14 Ähnlich beschreibt Celikates (2019) den moralischen Fortschritt als Ergebnis eines gewaltsamen Protests, der von der (dominanten) Vernunft zurückerobert wird: Die Geschichte der normativen Vernunft werde oft nach einem gewaltsamen Aufstand als eine Geschichte des vernünftigen Lernens geschrieben, die nicht an sich gewaltsam, sondern nur diskursiv sei. Diese Ideologie des moralischen Fortschritts vertusche die Gewalt der Vergangenheit, um die heutigen herrschenden Gruppen in ein positives Licht zu rücken und ihnen mehr normative und fortschrittliche Handlungsfähigkeit zuzuschreiben, als sie tatsächlich gehabt haben. Das übergeordnete Ziel sei dabei, künftiges Aufbegehren einzuschränken.

15 Natürlich ist auch die hier klar dargestellte Kategorisierung von nationalistischen, rechten oder trans-exklusiven radikalfeministischen Politiken noch umstritten, allerdings lässt sie sich (nach meiner Auffassung) genügend stark belegen, um sie hier als gegeben zu setzen.

16 Siehe hierzu den Literaturüberblick in Schubert (2023b: 2).

5 Progressive und regressive Identitätspolitik

1 Ich nenne hier Praxis und Forderung, um auszudrücken, dass beide zusammengehören und nur zusammen bewertet werden können. Zur radikaldemokratischen Kritik von hegemonialen Institutionen und Diskursformen gehört die Einsicht, dass oft gerade solchen Praktiken für Demokratisierung nötig sein können, die über das durch diese hegemoniale Struktur Erlaubte hinausgehen. Eine Praxis rein abstrakt bezüglich der Einhaltung von institutionalisierten Regeln zu bewerten ist demnach Teil von juridisch-hegemonialer Herrschaft (siehe dazu die Diskussion und Kritik des liberalen und juridischen Ansatzes zur Beurteilung von zivilem Ungehorsam bei Celikates 2021). Deshalb kann eine Praxis nicht losgelöst von der mit ihr verbundenen Forderung bewertet werden.

2 Leser_innen, die an sozialphilosophischen und politiktheoretischen Fragen interessiert sind, könnten das Buch insgesamt nach der Verortung und Begründung der hier vorgebrachten Normativität befragen, insbesondere vor dem Hintergrund, dass ich eine postfundamentalistische Position vertrete, die Begründungsversuchen mit Vorbehalten begegnet. Doch dass Begründungen kontingent sind, heißt nicht, dass sie nicht möglichst plausibel und überzeugend aufgestellt werden könnten. Dazu, wie überzeugend begründet werden kann, gibt es insbesondere in der Sozialphilosophie in der Tradition der Kritischen Theorie eine umfangreiche und äußert instruktive Debatte. Der hier vorgebrachte Bezug der radikalen Demokratie auf die durch die demokratische Revolution gestifteten Werte lässt sich vor diesem Hintergrund als eine Spielart von «immanenter Kritik» verstehen (siehe dazu Stahl 2013; Jaeggi 2014; Allen 2008; Schubert 2018). Die vielen anderen Vorschläge, diese Werte möglichst gut zu begründen (beispielsweise aus Habermas' Moralphilosophie), stehen damit nicht in einem Konkurrenz-, sondern in einem Ergänzungsverhältnis. Kurz: Wenn man fragt, wie diese demokratischen Werte begründet werden können, verweise ich in ökumenischer Geste auf die reiche Debatte dazu (z. B. Jaeggi/Wesche 2009).

3 Transexkludierende radikale Feministinnen kritisieren die Abkürzung TERF als Beleidigung. Sie möchten als «gender-kritische» Feministinnen bezeichnet zu werden. Ich halte diese Selbstbezeichnung für eine politikrhetorische Strategie, um zu verdecken, dass die eigene Politik sich gegen universelle Menschenrechte richtet, ähnlich wie die Neue Rechte nicht von «Deportation», sondern von «Remigration» spricht. Deshalb wähle ich hier den deskriptiv präzisen Begriff des ‹transexklusiven› radikalen Feminismus. In Anbetracht des Einsatzes von TERFs für Diskriminierung halte ich es darüber hinaus für erwartbar, dass die Abkürzung negative Konnotationen hervorruft.

4 Bestimmte Problematisierungen des radikalen Feminismus bezüglich des Einbezugs von Trans*-Frauen lassen sich nachvollziehen. Aus einer lesbischen Perspektive kann es bspw. problematisch sein, wenn sich die Normen der eigenen subkulturellen Orte wandeln und diese so gravierend umgestaltet werden. Ein solcher Kulturwandel hat tatsächlich mit dem Queerfeminismus stattgefunden, der dazu geführt hat, dass viele antisexistische Schutzräume heute nicht mehr klassische Frauenschutzräume, sondern FLINTA* (Frauen, Lesben, Inter*, Non-Binary, Trans*, Asexuell) Spaces sind. Zwar leiden all diese Gruppen im Gegensatz zu Männern (wenn sie nicht trans* sind) am Patriarchat, doch die jeweiligen Subkulturen sind unterschiedlich, haben unterschiedliche Interessen, Themen und Sozialisierungen. Ich denke deshalb, dass es ein legitimes Interesse an der identitätspolitischen Aufrechterhaltung von lesbischen Orten mit lesbischer Datingkultur gibt, die nicht von Trans*-Frauen dominiert ist. Doch innerhalb der Geschichte der komplizierten Auseinandersetzung zwischen den unterschiedlichen Schulen des Feminismus haben TERFs aus diesem grundsätzlich legitimen Anliegen einen hasserfüllten Kampf gegen die Menschenrechte von Trans*-Personen gemacht.

5 Die Rede von einem normativen Kipppunkt ist binär, genauso wie die Frage nach der Abgrenzung von progressiven und regressiven Formen von Identitätspolitik im Allgemeinen. Es gibt eine ganze Reihe von Äußerungen, die sich nicht so eindeutig auf einer der beiden Seiten – universalistischem Feminismus oder TERFs – verorten lassen. Deshalb ist wichtig, daran zu erinnern, dass ich hier nicht versuche, diesen Streit genau zu analysieren, sondern ihn als Beispiel anführe, um die Normativität von Identitätspolitik besser zu konturieren. Dafür behandle ich die beiden Pole als Idealtypen und lasse empirische Nuancen aus. Weil es aber hier – im Gegensatz zu vielen anderen Diskussionen – gar nicht (mehr) viele bedeutende normative Nuancen gibt, eignet sich TERF-Aktivismus gut als Beispiel.

6 TERFs behaupten Menschenrechte zu vertreten, indem sie die Inklusion von Trans*-Frauen als eine Bedrohung der Rechte von Cis-Frauen darstellen (also Frauen, bei denen das biologische Geschlecht und die Geschlechtsidentität seit der Geburt übereinstimmen) und indem sie gleichzeitig die Leiden von Trans*-Personen durch die verweigerte Selbstbestimmung herunterspielen und sogar als notwendig für deren eigenen Schutz vor voreiligen Entscheidungen ausgeben, die sie für wahrscheinlich halten, weil sie Transgeschlechtlichkeit für eine Mode halten.

7 Diese konkrete Diskussion zeigt schon, wie kompliziert die Anwendung von abstrakten normativen Konzepten auf konkrete Fälle ist. Denn einerseits kann ein solches Argument für die Schließung von Räumen mit dem Begriff von Gleichheit als Anerkennung der Besonderheit unterlegt werden

(spezifisch schwule Räume sind in einer heteronormativen Welt nötig). Andererseits kann die Anerkennung von Besonderheit auch zum Einklagen einer Öffnung dieser Räume für andere Gruppen genutzt werden, wenn der Bezugspunkt der damit kritisierten Norm leicht geändert wird. Das Argument lautet dann, dass Schwule in queeren Räumen dominieren, weshalb es notwendig sei, dass diese Räume für FLINTA* umgestaltet würden – ein solcher Konflikt entspannt sich beispielsweise um das queere (oder eben eigentlich eher schwule) Techno-Festival «Whole».

8 Siehe zur Kritik an Stocks Arbeit Zanghellini (2020) und Henning (2024: 224–257). Stock wurde wegen ihres transexkludierenden Aktivismus sowohl von Kolleg_innen als auch von Studierenden kritisiert. Insgesamt ist diese Kritik nachvollziehbar und m. E. berechtigt, was natürlich nicht heißt, dass jede einzelne Äußerung in Ordnung ist. So sind Beleidigungen und Bedrohungen, die es offenbar auch gegeben hat, niemals ein legitimes Mittel der politischen Auseinandersetzung. Der Vorwurf der Transphobie ist allerdings keine Beleidigung, sondern im Lichte der Forschungen zur Diskriminierung von Trans*-Personen und Stocks Positionierung in den gesellschaftlichen Kämpfe um deren Selbstbestimmung nachvollziehbar.

9 Was nicht heißen soll, dass das Netz kein wichtiger Ort für Identitätspolitik ist – im Gegenteil. Siehe dazu Schubert (2023c).

10 Dieses Konzept geht auf Kimberlé Crenshaw (2008) zurück, die den Begriff «Intersektionalität» in den 1980er Jahren zur Analyse von rechtlichen Schutzlücken prägte, die Schwarze Frauen betreffen, die sowohl Rassismus als auch Sexismus erfahren und dadurch eine spezifische Form der Diskriminierung erleben, die von einem Antidiskriminierungsrecht nicht erfasst wird, das Rassismus und Sexismus getrennt behandelt.